N. BERTHOLD / B. KÜLP

# Rückwirkungen ausgewählter Systeme der Sozialen Sicherung auf die Funktionsfähigkeit der Marktwirtschaft

Sozialpolitische Schriften

Heft 47

# Rückwirkungen ausgewählter Systeme der Sozialen Sicherung auf die Funktionsfähigkeit der Marktwirtschaft

Von

Priv.-Doz. Dr. Norbert Berthold

und

Prof. Dr. Bernhard Külp

DUNCKER & HUMBLOT / BERLIN

CIP-Kurztitelaufnahme der Deutschen Bibliothek

**Berthold, Norbert:**
Rückwirkungen ausgewählter Systeme der Sozialen Sicherung auf die Funktionsfähigkeit der Marktwirtschaft / von Norbert Berthold u. Bernhard Külp. - Berlin : Duncker und Humblot, 1987.
(Sozialpolitische Schriften ; H. 47)
ISBN 3-428-06165-9

NE: Külp, Bernhard:; GT


Satz: Hermann Hagedorn GmbH & Co, Berlin 46
Druck: Berliner Buchdruckerei Union GmbH, Berlin 61
Printed in Germany

ISBN 3-428-06165-9

# Vorwort

Der nachfolgende Beitrag beschließt eine Reihe von Untersuchungen, die im Rahmen einer an der Universität Freiburg i. Br. zwischen 1981 und 1985 existierenden Forschergruppe „Ansätze zur Fortentwicklung der Systeme der sozialen Sicherheit“ entstanden. Die verschiedenen Teilprojekte befaßten sich mit

1. den zukünftigen finanziellen Ungleichgewichten in der Gesetzlichen Rentenversicherung (Külp/Berthold, Regelgebundene Rentenanpassungen als Mittel zur langfristigen Sanierung der Gesetzlichen Rentenversicherung),
2. den Einflüssen von Systemen der sozialen Sicherung auf die Funktionsfähigkeit des marktlichen Koordinationsmechanismus (Külp/Berthold, Rückwirkungen ausgewählter Systeme der Sozialen Sicherung auf die Funktionsfähigkeit der Marktwirtschaft),
3. der Vorverlegung der flexiblen Altersgrenze unter Zuhilfenahme von Arbeitgeberleistungen (Löwisch/Hetzel, Früherer Ruhestand durch Vorverlegung der Altersgrenze in der Rentenversicherung und Versorgungsleistungen des Arbeitgebers),
4. vorhandenen Lücken im Sozialversicherungssystem (Müller / Burkhardt, Grundprobleme einer umfassenden Invaliditätssicherung)
5. und existierenden Leistungskumulationen im bestehenden Sicherungssystem (Oberhauser/Weyers, Kumulationsabbau bei den Sozialleistungen).

Die vier bisher vorliegenden Forschungsarbeiten sind als Hefte 43, 44, 45 und 46 der Sozialpolitischen Schriften des Verlages Duncker & Humblot erschienen. Mit der vorliegenden Arbeit wird diese Publikationsreihe zum Abschluß gebracht.

Die Mitglieder der Forschergruppe danken der Deutschen Forschungsgemeinschaft für die finanzielle Förderung des Projekts und den Gutachtern für die hilfreichen Anmerkungen zu den einzelnen Projekten.

Freiburg, im Juni 1986

Die Mitglieder der Forschergruppe

# Inhaltsverzeichnis

# Verzeichnis der Tabellen

## Verzeichnis der Abbildungen

# Einführung

Betrachtet man die wirtschaftliche Entwicklung industrialisierter Volkswirtschaften in der Vergangenheit — vor allem auch nach dem Ende des zweiten Weltkrieges —, dann kann man ein sich vergrößerndes Wohlstandsgefälle zwischen den mehr marktwirtschaftlich organisierten und den eher planwirtschaftlich orientierten Gesellschaften feststellen. Gestützt auf diese empirisch zu beobachtende Entwicklung wird deshalb des öfteren die Meinung vertreten, daß Marktwirtschaften bei der Allokation der Ressourcen Planwirtschaften überlegen seien. Dabei wird darauf hingewiesen, daß eine wesentliche Voraussetzung dieser allokativen Überlegenheit in der Fähigkeit des marktlichen Koordinationsmechanismus zu sehen sei, flexibel auf Datenänderungen zu reagieren. Diesen allokativen Vorteilen marktwirtschaftlicher Ordnungen stünden jedoch gravierende Nachteile überwiegend distributiver Art entgegen. So könnten marktwirtschaftlich organisierte Volkswirtschaften in Teilbereichen zu sozialen Ungerechtigkeiten führen und zu hohen Unsicherheiten für den einzelnen beitragen.

Die Aufgabe der Sozialpolitik wurde seit der Einführung sozialpolitischer Maßnahmen um die Jahrhundertwende vorwiegend darin gesehen, diesen negativen Auswirkungen marktwirtschaftlich organisierter Volkswirtschaften entgegenzuwirken. Dementsprechend verstand sich die Sozialpolitik, so wie sie beispielsweise von den Kathedersozialisten interpretiert wurde, lange Zeit als Korrekturpolitik in einer Marktwirtschaft. Dabei wurde aber auch gesehen, daß eine Korrektur der Marktergebnisse durch sozialpolitische Maßnahmen die Leistungsfähigkeit der Marktwirtschaft geringfügig beeinträchtigen könne. Dies sei der Preis, den man bezahlen müsse, wenn man ein Mehr an Gerechtigkeit und sozialer Sicherheit erreichen wolle.

Dieser Preis kann solange als tragbar erachtet werden, als die Ertragszuwächse der sozialpolitischen Maßnahmen die Kostenzuwächse übersteigen. In der Diskussion der jüngeren Vergangenheit wird zunehmend die Befürchtung geäußert, daß einerseits die angestrebten sozialpolitischen Ziele immer weniger effizient realisiert werden könnten und sich teilweise die beabsichtigten verteilungspolitischen Begünstigungen gegen die Begünstigten selbst richten, andererseits aber die Funktionsfähigkeit der Marktwirtschaft in zunehmendem Maße beeinträchtigt werde. Für viele Kritiker sozialpolitischer Maßnahmen erscheint deshalb der Preis für ein Mehr an sozialer Gerechtigkeit und Sicherheit zu hoch. Man befürchtet vielmehr, daß gerade auch die Systeme der Sozialen Sicherung mit dazu beitragen, die allokativen Vorteile marktwirtschaftlicher Ordnungen zu mindern und die Effizienzunterschiede zu planwirtschaftlichen Systemen zunehmend zu verringern.

Wir wollen mit der Gesetzlichen Rentenversicherung und der Arbeitslosenversicherung zwei in der wissenschaftlichen und politischen Auseinandersetzung stehende Teilbereiche des Systems der Sozialen Sicherung herausgreifen und untersuchen, inwieweit sie die komparativen Vorteile von Marktwirtschaften bei der Allokation der Ressourcen beeinträchtigen, indem sie die Anpassungsfähigkeit an Datenänderungen verringern und die Wachstumsmöglichkeiten einer Volkswirtschaft beeinträchtigen. Daneben soll auch der Frage nachgegangen werden, ob und inwieweit die in der wissenschaftlichen und politischen Diskussion kontrovers diskutierten Reformvorschläge, die für diese Teilbereiche der Systeme der Sozialen Sicherung unterbreitet wurden, diesen allokativen Aspekt mitberücksichtigen.

*Teil 1*

# Die Verarbeitung von Datenänderungen in Marktwirtschaften: Theoretische Grundlagen

## A. Der Umfang der Anpassungslast

Bevor der Frage nachgegangen werden kann, ob die ausgewählten Systeme der Sozialen Sicherung die Anpassungsfähigkeit marktwirtschaftlicher Ordnungen an Veränderungen in den wirtschaftlichen Gegebenheiten beeinflussen, soll zunächst kurz dargelegt werden, mit welchen Datenänderungen eine Volkswirtschaft konfrontiert werden kann. Danach sollen die Konstruktionsprinzipien des marktlichen Koordinationsmechanismus analysiert werden, um aufzeigen zu können, wo gegebenenfalls Regelungen auf der Finanzierungs- und Leistungsseite der Sozialversicherung die Fähigkeit des Koordinationsmechanismus Markt, flexibel auf Veränderungen in den Rahmenbedingungen einer Volkswirtschaft zu reagieren, beeinträchtigen.

Sofern man einer Einteilung von Eucken folgt, tragen vor allem sechs Faktoren zu Veränderungen in den Rahmenbedingungen einer Volkswirtschaft bei. Dazu zählen neben den Veränderungen in der Menge und der Qualität der Produktionsfaktoren Boden, Arbeit und Kapital, Schwankungen in der Bedarfsstruktur der Individuen, Veränderungen im technischen Wissen einer Gesellschaft sowie Änderungen in den durch den Staat gesetzten institutionellen Rahmenbedingungen. Veränderungen in wirtschaftlichen Größen, wie z.B. in den Einkommenszuwächsen der Wirtschaftssubjekte, zählen zwar ebenfalls zu den durch den Marktmechanismus zu verarbeitenden Lasten. Sie bilden allerdings keinen eigenständigen Bestimmungsgrund für Datenänderungen. Sie können vielmehr auf Variationen in einer der sechs von Eucken aufgeführten Daten zurückgeführt werden.

Den aus den Datenänderungen erwachsenden Anpassungslasten für eine Volkswirtschaft kommt ein unterschiedliches Gewicht zu. Sie unterscheiden sich sowohl in der Häufigkeit ihres Auftretens als auch in der Schwere der zu verarbeitenden Last. Im allgemeinen kann man davon ausgehen, daß sich Veränderungen sowohl bei der Quantität und Qualität der Produktionsfaktoren als auch bei einem Wandel in der Bedarfsstruktur oder bei der Anwendung neuen technischen Wissens relativ langsam vollziehen. Demgegenüber hat die Erfahrung gerade in der jüngeren Vergangenheit gezeigt, daß die staatlichen Instanzen durch gesetzgeberische Aktivitäten, aber auch auf dem Verordnungswege, die institutionellen Rahmenbedingungen relativ häufig ändern.

Nun bestimmt aber nicht allein der Umfang an Datenänderungen die Schwere der vom Koordinationsmechanismus zu verarbeitenden Last. Sofern nämlich die Datenänderungen zeitlich und räumlich verteilt auftreten, sind die Anpassungslasten leichter zu verarbeiten als bei einer räumlichen und zeitlichen Konzentration. Auch hier trägt der Staat mit den von ihm verursachten Datenänderungen zu relativ schwer zu verarbeitenden Lasten bei. Während bei den nicht im staatlichen Entscheidungsbereich liegenden Datenänderungen eine räumliche und zeitliche Verteilung der Anpassungslasten wegen der dezentralen Entscheidungsstruktur der privaten Wirtschaftssubjekte wahrscheinlich ist, trägt die zentrale Entscheidungsstruktur der staatlichen Instanzen bei staatlich verursachten Änderungen in den Rahmenbedingungen oft zu einer Konzentration in räumlicher und zeitlicher Hinsicht bei. Solche konzentriert auftretenden Anpassungslasten stellen aber höhere Anforderungen an die Verarbeitungskapazität des jeweiligen Koordinationsmechanismus.

## B. Die Determinanten der Anpassungskapazität

Man kann davon ausgehen, daß Volkswirtschaften permanent Datenänderungen der unterschiedlichsten Art ausgesetzt sind. Die Effizienz eines Koordinationsmechanismus zeigt sich darin, wie schnell und adäquat er in der Lage ist, die aus solchen Veränderungen erwachsenden Lasten auf die am Wirtschaftsprozeß Beteiligten aufzuteilen. Je schneller und reibungsloser die wirtschaftlichen Folgen von Änderungen in den ökonomischen Rahmenbedingungen angelastet werden, desto geringer werden die aus solchen Veränderungen zunächst resultierenden Ungleichgewichte auf Güter- und Faktormärkten und damit die Wohlfahrtsverluste aus einer suboptimalen Allokation der Ressourcen sein.

Die Lasten solcher Veränderungen in den ökonomischen Rahmenbedingungen entstehen dadurch, daß beispielsweise durch einen Wandel in der Bedarfsstruktur die Nachfrage nach bestimmten Gütern zurückgeht und die Beschäftigungsmöglichkeiten in diesem Bereich verringert werden. Diese wirtschaftlichen Folgen von Datenänderungen lassen sich auf unterschiedliche Art und Weise anlasten. Sofern der marktliche Koordinationsmechanismus funktioniert, erfolgt die Anlastung primär über Veränderungen in den Einkommensansprüchen der direkt von der Datenänderung betroffenen Besitzer von Produktionsfaktoren. Trotz der geringeren Faktoreinkommen wird im allgemeinen eine volle Beschäftigung der vor Eintritt der Datenänderung in diesem Bereich beschäftigten Produktionsfaktoren nicht möglich sein. Eine produktive Verwendung dieser Faktoren ist nur in anderen Bereichen denkbar. Die Lasten von Änderungen in den ökonomischen Rahmenbedingungen äußern sich somit nicht nur in Einkommenseinbußen der Besitzer von Produktionsfaktoren, sondern auch in den Kosten der Umsetzung eines Teils dieser Faktoren in andere Verwendungsarten.

Man kann diese Zusammenhänge auch etwas anders darstellen. Die Anpassungslasten werden entsprechend dieser Terminologie immer dann effizient auf die Besitzer der Produktionsfaktoren aufgeteilt, wenn die durch Datenänderungen verursachten Ungleichgewichte auf den Güter- und Faktormärkten relativ schnell zu Veränderungen in den relativen Preisen führen und diese Preisvariationen ohne größere Verzögerungen zu entsprechenden Veränderungen in den Faktoreinsatzmengen beitragen. Entscheidend für die Anpassungskapazität marktwirtschaftlicher Ordnungen ist somit der Grad der Preisflexibilität und Preiselastizität.

Sofern der marktliche Koordinationsmechanismus nicht oder nur unzulänglich funktioniert, wenn also die Bezieher von Faktoreinkommen nicht bereit oder aufgrund kollektiver Regelungen nicht in der Lage sind, auf Einkommensansprüche zu verzichten oder die Produktionsfaktoren Arbeit und Kapital in produktivere Verwendungsarten zu überführen, stellt sich als Folge davon eine Unterbeschäftigung der Faktoren ein. In diesem Falle werden die marktlichen Ungleichgewichte über Veränderungen in den Güter- und Faktormengen ausgeglichen. Allerdings werden hierbei die Lasten aus den Veränderungen in den ökonomischen Rahmenbedingungen in Form von Arbeitslosigkeit und Kapitalverlusten getragen. Im Vergleich zur Anlastung dieser Lasten über geringere Einkommensansprüche und geänderte Verwendungsarten der Produktionsfaktoren ist diese Art der Lastaufteilung aber mit größeren Wohlfahrtsverlusten verbunden.

In der Literatur werden eine Reihe von Gründen genannt, mit denen erklärt werden soll, weshalb vor allem die Einkommensansprüche der Arbeitnehmer zumindest nach unten relativ starr sind. Dabei wird u.a. darauf hingewiesen, daß das Streben der Arbeitnehmer nach Sicherheit, der Wunsch nach fairen Lohnstrukturen, die Existenz von Kollektivverhandlungen oder auch die prohibitiv hohen Anpassungskosten von Lohnsatzveränderungen zu einer relativen Inflexibilität der Lohnsätze nach unten beitragen. Abgesehen davon, daß die meisten dieser Ansätze die relative Starrheit der nominalen Löhne nach unten nur unbefriedigend erklären können (Berthold, 1986), kommt es für die Geschwindigkeit des Abbaus von Marktungleichgewichten weniger auf die absoluten nominellen als vielmehr auf die relativen realen Preise an. Will man den in der Realität zu beobachtenden nur zögernden Abbau von Ungleichgewichten auf mangelnde Preisflexibilitäten zurückführen, genügt es nicht nachzuweisen, daß die Nominallöhne nach unten starr sind. Vielmehr bleibt zu zeigen, daß die relativen Preise nur unzureichend auf marktliche Ungleichgewichte reagieren. Demnach würden Ungleichgewichte auf dem Arbeitsmarkt nicht allein deshalb nicht befriedigend abgebaut, weil die Nominallöhne nach unten starr sind, sondern weil entweder das allgemeine Preisniveau und/oder das nominelle Zinsniveau nicht variabel genug sind.

Für beide Tatbestände lassen sich allerdings in der gegenwärtigen Situation Erklärungen finden. So trägt zum einen die relativ restriktive Geldpolitik der monetären Instanzen in der Bundesrepublik seit Mitte der 70er Jahre mit dazu bei, daß die Starrheit der nominalen Lohnsätze zu einer realen wird. Die nach unten relativ starren Reallöhne, die mit der Entwicklung der Arbeitsproduktivität über das Beschäftigungsniveau bestimmen, lassen sich aus dem Verhalten von Gewerkschaften und Notenbank erklären. Gleichzeitig tragen zum anderen die Ansprüche des Staates an das Sozialprodukt und die rückläufige gesamtwirtschaftliche Ersparnisbildung mit dazu bei, daß das nominelle Zinsniveau nicht flexibel genug reagieren kann, um die relativen Preisverhältnisse so zu verändern, daß es über zusätzliche Investitionen zu einem Abbau der Ungleichgewichte auf dem Arbeitsmarkt kommt. Das staatliche Verhalten und die rückläufige private Ersparnisbildung liefern im Verbund mit außenwirtschaftlichen Bestimmungsgründen des Zinsniveaus eine Erklärung dafür, warum die Fremdkapitalgeber keinen Anlaß haben, auf Einkommensansprüche zu verzichten.

Nun muß dieser Fall, daß die Lasten aus Datenänderungen über eine Unterbeschäftigung von Produktionsfaktoren angelastet werden, selbst bei festen Einkommensansprüchen, wie sie vor allem von den Besitzern des Produktionsfaktors Arbeit, aber auch von den Fremdkapitalgebern von Unternehmungen teilweise gefordert und durchgesetzt werden, nicht unbedingt auftreten. Sofern es nämlich den Unternehmungen gelingt, die Anpassungslasten über andere Kanäle abzuwälzen oder aber sie vorübergehend selbst in der Lage sind, zumindest einen Teil der Lasten zu tragen, muß es nicht zu der befürchteten Unterbeschäftigung der Produktionsfaktoren kommen.

Die Unternehmungen haben selbst bei relativer Starrheit in den Nominallöhnen die Möglichkeit, die auftretenden Lasten sowohl über eine Verringerung der übertariflichen Lohnzuschläge als auch der freiwilligen Sozialleistungen teilweise zu kompensieren. Nun kann man aber feststellen, daß gerade in der jüngeren Vergangenheit ein Großteil der freiwilligen Lohnnebenkosten durch gesetzliche oder tarifvertragliche Regelungen in feste Leistungsbestandteile der Unternehmungen umgewandelt wurden. So beliefen sich Anfang der 80er Jahre die gesetzlich und tarifvertraglich festgelegten Lohnzusatzkosten, wie die Lohnfortzahlung, die Sozialversicherungsbeiträge, das Urlaubs- und Weihnachtsgeld etc., auf über die Hälfte der gesamten Lohnnebenkosten. Bis Anfang der 70er Jahre hatte noch eindeutig die freiwillige Komponente dominiert. Mit dem zunehmenden Zwangscharakter der freiwilligen Leistungen verringerte sich auch die Möglichkeit, über eine Verringerung dieser Lohnnebenkostenkomponente einen Teil der durch Datenänderungen bedingten Anpassungslasten aufzufangen.

Daneben können die Unternehmungen auch versuchen, die Lasten aus Veränderungen in den ökonomischen Rahmenbedingungen über höhere Preise für ihre Produkte den Konsumenten anzulasten. Dies erscheint immer nur dann möglich, wenn entweder die preissetzenden Unternehmungen Marktmacht ausüben oder aber wenn gesamtwirtschaftlich die monetären Rahmenbedingungen so gesetzt werden, daß eine Erhöhung der Güterpreise für die gesamte

Volkswirtschaft möglich wird. Sieht man einmal von einer immerwährenden Möglichkeit monopolistischer Preissetzung ab, dann können sich vor allem zwei Hindernisse für eine Überwälzung der Anpassungslasten über höhere Preise ergeben. Zum einen sind die Preisüberwälzungsmöglichkeiten in Zeiten von Ungleichgewichten auf den Güter- und Faktormärkten, d.h. in Phasen rezessiver Entwicklung, wegen des relativ starken Wettbewerbs unter den Unternehmungen beschränkt. Daneben hängen die Preisüberwälzungsmöglichkeiten ganz allgemein vom Verhalten der monetären Instanzen ab, wobei dieses wiederum von dem gerade herrschenden Währungssystem entscheidend beeinflußt wird. Nun kann man aber feststellen, daß seit dem Wechsel im Wechselkursregime Anfang der 70er Jahre die Notenbank in der Bundesrepublik in die Lage versetzt wurde, seit Mitte der 70er Jahre eine relativ restriktive Geldpolitik durchzusetzen. Demzufolge ist für die Unternehmungen dieser Weg, Lasten zu überwälzen, nur noch bedingt gangbar.

Selbst dann, wenn weder von den Arbeitnehmern bzw. ihren Vertretern, den Gewerkschaften, noch von den Gläubigern die Bereitschaft vorhanden ist, zumindest einen Teil der exogenen Lasten zu tragen und auch die Kompensationsmöglichkeiten über höhere Güterpreise und geringere Lohnnebenkosten weitgehend versperrt sind, müssen Datenänderungen nicht zu einer andauernden Unterbeschäftigung der Produktionsfaktoren führen. Im Gegensatz zu den festen Ansprüchen der Faktoren Arbeit und Fremdkapital sind die Erträge des Eigenkapitals residuale Größen, die temporär und innerhalb bestimmter Grenzen variabel sind. Je größer die Eigenkapitalquote von Unternehmungen ist, desto eher besteht die Möglichkeit, daß exogene Schocks durch einen vorübergehenden Verzicht der Eigenkapitalgeber auf einen Teil ihrer Einkommensansprüche abgefangen werden können, ohne daß es zu Entlassungen kommen muß.

Eine Reihe von Faktoren haben mit dazu beigetragen, daß zum einen die gesamtwirtschaftlichen Ersparnisse zurückgegangen sind und zum anderen ein immer geringerer Teil des neu gebildeten Kapitals als Risikokapital in die Wirtschaft floß. Die Folge ist eine zunehmend geringere Ausstattung der Unternehmungen mit Risikokapital. Mit der rückläufigen Eigenkapitalquote der Unternehmungen, wurde auch die Pufferfunktion des Eigenkapitals eingeschränkt. Die Ursachen für den Rückgang in der gesamtwirtschaftlichen Kapitalbildung werden sowohl im Verhalten des Staates als auch im Ausbau der Systeme der Sozialen Sicherheit vermutet. Die rückläufige Anlage der privaten Ersparnisse der Haushalte als Risikokapital in Unternehmungen und die verstärkte Anlage in vergleichsweise risikolosen Vermögensformen, wie festverzinslichen staatlichen Wertpapieren, wird auch auf eine Steuerpolitik zurückgeführt, die zu einer relativen Diskriminierung des Eigenkapitals beiträgt (Pütz/Willgerodt, 1984, 106ff; Engels, 1984, 237ff).

Ein wichtiger Faktor, der dazu beitragen kann, diese Entwicklung der Sparprozesse zu erklären, kann darin gesehen werden, daß der Staat in zunehmendem Maße Ressourcen in Anspruch nimmt und sie einer privaten Verwendung entzieht. Die Finanzierung der staatlichen Aktivitäten kann dabei sowohl über höhere Steuern als auch über eine Verschuldung am Kapitalmarkt erfolgen. Sofern die staatlichen Instanzen ihren steigenden Finanzierungsbedarf über höhere Steuern finanzieren, kann es sowohl zur Behinderung der Kapitalbildung selbst als auch zur Verzerrung der Relation von Eigen- zu Fremdkapital in den Unternehmungen kommen. Behindert werden kann die Bildung von Kapital insofern, als die steigenden Finanzierungserfordernisse auch über eine steigende Besteuerung der Ersparnisbildung und der Erträge aus den Ersparnissen, z.B. über steigende steuerliche Belastungen aus der Einkommen-, Vermögens-, Kapitalverkehr- und Erbschaftsteuer, gedeckt werden. In einem solchen Falle kann die Ersparnisbildung gegenüber dem sofortigen Konsum von Einkommensteilen benachteiligt werden. Die Folge davon ist eine Einschränkung des Kapitalangebotes auf dem Kapitalmarkt.

Darüber hinaus kann durch steuerpolitische Maßnahmen das Verhältnis von Eigen- und Fremdkapital in den Unternehmungen selbst beeinflußt werden (Pütz/Willgerodt, 1984, 109ff). Im Gegensatz zum Fremdkapital ist das Eigenkapital in der Bundesrepublik durch zahlreiche Sondersteuern belastet. So tragen die Körperschaftssteuer für nichtausgeschüttete Gewinne bei Kapitalgesellschaften, sofern der Steuersatz den Durchschnittssteuersatz der Anteilseigner übersteigt, die Doppelerhebung der Vermögensteuer bei der Gesellschaft und dem Anteilseigner sowie spezielle Regelungen bei der Gewerbeertrag- und -kapitalsteuer mit dazu bei, daß das Eigenkapital in Unternehmungen höher als das Fremdkapital besteuert werden. Die Folge davon ist eine verringerte Eigenkapitalrendite und ein verminderter Anreiz zur Bildung von Eigenkapital.

Die gestiegene Ausgabentätigkeit des Staates trägt dazu bei, daß er in zunehmendem Maße selbst Teile der gesamtwirtschaftlichen Ersparnisbildung in Anspruch nimmt und nicht mehr wie in früheren Zeiten Nettogläubiger auf dem Kapitalmarkt ist. Die staatlichen Verschuldungsaktivitäten können unter bestimmten Voraussetzungen zu einem Anstieg des allgemeinen Kapitalmarktzinsniveaus beitragen, so daß es bei sinkenden Eigenkapitalrenditen für die Anleger von finanziellen Mitteln sinnvoll werden kann, diese in hochverzinslichen und weniger risikobehafteten Staatspapieren anzulegen. Diese steuerlichen und verschuldungsbedingten staatlichen Aktivitäten können somit die Bildung von Eigenkapital in den Unternehmungen beeinträchtigen.

Ein Rückgang der Eigenkapitalquote der Unternehmungen kann mit dazu beitragen, daß der Umfang der risikoreichen Investitionen reduziert wird. Man könnte sich zwar vorstellen, daß die Geber von Fremdkapital an die Stelle der Eigenkapitalgeber treten und die finanziellen Mittel zur Finanzierung dieser Investitionsvorhaben bereitstellen. Tatsächlich sind die Fremdkapitalgeber nur bedingt bereit, diese Rolle zu übernehmen. Da für sie die Risiken auf den Gütermärkten wegen der Ferne ihrer Aktivitäten zu diesen Märkten nur bedingt überschaubar sind, werden sie versuchen, ihre Risiken als Kapitalgeber dadurch zu verringern, daß sie eine bestimmte Selbstfinanzierungsquote fordern. Sobald aber diese Mindestquote unterschritten wird, werden die Fremdkapitalgeber nicht mehr bereit sein, solche risikoreichen, aber möglicherweise produktiven Investitionen zu finanzieren. Die risikolosere Anlage in Geldkapital und die relative steuerliche Begünstigung dieser Anlageform im Vergleich zur Anlage der finanziellen Mittel in riskanteren Sachinvestitionen verstärken diese Entwicklung. Dies bedeutet in der Regel, daß vor allem die Investitionen in Forschung und Entwicklung eingeschränkt werden. Gerade diese Investitionen sorgen aber langfristig für die erforderlichen Arbeitsplätze in einer durch Unsicherheit gekennzeichneten Welt.

Sofern diese Pufferfunktion des Eigenkapitals verlorengeht, müssen sich die Auswirkungen von Datenänderungen in Entlassungen des Produktionsfaktors Arbeit und schließlich in dem Verlust von Sachkapital niederschlagen. Die Unternehmungen versuchen in solchen Situationen, Kostenentlastungen über Veränderungen in der beschäftigten Menge an Arbeitskräften herbeizuführen. Dabei wird u.a. auf Maßnahmen, wie Kurzarbeit, Umsetzung von Arbeitskräften, Teilstillegungen und schließlich auch Entlassungen zurückgegriffen. Durch diese Anpassungsreaktionen, mit denen die Lasten den Arbeitnehmern aufgebürdet werden, wird versucht, den grundsätzlichen Bestand der Unternehmung und einen Teil der Arbeitsplätze zu sichern. Diese Kompensationsstrategie der Unternehmungen wird aber durch gesetzliche Regelungen in zunehmendem Maße verbaut. So tragen Kündigungsschutzregelungen, aber auch Rationalisierungsschutzabkommen mit dazu bei, daß exogene Schocks stärker auf das verminderte Eigenkapital der Unternehmung durchschlagen. Die Folge davon kann schließlich die Aufgabe der Unternehmung, der Verlust von weiteren Arbeitsplätzen und Sachkapital sein. Zu einer Vernichtung von Kapital tragen in diesem Zusammenhang auch die sogenannten mitbestimmten Sanierungslösungen bei. Durch den Versuch der Absicherung von Einkommensansprüchen auch im Falle eines Verlustes von Arbeitsplätzen, wird der Unternehmung zusätzliches Kapital entzogen. Die Fähigkeit der Unternehmung, über den Faktor Eigenkapital Risiken zu tragen, wird eingeschränkt.

Die Fähigkeit des marktlichen Koordinationsmechanismus, die Lasten aus Datenänderungen über veränderte relative Preise und mobile Produktionsfaktoren effizient zu verarbeiten, hängt auch davon ab, unter welchen gesamtwirtschaftlichen Wachstumsbedingungen sich die Anpassungsprozesse vollziehen. Während in wachsenden Volkswirtschaften die notwendigen, vollbeschäftigungskonformen Anpassungen an die neuen wirtschaftlichen Gegebenheiten zunächst über einen Rückgriff auf die Einkommenszuwächse vorgenommen werden können, erfordert die Anpassung in einer stagnierenden oder schrumpfenden Wirtschaft absolute Einkommenseinbußen.

Die Wirtschaftssubjekte werden im allgemeinen eher bereit sein, Einkommenseinbußen zu akzeptieren, wenn nicht absolute, sondern nur relative Einkommensveränderungen erforderlich sind. Man kann deshalb erwarten, daß wachsende Volkswirtschaften wegen der geringeren Widerstände der Eigentümer von Produktionsfaktoren gegen relative Einkommenseinbußen besser und schneller in der Lage sind, adäquat auf Datenänderungen zu reagieren als Volkswirtschaften, deren Sozialprodukt stagniert oder sogar schrumpft.

In wachsenden Volkswirtschaften sind auch die subjektiv empfundenen Anforderungen an die Mobilität der Produktionsfaktoren geringer. Die sich ständig verbessernden Beschäftigungsmöglichkeiten erhöhen die Wahrscheinlichkeit, daß die Arbeitnehmer bei Datenänderungen, die zu einem Verlust des bisherigen Arbeitsplatzes führen, weniger zeitliche und räumliche Mühen auf sich nehmen müssen, um einen adäquaten neuen Arbeitsplatz zu finden.

Die Anpassungsfähigkeit der Marktwirtschaft an geänderte ökonomische Rahmenbedingungen ist somit von den herrschenden gesamtwirtschaftlichen Wachstumsbedingungen nicht unabhängig. Will man den Einfluß der Systeme der Sozialen Sicherung auf die Funktionsfähigkeit von Marktwirtschaften analysieren, erscheint es deshalb erforderlich zu untersuchen, wie sie die Wachstumsmöglichkeiten einer Volkswirtschaft beeinflußen. Dabei kommt neben dem Einfluß auf die Quantität und Qualität des Produktionsfaktors Arbeit den Auswirkungen auf die entsprechenden Größen des Faktors Kapital eine entscheidende Bedeutung zu. Der Faktor Kapital übt nicht nur als Produktionsfaktor einen unmittelbaren Einfluß auf das Wachstum einer Volkswirtschaft aus. Auch über die Wachstumsrate des technischen Fortschritts beeinflußt die Entwicklung des Produktionsfaktors Kapital die Wachstumsmöglichkeiten. Die private Kapitalbildung in einer Volkswirtschaft kann auch durch die Wahl der Finanzierungsform der Systeme der Sozialen Sicherung beeinflußt werden. Sofern bei einem umlagefinanzierten Alterssicherungssystem eine individuelle Vorsorge für das Alter weitgehend nicht mehr erforderlich ist, entfällt für die privaten Haushalte ein wesentliches Sparmotiv. Die vielfältigen Umverteilungselemente in der gesetzlichen Rentenversicherung und die relative steuerliche Begünstigung der „Ersparnisbildung“ in der Rentenversicherung im Vergleich zu einer privaten Vermögensbildung können dazu beitragen, daß der Anreiz, private Ersparnisse für die Altersvorsorge zu bilden, verringert wird. Ein nach dem Umlageverfahren finanziertes Rentenversicherungssystem kann möglicherweise über eine geringere gesamtwirtschaftliche Ersparnisbildung die Ausstattung einer Volkswirtschaft mit Kapital verringern und damit sowohl die Anpassungsfähigkeit an Datenänderungen beeinträchtigen als auch die Wachstumsmöglichkeiten einer Volkswirtschaft beschränken. Es erscheint deshalb bei einer Analyse der Auswirkungen der Systeme der Sozialen Sicherung auf die Funktionsfähigkeit von Marktwirtschaften erforderlich, den Einfluß auf die private Ersparnisbildung näher zu untersuchen.

Fassen wir zusammen: Als Determinanten der Fähigkeit des marktlichen Koordinationsmechanismus, Datenänderungen zu verarbeiten, wurde die Bereitschaft der Besitzer von Produktionsfaktoren zu einer Reduzierung der Einkommensansprüche und zu einer Umsetzung des Bestandes an Faktoren in andere Verwendungsarten herausgearbeitet. Dabei wurde erkannt, daß den Wachstumsbedingungen in einer Volkswirtschaft, speziell dem Faktor Kapital für die Verarbeitung von Lasten eine besondere Bedeutung zukommt. Es soll deshalb im folgenden untersucht werden, inwieweit die Gesetzliche Renten- und Arbeitslosenversicherung sowohl die Preisflexibilität und Mobilität der Produktionsfaktoren als auch die Bildung von Kapital beeinflussen.

*Teil 2*

# Der Einfluß der Arbeitslosenversicherung auf die Anpassungsfähigkeit der Marktwirtschaft

Historisch gesehen wurde das System der Arbeitslosenversicherung primär deshalb geschaffen, um die materiellen Folgen des auf privaten Versicherungsmärkten nicht oder nur schwer versicherbaren Risikos der Arbeitslosigkeit für den einzelnen abzumildern. Das Ziel bestand in einer gleichmäßigeren Verteilung der exogen verursachten und ungleich über die erwerbstätige Bevölkerung verteilten Lasten aus der Arbeitslosigkeit. Formal werden zwar auch die Unternehmungen über einen Finanzierungsbeitrag an der Verteilung der materiellen Risikenfolgen beteiligt. Tatsächlich wird man aber wegen der Überwälzungsmöglichkeiten dieses Teils der Finanzierungslasten davon ausgehen können, daß die Arbeitnehmer den erforderlichen Risikoausgleich allein bewerkstelligen müssen.

Vor allem keynesianisch orientierte Ökonomen sehen in der Einrichtung der Arbeitslosenversicherung nicht nur ein Instrument zur individuellen Absicherung gegen die materiellen Folgen der Arbeitslosigkeit. Vielmehr sind sie der Meinung, daß die Arbeitslosenversicherung bei entsprechender Ausgestaltung der Leistungs- und Finanzierungsseite wie ein eingebauter Stabilisator wirkt. Damit kann die Risikenhäufigkeit selbst verringert werden. Dies setzt neben einem regelgebundenen Verhalten der politischen Instanzen voraus, daß die Bedingungen keynesianischer Arbeitslosigkeit vorliegen. Beide Voraussetzungen werden allerdings oftmals in Frage gestellt. So war in der Vergangenheit eher zu beobachten, daß sich die staatlichen Instanzen bei der Veränderung der Leistungen und der Finanzierung der Arbeitslosenversicherung diskretionär verhielten und somit die Stabilisierungswirkungen selbst nur relativ gering ausfielen. Daneben wird bestritten, daß die Bedingungen keynesianischer Unterbeschäftigung vorliegen. In einem solchen Falle sind die Möglichkeiten, auf diesem Wege die Risikenhäufigkeit selbst zu verringern, gering.

In jüngerer Zeit wird aber gerade der umgekehrte Zusammenhang zwischen Arbeitslosenversicherung und der Veränderung der Risikenhäufigkeit diskutiert. Man befürchtet, daß die Existenz einer staatlich organisierten Arbeitslosenversicherung mit dazu beitragen kann, die Risikenhäufigkeit zu erhöhen. Man bezeichnet diese Art von Arbeitslosigkeit als versicherungsinduziert. Sofern von der Finanzierungs- und/oder Leistungsseite der Arbeitslosenversicherung Anreize ausgehen, die Arbeitslosenversicherung auszunutzen, kann die

Existenz einer Arbeitslosenversicherung zu einem Anstieg der Risikenhäufigkeit beitragen.

In der wissenschaftlichen Diskussion wird darauf hingewiesen, daß die Existenz einer Arbeitslosenversicherung die Höhe der Risikenhäufigkeit über unterschiedliche Kanäle beeinflussen kann. Zunächst einmal kann sich das individuelle Verhalten der Arbeitnehmer, die einen Arbeitsplatz suchen, verändern. Es wird behauptet, daß eine solche Verhaltensänderung immer dann zu erwarten sei, wenn die Leistungen der Arbeitslosenversicherung und die Art und Weise der Finanzierung dieser Leistungen so ausgestaltet sind, daß sich der Akzeptanzlohn der Arbeitsuchenden entgegen den tatsächlichen Verhältnissen auf den Arbeitsmärkten verändert. Daneben könne eine kollektive Absicherung gegen die materiellen Folgen der Arbeitslosigkeit auch einen Einfluß auf das unternehmerische Nachfrageverhalten nach Arbeitskräften ausüben. In der Literatur wird darauf hingewiesen, daß vor allem die Form der Beteiligung der Unternehmungen an der Finanzierung der Arbeitslosenversicherung dazu beitrage, wie die Unternehmungen ihr Verhalten ändern und bei Absatzschwierigkeiten auf den Gütermärkten eher dazu neigen, die Anzahl der Beschäftigten einzuschränken als die Lohnsätze relativ abzusenken. Schließlich wird darauf verwiesen, daß auch das Verhalten der Tarifpartner in Kollektivverhandlungen von der Existenz einer Arbeitslosenversicherung aller Voraussicht nach nicht unbeeinflußt bliebe. Danach sei der Widerstand der Gewerkschaften gegen Anpassungen auf der Entlohnungsseite bei marktlichen Ungleichgewichten um so stärker, je weniger die Verhandlungsparteien unmittelbar an der Finanzierung der Leistungen der Arbeitslosenversicherung beteiligt seien.

## A. Der Einfluß bestehender Regelungen der Arbeitslosenversicherung auf die Preisflexibilität

### I. Die Auswirkungen auf das individuelle Arbeitsangebotsverhalten

In der arbeitsmarktpolitischen Diskussion der vergangenen Jahre wurde verschiedentlich darauf hingewiesen, daß die Leistungen der Arbeitslosenversicherung die Entscheidungen der Wirtschaftssubjekte über den Umfang des individuellen Arbeitsangebotes beeinflussen können (Grubel/Maki, 1976). Danach verringert die Gewährung von Arbeitslosengeld und Arbeitslosenhilfe die Opportunitätskosten der Freizeit. Die Folge ist eine vermehrte Inanspruchnahme von Freizeit und eine Rückgang im Arbeitsangebot. Nun überschätzt aber eine solche Betrachtungsweise solange den Einfluß der Arbeitslosenversicherung auf den Umfang der angebotenen Arbeitszeit, als die Finanzierung dieser Leistungen nicht mitberücksichtigt wird. Bezieht man diesen Aspekt mit in die Überlegungen ein, dann ergibt sich in Abhängigkeit von der Art der Finanzierung eine wesentlich geringere Begünstigung der Nachfrage nach Freizeit. Die Einschränkungen des Arbeitsangebotes aufgrund der Existenz einer Arbeitslosenversicherung sind deshalb wesentlich geringer zu veranschlagen als in den Ansätzen postuliert wird, die nur die Leistungen der Arbeitslosenversicherung berücksichtigen und von der Finanzierungsseite abstrahieren (Külp, 1983).

Eine solche Betrachtungsweise ist komparativ-statischer Natur. Sie zeigt auf, wie die Arbeitnehmer die ihnen zur Verfügung stehende Zeit auf berufliche Aktivitäten und Freizeit alloziieren, wenn eine staatliche Einrichtung zur Absicherung gegen die materiellen Folgen der Arbeitslosigkeit besteht. Im Vergleich zu einer Situation ohne die Existenz einer Arbeitslosenversicherung wird man im allgemeinen davon ausgehen können, daß die Wirtschaftssubjekte ihr Arbeitsangebot einschränken. Dies ist jedoch nicht Gegenstand unserer Untersuchungen. Wir sind vielmehr daran interessiert, inwieweit die Existenz einer Arbeitslosenversicherung den dynamischen Prozeß der Anpassung der relevanten Preise und die Wanderung des Produktionsfaktors Arbeit an den Ort der produktivsten Verwendung bei Veränderungen in den ökonomischen Rahmenbedingungen beeinflußt. Insofern wollen wir der Frage nachgehen, ob die gegenwärtige Ausgestaltung der Arbeitslosenversicherung das Entscheidungsverhalten von Arbeitnehmer, die arbeitslos geworden sind und einen neuen Arbeitsplatz suchen, dadurch verändern kann, daß sie über einen Einfluß auf den Akzeptanzlohn und damit auf die Bereitschaft, die eingetretenen Anpassungslasten zu tragen, den Anpassungsprozeß beschleunigt oder verlangsamt.

Diese Fragestellung steht im Mittelpunkt der informationstheoretischen Ansätze zur Erklärung des Phänomens friktioneller Arbeitslosigkeit. Hierbei wird zu zeigen versucht, von welchen Faktoren die Entscheidung der Arbeitnehmer abhängt, ihre Arbeitskraft anzubieten, wenn unvollkommene Informationen über die Gegebenheiten auf den Arbeitsmärkten vorliegen. Die Kritik an den möglichen negativen Auswirkungen einer Arbeitslosenversicherung auf das Arbeitsangebotsverhalten der Arbeitnehmer ist nur zu verstehen, wenn man die dieser Argumentation zugrundeliegende allgemeine Modellstruktur kennt. Es erscheint deshalb zunächst erforderlich, die Grundzüge dieser informationstheoretischen Arbeitsmarktmodelle aufzuzeigen.

### 1. Grundzüge der Theorie der Arbeitsplatzsuche

Die informationstheoretischen Arbeitsmarktansätze legen den Schwerpunkt ihrer Argumentation auf die Inhomogenitäten von Arbeitskräften und Arbeitsplätzen sowie auf die mangelnde Transparenz auf den Arbeitsmärkten. Dabei wird versucht, das Entscheidungsverhalten der Arbeitnehmer bei der Suche nach einem Arbeitsplatz zu erklären. Die Arbeitnehmer sind entsprechend diesen Vorstellungen bestrebt, bei der Arbeitsplatzsuche ihre Entscheidungssituation durch die Einholung von Informationen über die möglichen Reallohnsätze, die Arbeitsplätze anbietenden Unternehmungen sowie über die Art und

Qualität der Arbeitsplätze zu verbessern. Dabei folgen sie einem rationalen Kalkül, indem sie die Kosten der Informationssuche den erwarteten Erträgen gegenüberstellen. Die Suche nach einem neuen Arbeitsplatz wird entsprechend diesem Kalkül immer dann beendet, wenn die erwarteten Ertragszuwächse aus der Suche den Kostenzuwächsen entsprechen (Mortensen, 1970).

In seiner anspruchsvollsten Variante versucht der informationstheoretische Ansatz, eine komplette Theorie der Arbeitslosigkeit zu liefern. Zum einen will er den Zustrom von Arbeitnehmern zum Bestand an Arbeitslosen erklären. Dazu bietet er eine Theorie der Selbstkündigungen von Arbeitnehmern an. Daneben entwickelt er zum anderen auch eine Theorie über die Dauer der Arbeitslosigkeit. Allerdings ist er nur in der Lage, Arbeitslosigkeit auf freiwilliger Basis zu erklären. Eine befriedigende Erklärung zyklisch schwankender, unfreiwilliger Arbeitslosigkeit erscheint realistischerweise mit diesem Ansatz nicht möglich.

Bei einer weniger anspruchsvollen Zielsetzung kann der suchtheoretische Ansatz jedoch wichtige Erkenntnisse liefern. Er kann sowohl dazu verwandt werden, Lohninflexibilitäten über eine Analyse der Bestimmungsgründe des von den Arbeitnehmern geforderten Anspruchslohnes zu erklären. Daneben kann die Theorie der Selbstkündigungen der Arbeitnehmer als Ansatz zur Erklärung der freiwilligen beruflichen Mobilität der Arbeitnehmer interpretiert werden (König, 1979). Wir wollen uns im folgenden vor allem mit dem ersten Problemkreis befassen und der Frage nachgehen, welcher Einfluß sowohl von der Leistungs- als auch von der Finanzierungsseite der Arbeitslosenversicherung auf die Höhe des Anspruchslohnes und damit auch auf die Bereitschaft der Arbeitnehmer ausgeht, sich an den finanziellen Lasten von eingetretenen Datenänderungen zu beteiligen. Zu diesem Zweck wollen wir von der Situation eines — aus welchen Gründen auch immer — arbeitslos gewordenen Arbeitnehmers ausgehen (Mortensen, 1970). Das Problem, wie effizient die Suche „on the job" bzw. „off the job" ist, kann hier ausgeklammert werden, da die Leistungen der Arbeitslosenversicherung nur an Arbeitnehmer gewährt werden, die keiner Tätigkeit nachgehen.

Ein solcher Arbeitnehmer verfolgt das Ziel, das für sein Qualifikationsniveau höchstmögliche Lohnangebot zu finden. Zu Beginn der Suchaktivitäten hat der Arbeitnehmer — entsprechend diesem Modellansatz — zwar klare Vorstellungen über seine eigene Qualifikation und die dieser Qualifikation entsprechenden Einkommenserzielungsmöglichkeiten. Es wird somit davon abstrahiert, daß vor allem jüngere, neu in den Arbeitsmarkt eintretende Arbeitnehmer nur ungenügend über ihr eigenes Qualifikationsniveau informiert sind. Diesem Problemkreis widmen sich vor allem die sogenannten „job shopping"-Modelle (Franz, 1982). Der Arbeitnehmer kennt die Verteilung der angebotenen Stellen. Er weiß jedoch nicht, welche Anforderungen an die Qualifikation bei den angebotenen Stellen gestellt werden und wie diese Stellen dotiert sind. Diese Informationsdefizite versucht er durch aktives Suchen zu vermindern, indem er — im Rahmen dieses einfachen Modells — pro Periode — Tag, Woche — sich über eine offene

Stelle erkundigt. Dabei muß er sich dann entscheiden, ob er die angebotene Stelle annehmen oder weiter suchen soll. Bei dieser Entscheidung hat er zu berücksichtigen, daß er bei Annahme eines Lohnes, der unter dem höchsten, seiner Qualifikation entsprechenden Lohn liegt, auf Einkommensmöglichkeiten verzichtet. Ein weiteres Suchen erscheint sinnvoll. Daneben muß man berücksichtigen, daß diese Suchaktivitäten für den Suchenden nicht kostenlos sind. Es entstehen ihm nicht nur Kosten für Inserate, Korrespondenz etc., er verzichtet während der Zeit der Suche auf sonst mögliches Lohneinkommen. Berücksichtigt man diese direkten und indirekten Kosten, dann lohnt ein Weitersuchen nicht mehr, wenn die erwarteten abdiskontierten Einkommenszuwächse aus der Suche die entsprechenden Kostenzuwächse nicht mehr übersteigen.

Machen wir uns diese Zusammenhänge anhand der Abb. 1 klar. Hierbei gibt die Verteilungskurve die Häufigkeit der vorhandenen offenen Stellen unterschiedlicher Qualifikation an. Dabei gehen steigende Ansprüche an die Qualifikation der Arbeitnehmer mit steigenden Lohnsätzen einher. Es wird ein einfacher Zusammenhang zwischen Qualifikation und Entlohnung unterstellt. Nichtmonetäre Lohnbestandteile bleiben unberücksichtigt. Die Häufigkeitsverteilungskurve schneidet die Abszisse in den Punkten (a) und (b). Diese Punkte korrespondieren mit den offenen Stellen mit den geringsten und höchsten Qualifikationsanforderungen. Gehen wir davon aus, daß der Arbeitsuchende eine bestimmte Qualifikation aufweist, der ein bestimmter Lohnsatz ($l_{max}$) entspricht, dann ist es ihm im Verlauf des Suchprozesses maximal möglich, diesen Lohnsatz zu realisieren. Allerdings wäre es Zufall, wenn ihm gleich zu Beginn der Suche, ein Arbeitsplatz mit dieser Dotierung angeboten würde. Er wird deshalb mehrere Suchschritte unternehmen müssen. Wird ihm während der Suche eine Stelle mit einem geringeren als dem maximal möglichen Lohnsatz angeboten, beispielsweise ein mit ($l_1$) dotierter Arbeitsplatz, entstehen ihm im Falle einer Annahme dieses Angebotes Kosten in Höhe des für ihn maximal erreichbaren Lohnsatzes von ($l_{max}$ — $l_1$) pro Periode. Die Suche nach dem optimalen Arbeitsplatz ist jedoch nicht kostenlos. Lehnt er die angebotene Stelle ab und setzt den Suchprozeß fort, dann belaufen sich die Suchkosten pro Periode auf ($l_1$), sofern man einmal von sonstigen direkten Kosten absieht.

Aus diesem Spannungsverhältnis von möglichen Erträgen und Kosten der Suche ist ersichtlich, daß der Arbeitsplatzsuchende sicher nicht solange sucht, bis er einen Arbeitsplatz findet, der seiner Qualifikation optimal entspricht. Der Arbeitsuchende wird zwischen den Kosten und Erträgen einer weiteren Suche abwägen und eine Tätigkeit akzeptieren, die geringer entlohnt wird. Die Frage ist, ab welchen Entlohnungsbedingungen wird er bereit sein, ein solches Angebot anzunehmen. Diesen Lohnsatz bezeichnet man als den Anspruchs- oder Akzeptanzlohn. Sofern die ihm angebotene Stelle mit einem Lohnsatz dotiert ist, der unterhalb dieses Anspruchslohnes ($l_a$) liegt, wird er die Suche fortsetzen. Nur wenn er darüber liegt, wird er das Lohnangebot akzeptieren und die Suche beenden.

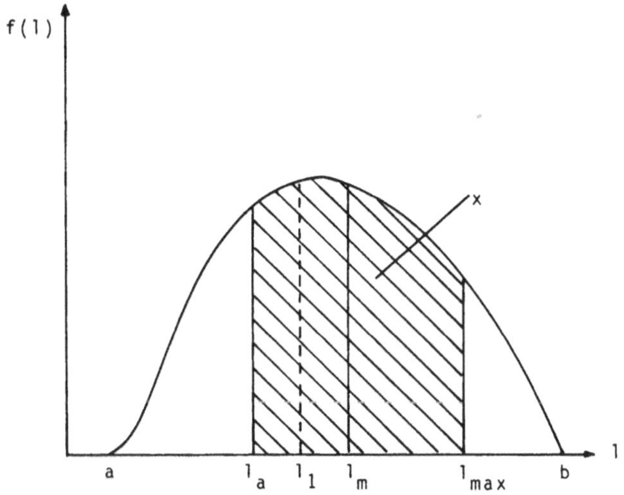


Abb. 1. Bestimmung des Anspruchlohnes

Das gesamte Entscheidungsproblem des Arbeitsplatzsuchenden besteht somit in der Festlegung des Anspruchslohnes. Dabei entscheidet die Höhe des Anspruchsniveaus sowohl über die Länge der Dauer der Suche als auch über die letztliche Höhe des Lohneinkommens. Je höher dieses Niveau angesetzt wird, desto schwieriger wird es im statistischen Durchschnitt, einen akzeptablen Arbeitsplatz zu finden. Die Wahrscheinlichkeit dafür beträgt in unserem Falle (x) und entspricht dem Anteil der Fläche unter der Verteilungskurve in den Grenzen ($l_a$) und ($l_{max}$) an der gesamten Fläche zwischen der geringsten (a) und der höchsten (b) Anforderung an die Qualifikation der Arbeitnehmer. Umgekehrt bedeutet jedoch die Wahl eines höheren Akzeptanzlohnes, daß die Chancen, ein höheres Lohnangebot zu finden, zunehmen. Der erwartete wahrscheinlichste Lohnsatz entspricht dem Erwartungswert unter der Verteilungskurve innerhalb der Grenzen ($l_a$) und ($l_{max}$). Er hat beispielsweise den Wert ($l_m$). Je höher somit das Anspruchsniveau gewählt wird, desto höher ist auch im statistischen Durchschnitt der Lohnsatz, mit dem ein Arbeitnehmer rechnen kann.

Das Kalkül des Arbeitsuchenden bei der Wahl des Anspruchsniveaus erscheint somit klar. Wird dem Arbeitslosen ein Arbeitsplatz mit einem Lohnsatz von ($l_l$) angeboten, dann belaufen sich die Kosten der Suche in der folgenden Periode, sofern er dieses Angebot ablehnt und weiter sucht, auf dieses entgangene Lohneinkommen während der Periode der Suche. Umgekehrt kann er mit der Wahrscheinlichkeit (x) ein Lohnangebot in Höhe von ($l_m$) erwarten. Die marginalen Erträge einer weiteren Suche belaufen sich deshalb pro Periode auf ($l_m$ — $l_l$) multipliziert mit der Wahrscheinlichkeit (x), ein akzeptables Lohnangebot während dieser Periode zu finden. Der Arbeitsuchende wird deshalb den Akzeptanzlohn und damit die Wahrscheinlichkeit, einen Arbeitsplatz zu finden, so wählen, daß der Gegenwartswert der erwarteten Lohneinkommen abzüglich der abdiskontierten erwarteten Suchkosten ein Maximum erreicht. Dies ist immer dann der Fall, wenn sich die Grenzerträge und die Grenzkosten der Suche entsprechen.

Aus diesem Kalkül kann man auch erkennen, daß ein unmittelbarer Zusammenhang zwischen der Höhe des Akzeptanzlohnes und der Dauer der Suche nach einem neuen Arbeitsplatz besteht. Normiert man die Fläche unter der gesamten Verteilungskurve auf eins und unterstellt, daß der Arbeitsuchende pro Periode sich nur nach einem Arbeitsplatz erkundigt, dann entspricht die Dauer der Suche dem Kehrwert der Wahrscheinlichkeit (x), während einer Periode einen neuen akzeptablen Arbeitsplatz zu finden. Während deshalb ein Anstieg des optimalen Akzeptanzlohnes ceteris paribus die Beschäftigungwahrscheinlichkeit verringert bzw. die Wahrscheinlichkeit, arbeitslos zu werden, erhöht und damit die Dauer der Arbeitslosigkeit erhöht, verkürzt ein Rückgang im Anspruchsniveau die Dauer der Beschäftigungslosigkeit.

Die Höhe des optimalen Akzeptanzlohnes der Arbeit suchenden Arbeitnehmer wird somit im Rahmen dieser Modellansätze, die eine gegebene, dem Arbeitsplatzsuchenden bekannte Häufigkeitsverteilungsfunktion voraussetzen, primär von zwei Größen determiniert: vom Qualifikationsniveau des Arbeitslosen und von der Höhe der Diskontrate. Das optimale Anspruchsniveau ist dabei um so höher, je höher das Qualifikationsniveau und je geringer der Abdiskontierungsfaktor ausfällt. Ein steigendes Qualifikationsniveau erhöht den Akzeptanzlohn deshalb, weil damit auch der Anteil der erreichbaren Arbeitsplätze an der Gesamtzahl der angebotenen offenen Stellen wächst. Daneben erhöht auch eine geringere Zeitpräferenz der Arbeitsuchenden das Anspruchsniveau, weil dadurch der Gegenwartswert der Suchgewinne ansteigt.

Diese Ergebnisse gelten für eine gegebene Häufigkeitsverteilung der Lohnangebote. Verändert sich jedoch die Lage oder die Streuung dieser Funktion, resultieren daraus auch Änderungen in der Höhe des optimalen Akzeptanzlohnes. Verschiebt sich beispielsweise die gesamte Verteilungsfunktion in Perioden des konjunkturellen Aufschwungs nach rechts und erhöht sich deshalb der Mittelwert der Häufigkeitsverteilungsfunktion, dann hat dies auch positive Rückwirkungen auf die Höhe des optimalen Akzeptanzlohnes. Da die Wahrscheinlichkeit steigt, bei gegebener Qualifikation einen besser bezahlten Arbeitsplatz zu erreichen, wird sich auch der optimale Akzeptanzlohn erhöhen. Veränderungen in der Lage der Häufigkeitsverteilungsfunktion ohne Rückwirkungen auf die Streuung der Lohnangebote bewirken deshalb eine gleichgerichtete Veränderung des Anspruchsniveaus. Diese Überlegungen gelten unabhängig davon, ob der Arbeitsuchende einer qualifikationsbedingten Beschränkung der Lohnangebote unterliegt — wie in unserem Fall — oder nicht (König, 1979).

In den herkömmlichen Modellansätzen der Suchtheorie wird im allgemeinen nur der Zusammenhang zwischen der Lage der Häufigkeitsverteilungsfunktion und der Höhe des optimalen Akzeptanzlohnes untersucht. Der Einfluß der Streuung der Lohnangebote auf das Anspruchsniveau bleibt demgegenüber weitgehend unberücksichtigt. Dennoch gehen auch von der Veränderung der Varianz der Verteilungsfunktion Einflüsse auf die Vorstellungen der Arbeitsuchenden aus, welchen Lohnsatz sie mindestens erreichen wollen.

Ein Anstieg der Varianz der Häufigkeitsverteilungsfunktion bei gleichbleibendem Mittelwert der Funktion hat ein verringertes optimales Anspruchsniveau ($l_a^2$) zur Folge, sofern man von einem gleichgleibenden Qualifikationsniveau ($l_{max}$) des Arbeitsuchenden ausgeht. Dies läßt sich damit erklären, daß die Wahrscheinlichkeit ($x_2$), einen akzeptablen Arbeitsplatz bei unverändertem Akzeptanzlohn ($l_a^1$) im Vergleich zur Ausgangshäufigkeitsverteilung ($(f(l))_1$) zu finden, zurückgeht.

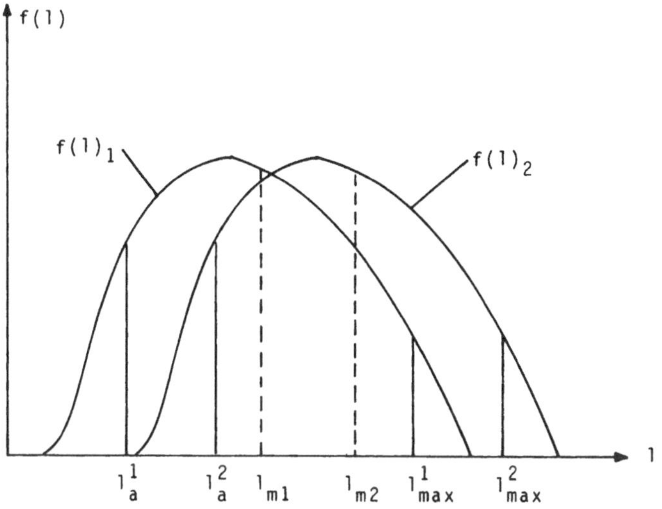


Abb. 2. Lage der Verteilungsfunktion und Anspruchslohn

Graphisch kann man dies daran erkennen, daß der Anteil der Fläche unter der neuen Häufigkeitsverteilungsfunktion ($(f(l))_2$) innerhalb der Grenzen ($l_a^1$) und ($l_{max}$) an der Gesamtfläche der neuen Verteilungsfunktion geringer ist, als der Anteil der Fläche unterhalb der alten Verteilungsfunktion innerhalb derselben Grenzen. Der neue optimale Akzeptanzlohn ist erst dann erreicht, wenn sich die Wahrscheinlichkeiten ($x_1$) und ($x_2$) einen neuen akzeptablen Arbeitsplatz zu finden, nicht mehr unterscheiden. Dies ist jedoch nur möglich, wenn der Arbeitsuchende den optimalen Akzeptanzlohn auf ($l_a^2$) verringert.

Das Ergebnis steht scheinbar im Widerspruch zu Aussagen in der Literatur. Danach führt eine größere Streuung der Lohnangebote ceteris paribus zu einem höheren optimalen Anspruchsniveau (König, 1979; Pissarides, 1983). Diese

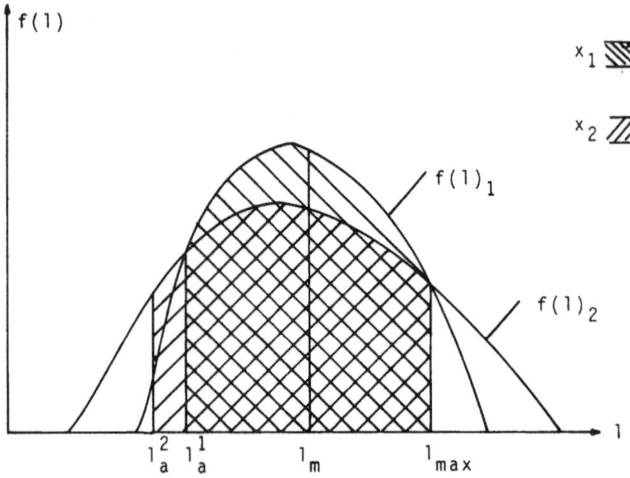


Abb. 3. Streuung der Lohnangebote und Anspruchslohn

Aussage ist jedoch nur dann zutreffend, wenn für den Arbeitsuchenden keine qualifikationsbedingten Beschränkungen wirksam werden, er somit auch den höchsten Qualifikationsanforderungen entspricht. Nur in einem solchen Falle trägt eine steigende Varianz der Häufigkeitsverteilungsfunktion bei gleichbleibendem Mittelwert der Dichtefunktion zu einem Anstieg des Akzeptanzlohnes bei.

Für die Anpassungsfähigkeit der Wirtschaftssubjekte an geänderte ökonomische Bedingungen ist nun entscheidend, ob die Arbeitsuchenden an dem einmal gewählten Akzeptanzlohn während der Dauer der Suche festhalten oder aber unter dem Eindruck anhaltender Arbeitslosigkeit ihr Anspruchsniveau verringern und damit die Wahrscheinlichkeit, einen neuen Arbeitsplatz zu erhalten, vergrößern. Man kann zeigen, daß sich ein Arbeitsuchender nur unter ganz bestimmten einschränkenden Annahmen weigert, das zu Beginn der Suche festgelegte Anspruchsniveau während der Zeit der Suche zu verringern (Lippman/McCall, 1976). Dies wird immer dann der Fall sein, wenn dem Arbeitnehmer die aggregative Verteilung der Lohnofferten bekannt ist, nur konstante direkte Suchkosten auftreten, keine Liquiditätsbeschränkungen während der Dauer der Suche bestehen, er ein risikoneutrales Verhalten aufweist und die Entscheidungen für eine unendliche Zeitdauer gelten soll.

Tatsächlich kann nicht damit gerechnet werden, daß die für eine solche Entwicklung des Anspruchsniveaus notwendigen Annahmen in der Realität gegeben sind. Sofern die Arbeitnehmer im allgemeinen eher ein risikoaversives Verhalten aufweisen, werden sie ein unsicheres zukünftiges höheres Lohnangebot geringer bewerten als ein schon bekanntes von geringerer Höhe. Sie sind deshalb möglicherweise bereit, auch Arbeitsplätze anzunehmen, deren Entlohnung unterhalb des zu Beginn der Suche festgelegten Anspruchsniveaus liegen (Lippman/McCall, 1978).

Man kann ebenfalls nicht davon ausgehen, daß die Arbeitsuchenden über genügend Einkommen aus Vermögen während der Zeit der Suche verfügen, um auch einen länger andauernden Suchprozeß finanziell bestreiten zu können. Je geringer aber die Vermögensbestände sind, desto eher werden die Arbeitsuchenden bereit sein, den Akzeptanzlohn im Verlauf der Suche zu reduzieren (Holt, 1970; Lippman/McCall, 1976).

Wichtig erscheint nun aber auch, daß den Arbeitnehmern im allgemeinen die Häufigkeitsverteilung der Lohnofferten nicht genau bekannt sein dürfte (Rothschild, 1979). Falsche Vorstellungen über die Gestalt der Dichtefunktion tragen aber dazu bei, daß sich je nach der zu Beginn der Suche erwarteten Form der Häufigkeitsverteilungsfunktion und der in der Realität tatsächlich bestehenden, beträchtlichen Veränderungen im Akzeptanzlohn während der Dauer der Suche ergeben können (Gastwirth, 1976; König, 1979). Berücksichtigt man solche Lernprozesse über die Eigenschaften der Verteilungsfunktion im Verlauf der Suche, dann kann es allerdings, je nach den Ausgangserwartungen der Suchenden über die Gestalt der Dichtefunktion zu Beginn der Suchaktivitäten auch zu einem steigenden Anspruchsniveau während des Suchprozesses kommen (Sant, 1977).

Schließlich bleibt zu berücksichtigen, daß die Arbeitsuchenden ihre Arbeitsangebotsentscheidungen maximal für die Zeitdauer ihres eigenen Lebens, d.h. für einen endlichen Zeithorinzont, treffen. Eine Verlängerung des Suchprozesses ist mit einer Verkürzung der restlichen Lebensarbeitszeit gleichzusetzen. Da nun im Gegensatz zu einem unendlichen Zeithorizont die Kosten der Suche stärker ins Gewicht fallen und die Bedeutung der Erträge der Suche zurückgeht, werden die Arbeitsuchenden einen niedrigeren Lohn über einen längeren Zeitraum hinweg, einem hohen Lohn für nur eine kurze Restzeit der Beschäftigung vorziehen (Gronau, 1971). Unter diesem Aspekt wird auch verständlich, weshalb vor allem ältere, einmal arbeitslos gewordene Arbeitnehmer eher zu Lohnzugeständnissen bei der Suche nach einem neuen Arbeitsplatz bereit sind.

Bei den ursprünglichen suchtheoretischen Modellansätzen wird von der Vorstellung ausgegangen, daß den Arbeitsuchenden genügend offene Stellen gegenüberstehen. Gegenstand dieser Untersuchungen ist deshalb weniger das Problem gesamtwirtschaftlicher als vielmehr das Phänomen friktioneller Arbeitslosigkeit. Die vorübergehende Beschäftigungslosigkeit wird dadurch verursacht, daß die Arbeitsuchenden nur unvollständig über die Arbeitsplätze anbietenden Unternehmungen, die Dotierung dieser Stellen und die Qualität der Arbeitsplätze informiert sind. Die Arbeitslosigkeit ist letztlich auf Informationsdefizite zurückzuführen. Somit kommt folgerichtig in diesen Modellen dem Verhältnis von offenen Stellen und der Anzahl der Arbeitslosen und damit der herrschenden Situation auf dem Arbeitsmarkt keine Bedeutung für die Entwicklung des Anspruchsniveaus zu. Tatsächlich stehen aber auch in Zeiten gesamtwirtschaftlicher Arbeitslosigkeit die arbeitslos gewordenen Arbeitnehmer vor einem ähnlichen Informationsproblem. Allerdings entspricht dabei die Zahl der offenen Stellen nicht derjenigen der Arbeitsuchenden. In einem solchen Falle werden sich jedoch die Arbeitsuchenden bei länger anhaltender Arbeitslosigkeit an die geänderten ökonomischen Bedingungen anpassen und ihr ursprünglich angestrebtes Anspruchsniveau verringern (Holt, 1970; Rothschild, 1979).

Ersetzt man die restriktiven Annahmen der ersten Generation der suchtheoretischen Modellansätze durch realistischere und wendet diese Modelle auf das Informationsproblem in Situationen gesamtwirtschaftlicher Arbeitslosigkeit an, dann sind diese in der Lage, temporäre Inflexibilitäten in den Lohnsätzen bei anhaltender Unterbeschäftigung von Arbeitnehmern zu erklären. Sie zeigen auf, weshalb die Arbeitsuchenden nur mit einer gewissen zeitlichen Verzögerung bereit sind, sich an den Anpassungskosten aus den geänderten ökonomischen Gegebenheiten zu beteiligen und ihre ursprünglichen Vorstellungen hinsichtlich des mindestens zu realisierenden Lohnsatzes zu revidieren.

### 2. Der Einfluß der Arbeitslosenversicherung auf das Suchverhalten der Arbeitnehmer

In der Literatur wird verschiedentlich behauptet, daß die Einrichtung einer staatlich organisierten Arbeitslosenversicherung eine adäquate Anpassung der geforderten Akezptanzlöhne der Arbeitnehmer verhindere und damit den Abbau eingetretener Ungleichgewichte auf dem Arbeitsmarkt verzögere, wenn nicht gar unmöglich mache. Es wird gefordert, dieses „moral hazard"-Verhalten der Arbeitslosen vor allem durch eine Umgestaltung des Leistungsrechts der Arbeitslosenversicherung und strengere Kontrollen bei der Leistungsgewährung auf ein Minimum zu beschränken. Um die Stichhaltigkeit dieser Forderungen zu überprüfen, sollen zunächst die Wirkungszusammenhänge zwischen der Leistungs- und Finanzierungsseite der Arbeitslosenversicherung und der Höhe und der Flexibilität des Anspruchsniveaus untersucht werden.

#### *a) Die Auswirkungen der Leistungsseite*

Wenden wir uns zunächst der Frage zu, welchen Einfluß die Gewährung von Leistungen der Arbeitslosenversicherung auf die Höhe des Akzeptanzlohnes und damit die Anpassungswilligkeit der Arbeitsuchenden an eingetretene Datenänderungen ausübt. Die Auszahlung von Arbeitslosengeld bzw. Arbeitslosenhilfe trägt mit dazu bei, daß sich die Kosten der Suche nach einem neuen Arbeitsplatz verringern, da der periodische Einkommensentgang durch die Ablehnung von Arbeitsangeboten während der Dauer der Suche im Umfang der Arbeitslosenunterstützung reduziert wird. Dies bedeutet, daß die Suchkosten mit einem geringeren Gewicht in das Entscheidungskalkül des Arbeitsuchenden eingehen. Bei einer gegebenen, dem Suchenden bekannten Häufigkeitsverteilung führt dies zu einem Anstieg des Anspruchsniveaus, das zu Beginn der Suche festgelegt wird (Feldstein/Poterba, 1984). Entsprechend diesem Kalkül ist damit zu rechnen, daß eine Erhöhung der Arbeitslosenunterstützung im Vergleich zum Erwerbseinkommen zu einer Verlängerung der Dauer der Arbeitslosigkeit beiträgt. Man spricht deshalb auch vom „Dauereffekt" der Arbeitslosenversicherung (Mortensen, 1977).

Allerdings bedeutet dies nicht a priori, daß die Arbeitslosenversicherung eine Beteiligung der Arbeitsuchenden an den Anpassungslasten verhindert, indem die Arbeitnehmer den — mit der Arbeitslosenversicherung höheren — Anspruchslohn für die Dauer der Suche fixieren. Bei einer etwas realistischeren Betrachtung tragen die Arbeitsuchenden den geänderten ökonomischen Gegebenheiten vielmehr dadurch Rechnung, daß sie ihren zu Beginn der Suche festgelegten Akzeptanzlohn mit fortschreitender Suchdauer verringern. Dies ist u.a. deshalb zu erwarten, weil die Arbeitslosen mit zunehmender Dauer der Beschäftigungslosigkeit — in Abhängigkeit von der individuellen Vermögenssituation und den Verschuldungsmöglichkeiten — Liquiditätsbeschränkungen unterliegen. Die Folge ist eine Verringerung des Anspruchsniveaus der Arbeitsuchenden. Dieser Effekt wiegt vor allem bei risikoaversiven Arbeitnehmern schwer. Die Gewährung von Arbeitslosenunterstützung trägt aber dazu bei, daß sich die individuellen Vermögensverhältnisse für die Dauer des Bezugs dieser Leistungen stabilisieren lassen. Dadurch verzögert sich der Rückgang des Akzeptanzlohnes (Topel/Welch, 1980). Dies kann man auch so interpretieren, daß es die Einrichtung einer Arbeitslosenversicherung den Arbeitsuchenden erst ermöglicht, die erforderlichen Anpassungen in ihren Einkommensansprüchen hinauszuschieben.

Diese Zusammenhänge lassen sich auch in der Sprache der Versicherungstheorie ausdrücken. Sieht man in der Arbeitslosenversicherung eine Institution, die über die Verwirklichung eines Risikoausgleiches in der Lage ist, den einzelnen Arbeitnehmer gegen die materiellen Folgen des Arbeitslosigkeitsrisikos abzusichern, ist die Risikenhäufigkeit von der Beschäftigungsentscheidung der Versicherungsnehmer nicht unabhängig. Sofern der Versicherungsgeber nicht über die entsprechenden Instrumente der Kontrolle oder Selbstselektion verfügt, besteht für die Versicherungsnehmer ein starker Anreiz, das System der Arbeitslosenversicherung in sozial ineffizienter Weise auszunutzen. Man spricht in diesem Zusammenhang von einem „moral hazard"-Verhalten der Versicherungsnehmer in der Arbeitslosenversicherung.

Der scheinbar eindeutige Zusammenhang zwischen der Gewährung von Leistungen der Arbeitslosenversicherung und der Anpassungswilligkeit der Arbeitsuchenden an die geänderten ökonomischen Gegebenheiten hat deshalb zur Frage geführt, wie man die Leistungsseite der Arbeitslosenversicherung umgestalten kann, um das „moral hazard"-Verhalten zu verringern und damit die Bereitschaft der Arbeitsuchenden zu steigern, durch Datenänderungen hervorgerufene Lasten über verringerte Einkommensansprüche zu tragen.

Dabei wurden in einer modelltheoretischen Analyse Regelungen vorgeschlagen, die in der Bundesrepublik schon teilweise Wirklichkeit sind: die Höhe der Arbeitslosenunterstützung sollte mit zunehmender Dauer der Beschäftigungslosigkeit verringert (Shavell/Weiss, 1979; Lippman/McCall, 1980) oder die Ansprüche der Arbeitslosen mit einer einmaligen Zahlung zu Beginn der Arbeitslosigkeit abgegolten werden (Baily, 1978).

Bevor wir uns diesen Vorschlägen zuwenden, mit denen das „moral hazard“-Verhalten der Versicherungsnehmer eingeschränkt und die Flexibilität der relativen Preise auf den Arbeitsmärkten vergrößert werden soll, bleibt zu fragen, ob eine solche eindeutige Beziehung zwischen den Leistungen der Arbeitslosenversicherung und der Höhe und Flexibilität des Anspruchsniveaus besteht oder aber, ob dieser Zusammenhang nicht mehr so stringent ist, sofern man andere Einflußfaktoren berücksichtigt.

Vor allem zwei Faktoren können dazu beitragen, daß der abgeleitete eindeutige Zusammenhang zwischen der Höhe und Flexibilität des Akzeptanzlohnes und den Leistungen der Arbeitslosenversicherung aufgelockert wird. Zunächst einmal ist unter den institutionellen Bedingungen in der Bundesrepublik die Gewährung von Arbeitslosenunterstützung und die Dauer der Bezugsberechtigung dieser Leistungen an bestimmte Bedingungen geknüpft. Einen Anspruch auf Arbeitslosengeld bzw. Arbeitslosenhilfe hat ein arbeitslos gewordener Arbeitnehmer nur, wenn er eine bestimmte Anwartschaftszeit erfüllt. Nach den im Augenblick geltenden gesetzlichen Regelungen besteht ein solcher Anspruch nur, wenn der Arbeitslose in den letzten drei Jahren vor der Arbeitslosigkeit mindestens 26 Wochen einer beitragspflichtigen Beschäftigung nachging. Dies hat zur Folge, daß alle Arbeitnehmer, die nach der schulischen Ausbildung einen Arbeitsplatz suchen, keinen Anspruch auf Unterstützungsleistungen der Arbeitslosenversicherung haben. Deren optimales Anspruchsniveau bestimmt sich somit unabhängig von den Leistungen, nicht aber von der Finanzierung der Arbeitslosenversicherung. Daneben ist die Dauer der Unterstützungszahlungen zeitlich begrenzt. Sofern die Wartezeit erfüllt ist, beträgt die Mindestdauer des Bezugs von Arbeitslosengeld neun Wochen. Je länger ein Arbeitnehmer Beiträge an die Arbeitslosenversicherung geleistet hat, desto länger ist er zum Bezug von Arbeitslosengeld berechtigt. Dabei kann man davon ausgehen, daß die Dauer der Unterstützungsleistung rund ein Drittel der Zeitdauer beträgt, während der Beiträge abgeführt wurden. Als obere Grenze wurde jedoch eine Bezugsdauer von zwölf Monaten festgelegt. Diese maximale Dauer des Bezugs von Arbeitslosengeld gilt immer dann, wenn mindestens drei Jahre lang Beiträge an die Arbeitslosenversicherung geleistet wurden. Nach dieser Zeit besteht prinzipiell nur noch ein Anspruch auf die niedrigere Arbeitslosenhilfe, deren Bezugsdauer bei Bedürftigkeit unbegrenzt ist.

Die Existenz von Wartezeiten bzw. ein zeitlich befristeter Anspruch auf Arbeitslosenunterstützung können nun aber einen anspruchslohnverringernden Effekt haben. Da die Arbeitnehmer nur dann einen Anspruch auf Arbeitslosengeld erwerben, wenn sie beschäftigt sind, besteht ein verstärkter Anreiz, einen Arbeitsplatz anzunehmen, um auf diese Weise bei einer späteren Arbeitslosigkeit, die Wartezeit für den Bezug von Arbeitslosengeld erfüllt zu haben. Aus diesen Überlegungen heraus, werden vor allem die Arbeitsuchenden, die — wie die Berufsanfänger — noch keinen Anspruch auf die Leistungen der Arbeitslosenversicherung haben oder deren Arbeitslosengeldanspruch ausläuft, bereit sein, einen geringeren Akzeptanzlohn zu wählen und intensiver zu suchen, um schneller eine, wenn auch geringer bezahlte Beschäftigung zu finden (Mortensen, 1977). Dieser „Kapitaleffekt" der Existenz einer Arbeitslosenversicherung läßt deshalb den Zusammenhang zwischen den Leistungen der Arbeitslosenversicherung und der Höhe und Flexibilität des Anspruchsniveaus wesentlich weniger eindeutig erscheinen.

Welche Bedeutung kommt diesem „Kapitaleffekt" im Verhältnis zum „Dauereffekt" der Gewährung von Arbeitslosenunterstützung zu? Zunächst einmal hat er sicherlich einen nicht zu unterschätzenden Einfluß bei der Arbeitsplatzsuche von Berufsanfängern. Da allerdings deren Anteil an der Gesamtheit der Erwerbstätigen relativ gering ist, dürfte davon kein besonders starker Einfluß auf die gesamtwirtschaftliche Arbeitslosenquote ausgehen. Diese Auswirkungen erweisen sich möglicherweise als gering, wenn man berücksichtigt, daß bei den älteren Arbeitnehmern, deren Ende der Erwerbstätigkeit abzusehen ist, ein gegenläufiger „Kapitaleffekt" eintreten kann. Sie können ihr angesammeltes „Kapital" in Form von Ansprüchen an die Arbeitslosenversicherung im Falle einer Arbeitslosigkeit dadurch abbauen, daß sie ihr Anspruchsniveau zu Beginn der Suche nicht revidieren (Rosen, 1977). Die bisher zu diesem Problemkreis vorgenommenen empirischen Untersuchungen scheinen darauf hinzudeuten, daß bei einer Erhöhung der Leistungen der Arbeitslosenversicherung der „Kapital-" den „Dauereffekt" überwiegt (Hamermesh, 1979).

### *b) Die Auswirkungen der Finanzierungsseite*

Bei den bisherigen Überlegungen zu den Auswirkungen der Existenz einer Arbeitslosenversicherung auf die Höhe des Anspruchsniveaus und die Bereitschaft der Arbeitnehmer, sich an geänderte ökonomische Gegebenheiten anzupassen, wurde nur die Leistungsseite berücksichtigt. Die Probleme, die bei der Finanzierung dieser Leistungen entstehen und die möglichen Rückwirkungen auf die Anpassungswilligkeit der Arbeitsuchenden, wurden vernachlässigt.

In der Bundesrepublik werden die zur Finanzierung der Ausgaben der Arbeitslosenversicherung benötigten finanziellen Mittel jeweils zur Hälfte von den beschäftigten Arbeitnehmern und den die Arbeitnehmer beschäftigenden Arbeitgeber aufgebracht. Dabei wird vom Bruttoarbeitsentgelt bis zur Beitragsbemessungsgrenze ein bestimmter Prozentsatz — im Augenblick 4 % — jeweils zur Hälfte von den beiden Arbeitsmarktparteien an die Arbeitslosenversicherung abgeführt. Allerdings besteht für den Staat die Verpflichtung, Zuschüsse an die Arbeitslosenversicherung zu leisten, um die Zahlungsfähigkeit zu gewährleisten.

Inwiefern gehen von der Finanzierung der Leistungen der Arbeitslosenversicherung Einflüsse auf die Suchaktivitäten der Arbeitslosen aus? Zunächst einmal tragen die Sozialversicherungsbeiträge der Arbeitnehmer dazu bei, daß sich deren verfügbares Arbeitseinkommen um diese Beitragszahlungen verringert. Damit gehen aber auch die Erträge aus der Suche nach einem neuen Arbeitsplatz zurück. Würden die Arbeitsuchenden diesen Aspekt unberücksichtigt lassen, würde sich die Wahrscheinlichkeit, einen akzeptablen Arbeitsplatz zu finden, verringern. Daraus resultierte eine suboptimale Verlängerung der Suchdauer. Berücksichtigen die Arbeitnehmer jedoch den Finanzierungsaspekt, dann können sie bei gegebener unveränderter Qualifikation die Wahrscheinlichkeit, arbeitslos zu bleiben, nur dadurch verringern, daß sie den Akzeptanzlohn nach unten korrigieren. Graphisch schlagen sich diese Zusammenhänge in einer Linksverschiebung der Häufigkeitsverteilungsfunktion nieder. Damit liegt der Mittelwert dieser um die Finanzierungsseite modifizierten Funktion bei einem niedrigeren Wert. Ein Rückgang des Mittelwertes der Verteilungsfunktion erfordert jedoch bei einem rationalen Entscheidungskalkül des Arbeitsuchenden, daß dieser sein Anspruchsniveau verringert.

Die Bereitschaft der Arbeitsuchenden sich an die geänderten ökonomischen Bedingungen anzupassen, scheint dabei um so größer zu sein, je stärker die Arbeitnehmer an der Finanzierung beteiligt werden. Sieht man einmal von unrealistischen Annahmekonstellationen ab, dann wird man im allgemeinen davon ausgehen können, daß die Unternehmungen in der Lage sind, ihren Teil der Beitragsleistungen entweder über geringere Nominallöhne oder über steigende Güterpreise abzuwälzen. Letztlich tragen somit die Arbeitnehmer so oder so die finanziellen Lasten, die sich aus der Gewährung von Arbeitslosenunterstützung ergeben, selbst.

Neben der Veränderung der Lage der Häufigkeitsverteilungsfunktion verändern die Beitragszahlungen auch die Varianz dieser Funktion. Man kann zeigen, daß nur eine Kopfsteuer die Streuung der Lohnangebote unverändert ließe. Bei allen anderen Ausgestaltungsmöglichkeiten der Sozialversicherungsbeiträge verringert sich die Varianz der Verteilungsfunktion. Dabei wird die Streuung um so geringer, je progressiver die Beitragssätze in Abhängigkeit von der Höhe der angebotenen Lohnsätze ausgestaltet sind. Wie wir gesehen haben, schlägt sich eine sinkende Varianz der Häufigkeitsverteilungsfunktion bei unverändertem Qualifikationsniveau der Arbeitsuchenden in einem ansteigenden Anspruchsniveau nieder.

Die Zusammenhänge werden wesentlich komplizierter, wenn man die Beitragsbemessungsgrenze berücksichtigt. Für diejenigen Lohnangebote, die über dieser Grenze liegen, verringert sich die effektive Belastung mit Sozialversicherungsbeiträgen. Dabei ist die Entlastung um so größer, je höher die Lohneinkommen sind. Tendenziell sind deshalb von der Beitragsbemessungsgrenze steigende Mittelwerte und Varianzen der Verteilungsfunktion zu erwarten. Damit würden dem ursprünglichen Finanzierungseffekt entgegengesetzt verlaufende Auswirkungen auftreten. Da diese Grenze in der Bundesrepublik sehr hoch angesetzt ist und die meisten Versicherungspflichtigen mit ihrem Einkommen unterhalb dieser Grenze liegen, dürfte der Einfluß auf die Lage und die Streuung der Häufigkeitsverteilungsfunktion vernachlässigbar gering sein.

Von der Finanzierungsseite gehen somit zwei entgegengesetzt wirkende Einflüsse auf den Akzeptanzlohn aus. Das Ausmaß dieser Effekte hängt dabei primär von der Gestalt der Verteilungsfunktion und der Ausgestaltung der Beitragssätze zur Arbeitslosenversicherung ab. Sofern die Beiträge proportional zu den Arbeitsentgelten erhoben werden, ist damit zu rechnen, daß der Mittelwert- den Varianzeffekt überwiegt. In einem solchen Falle würde die Berücksichtigung der Finanzierungsseite der Arbeitslosenversicherung für sich gesehen die Anpassungswilligkeit der Arbeitsuchenden an geänderte ökonomische Gegebenheiten erhöhen und dem gegenläufigen Effekt der Leistungsseite entgegenwirken.

Berücksichtigt man, daß in Zeiten massenhaft auftretender Arbeitslosigkeit die Finanzierungsdefizite in der Arbeitslosenversicherung über Bundeszuschüsse abgedeckt werden, dann müssen möglicherweise die Aussagen modifiziert werden. Die Auswirkungen der Finanzierungsseite auf die Anpassungswilligkeit der Arbeitnehmer sind immer dann andere, wenn die finanziellen Zuschüsse über progressive Steuern finanziert werden. In einem solchen Falle würde der Varianz- gegenüber dem Mittelwerteffekt an Bedeutung gewinnen. Da jedoch in der Bundesrepublik das Nonaffektationsprinzip Gültigkeit besitzt und das Steuersystem insgesamt eher einen proportionalen als einen progressiven Belastungsverlauf aufweist, bleiben die Ergebnisse, wie wir sie bei einer proportionalen Beitragsbelastung abgeleitet haben, weitgehend gültig.

Fassen wir zusammen: Die in der Literatur getroffenen Aussagen, nach denen die Existenz der Arbeitslosenversicherung zu einer beträchtlichen Verringerung der Anpassungsfähigkeit der Arbeitnehmer an geänderte ökonomische Gegebenheiten beiträgt, ist zu modifizieren, sofern man neben dem „Dauer-" auch den „Kapitaleffekt" auf der Leistungsseite und die Ausgestaltung der Finanzierungsseite und den positiven Allokationsaspekt einer längeren Suche berücksichtigt. Konkrete Aussagen über den Einfluß der Arbeitslosenversicherung auf die Anpassungswilligkeit der Arbeitnehmer sind allerdings erst möglich, wenn fundierte empirische Untersuchungen vorliegen.

### *c) Vorschläge zur Verringerung des „moral hazard"-Verhaltens der Arbeitnehmer*

Grundsätzlich erscheint es möglich, eventuelle negative Sekundärwirkungen der bestehenden Arbeitslosenversicherung mit Zwangscharakter durch individuelle Versicherungsverträge auf privaten Versicherungsmärkten zu verringern.

Die materiellen Risikenfolgen der Arbeitslosigkeit erweisen sich aber auf privaten Versicherungsmärkten als nur schwer versicherbar. Dies muß allerdings noch nicht bedeuten, daß keine andere als die zwangsweise Lösung möglich wäre. Sofern auf externen Märkten eine Absicherung nicht oder nur unzulänglich möglich ist, könnten sich die Arbeitnehmer auf unternehmungsinternen Märkten absichern. So sind zumindest die kontrakttheoretischen Arbeitsmarktansätze interpretierbar. Allerdings leidet auch diese Absicherung letztlich unter dem Mangel, daß man sich gegen die materiellen Folgen der Arbeitslosigkeit nur unzureichend absichern kann. Es bleibt somit wiederum nur eine Arbeitslosenversicherung auf zwangsweiser Basis und der Versuch, das „moral hazard"-Problem innerhalb dieses institutionellen Rahmens zu lösen.

Mögliche negative Sekundärwirkungen könnten ausgeschaltet werden, sofern man in der Lage wäre, das Suchverhalten der Arbeitslosen zu überwachen. Bei einer mangelhaften Suche oder einem unbefriedigenden Akzeptanzlohn würden dann die Leistungen der Arbeitslosenversicherung entsprechend dem festgestellten Fehlverhalten reduziert oder ganz zurückgehalten. De facto sind jedoch die Überwachungsmöglichkeiten begrenzt. Man ist deshalb gezwungen, dem „moral hazard"-Verhalten auf indirektem Wege über das Setzen von Anreizen entgegenzuwirken.

Einen solchen Weg beschreitet man in der Bundesrepublik mit der Entwicklung von sogenannten Zumutbarkeitskriterien. Danach kann dem arbeitslos gewordenen Arbeitnehmer die Arbeitslosenunterstützung vorübergehend gestrichen werden, wenn er eine als zumutbar angesehene angebotene Arbeit nicht annimmt. Bei der Bestimmung der Zumutbarkeit eines angebotenen Arbeitsplatzes werden eine Reihe von Faktoren berücksichtigt. Zunächst einmal spielt die bisher ausgeübte Tätigkeit und die erworbene Qualifikation eine Rolle. Ein Arbeitsplatz, der weit unterhalb der erworbenen Qualifikation des Arbeitnehmers liegt, wird als unzumutbar angesehen. Daneben stellen auch wesentliche Einkommenseinbußen auf der neuen Stelle einen Grund dar, den angebotenen Arbeitsplatz ohne Folgen für die Gewährung von Arbeitslosenunterstützung abzulehnen. Berücksichtigt wird auch, wie weit der angebotene Arbeitsplatz vom bisherigen Wohnort entfernt liegt. Dabei ist vor allem von Bedeutung, ob der Arbeitnehmer ein Eigenheim besitzt, schulpflichtige Kinder hat und die Frau einer Berufstätigkeit nachgeht. Ein weiterer Grund, eine angebotene Arbeitsstelle ablehnen zu können, ist dann gegeben, wenn die Arbeitszeit wesentlich von der bisher ausgeübten und weiterhin angestrebten Tätigkeit abweicht. Dies kann dann der Fall sein, wenn dem Arbeitsuchenden Schicht- oder Teilzeitarbeit angeboten wird. Schließlich können auch die mit dem Arbeitsplatz zusammenhängenden Bedingungen eine Ablehnung des angebotenen Arbeitsplatzes rechtfertigen. Die Beschwerlichkeit und Gefährlichkeit der Arbeit, die soziale Akzeptanz, das Prestige und die hierarchische Einordnung, die Selbstbestimmung und Selbstverantwortung am Arbeitsplatz, die betrieblichen Sozialleistungen etc. können solche Gründe darstellen.

Ein weiterer Ansatzpunkt, das „moral hazard"-Verhalten der Arbeitslosen zu verändern, wird darin gesehen, die Höhe der Arbeitslosenunterstützung im Verhältnis zum Erwerbseinkommen zu verändern. Damit würden sich die Kosten der Suche erhöhen und der Anreiz für eine weniger intensive und längere Suche zurückgehen. Obwohl dieser Zusammenhang prinzipiell nicht bestritten wird, besteht über das konkret anzustrebende Verhältnis von Transfereinkommen aus der Arbeitslosenversicherung und der Höhe des Erwerbseinkommens keine Einigkeit. Die Ursache ist in den unterschiedlichen Annahmen zu sehen, die den Modellansätzen zugrunde gelegt werden, aus denen die Ergebnisse abgeleitet werden. Methodisch wird bei diesen Ansätzen so vorgegangen, daß danach gefragt wird, wie hoch die Leistungen und bei einem ausgeglichenen Budget der Arbeitslosenversicherung die Beitragszahlungen sein müssen, damit bei einem optimierenden Verhalten der Arbeitnehmer hinsichtlich der für sie vorgegebenen Größen Umfang an Arbeitslosenunterstützung und Höhe der Beitgragszahlungen, der erwartete Nutzen über mehrer Perioden hinweg für sie maximiert wird.

Unabhängig von graduellen Unterschieden in den verschiedenen Modellansätzen gilt allgemein: sofern man das „moral hazard"-Verhalten der Arbeitnehmer begrenzen will, muß das Arbeitslosengeld im Vergleich zum Erwerbseinkommen um so niedriger liegen, je elastischer die Arbeitnehmer in ihrem Suchverhalten — Festlegung des Anspruchsniveaus und Intensität der Suche — auf Veränderungen in der Leistungsgewährung und Finanzierung der Arbeitslosenversicherung reagieren, je risikofreudiger sie sind und je günstiger ihre individuelle Vermögenssituation ist bzw. je besser sie sich im Falle der Arbeitslosigkeit auf dem Kapitalmarkt verschulden können (Baily, 1977, 1978; Flemming, 1978; Shavell/Weiss, 1979).

Legt man beispielsweise den von Baily entwickelten Modellansatz zugrunde, in dem unterstellt wird, daß die Arbeitnehmer bestrebt sind, ihren Nutzen über zwei Perioden hinweg zu maximieren, Verschuldungsmöglichkeiten nicht existieren, der Grad der relativen Risikoaversion gleich eins ist und die Suchdauerelastizität relativ gering ausfällt und bei 0,15 liegt, dann müßte das Arbeitslosengeld rund 50 % des Erwerbseinkommens betragen. Bei einer doppelt so hohen Risikoneigung, aber der gleichen Suchdauerelastizität der Arbeitnehmer müßte sich die optimale, das „moral-hazard"-Verhalten minimierende Arbeitslosenunterstützung auf über 70 % des Erwerbseinkommens belaufen. Dieser Wert wäre beispielsweise bei einer Suchdauerelastizität von 0,30 nur dann angemessen, wenn die Arbeitnehmer sehr risikoscheu wären und der Grad der relativen Risikoaversion vier betrüge (Baily, 1977, 1978).

Geht man demgegenüber von einem Lebenszyklusmodell aus und berücksichtigt, daß sich die Arbeitnehmer auch verschulden können, dann sehen die Ergebnisse etwas anders aus. Bei einem perfekten Kapitalmarkt und einer konstanten absolut risikoaversiven Nutzenfunktion müßte das Arbeitslosengeld immer unter 50 % des entsprechenden Erwerbseinkommens betragen.

Sofern man demgegenüber von einem unvollkommenen Kapitalmarkt ausgeht und den arbeitslosen Arbeitnehmern die Möglichkeit der Verschuldung nicht offensteht, muß die Arbeitslosenunterstützung auf über 75 % des Erwerbseinkommens ansteigen (Flemming, 1978).

Die Anpassungswilligkeit der Arbeitslosen an geänderte ökonomische Gegebenheiten kann auch dadurch erhöht werden, daß man die Arbeitlsosenunterstützung mit zunehmender Dauer der Arbeitslosigkeit verringert, damit die Kosten der Suche steigert und die Bereitschaft erhöht, das Anspruchsniveau zu reduzieren. Um diese Zusammenhänge aufzuzeigen, gehen Shavell und Weiss in ihrem Ansatz von risikoaversiven Arbeitnehmern aus und unterscheiden, ob die Arbeitnehmer über Vermögen bzw. Verschuldungsmöglichkeiten verfügen oder nicht. Zunächst einmal untersuchen sie, wie die Arbeitslosenunterstützung im zeitlichen Verlauf ausgestaltet werden muß, wenn man davon ausgeht, daß die Arbeitnehmer weder über Vermögen verfügen, noch Kredite aufnehmen können. Sofern die Arbeitnehmer keinen Einfluß auf die Wahrscheinlichkeit haben, einen Arbeitsplatz zu erhalten, muß das Arbeitslosengeld so ausgestaltet sein, daß der Arbeitslose in jeder Periode ein Transfereinkommen in derselben Höhe erhält. Nur so kann sichergestellt werden, daß der Grenznutzen des Arbeitslosengeldes in jeder Periode gleich ist. Geht man allerdings von dem realistischeren Fall aus, daß der Arbeitslose sehr wohl Einfluß auf die Wahrscheinlichkeit nehmen kann, einen neuen Arbeitsplatz zu finden, dann muß die finanzielle Leistung der Arbeitslosenversicherung im Zeitablauf abnehmen und obwohl immer positiv gegen Null tendieren (Shavell/Weiss, 1979). Hierbei bleibt allerdings zu berücksichtigen, daß die allokative Zielsetzung, das „moral-hazard"-Verhalten zu minimieren, mit der verteilungspolitischen Zielsetzung, das Wohlfahrtsniveau des Arbeitnehmers auch im Falle der Arbeitslosigkeit aufrechtzuerhalten, in einen Konflikt gerät (Stafford, 1977).

Daneben wird die Situation untersucht, in der die Arbeitslosen über Vermögen verfügen bzw. sich verschulden können. Sofern nun die Arbeitnehmer keinen Einfluß auf die Einstellungswahrscheinlichkeit haben, muß die Leistung der Arbeitslosenversicherung zunächst Null sein und dann einen im Zeitablauf konstanten positiven Wert annehmen. Die Leistungen der Arbeitslosenversicherung sollen erst gewährt werden, wenn der Grenznutzen des Vermögens hoch genug ist. Dies ist immer dann der Fall, wenn der Arbeitnehmer genügend lange arbeitslos ist und einen Teil seines Vermögens verbraucht hat. In dem realistischeren Fall, in dem der Arbeitnehmer einen Einfluß auf die Wahrscheinlichkeit hat, eine neue Beschäftigung zu finden, sollte die Arbeitslosenunterstützung zunächst ansteigen und danach sukzessive fallen (Shavell/Weiss, 1979).

Diese schrittweise Verringerung der Arbeitslosenunterstützung im zeitlichen Verlauf könnte dadurch ergänzt werden, daß man dem arbeitslos gewordenen Arbeitnehmer zu Beginn der Arbeitslosigkeit eine einmalige Zahlung gewährt (Baily, 1977). Damit wären die Anreize, die Intensität der Suche zu verringern und das Anspruchsniveau zu erhöhen, verringert. Selbst wenn einzelne Arbeitnehmer die Suchdauer trotz alledem verlängern sollten, würde dies nicht zu zusätzlichen Finanzierungsaufwendungen für die Arbeitslosenversicherung führen, da die finanziellen Aufwendungen der verlängerten Suche von dem Arbeitslosen selbst getragen werden. Gerade hier liegt aber auch ein gewisser Nachteil einer solchen Regelung. Der Schutz gegen das Einkommensrisiko im Falle der Arbeitslosigkeit wird vor allem bei einer unsicheren Dauer der Arbeitslosigkeit und bei Unterschieden in der Wahrscheinlichkeit der einzelnen Arbeitnehmer, arbeitslos zu bleiben, zugunsten des allokativen Ziels verringert. Aus diesen Überlegungen heraus sollte der Anteil eines optimalen periodischen Arbeitslosengeldes am Erwerbseinkommen um so größer sein, je größer die Unsicherheiten über die Dauer der Arbeitslosigkeit und je unterschiedlicher die Beschäftigungswahrscheinlichkeiten der Arbeitnehmer sind. Umgekehrt müßte den Einmalzahlungen um so größeres Gewicht beigemssen werden, je höher die Suchdauerelastizität des Arbeitslosengeldes ist (Baily, 1977).

Diese Ergebnisse, die aus relativ einfachen Modellansätzen abgeleitet wurden, entsprechen tendenziell den Regelungen, wie sie in der Bundesrepublik praktiziert werden. Das Arbeitslosengeld beträgt im Augenblick 63 % des individuellen Erwerbseinkommens auf Nettobasis. Nach einer bestimmten Laufzeit, die von der vorherigen Zeit der beitragspflichtigen Beschäftigung abhängt, läuft diese Unterstützung aus und wird durch die niedrigere Arbeitslosenhilfe ersetzt, die unbegrenzt gewährt wird, deren Höhe allerdings von den individuellen und familiären Vermögensverhältnissen mit beeinflußt wird. Es erscheint deshalb nicht verwunderlich, wenn dem Problem der versicherungsinduzierten Arbeitslosigkeit in der Bundesrepublik keine besondere Bedeutung zuzukommen scheint. Neuere empirische Untersuchungen weisen allerdings auf einen Zusammenhang zwischen den Leistungen der Arbeitslosenversicherung und dem Ausmaß der versicherungsinduzierten Arbeitslosigkeit hin (Franz, 1977). Bevor man allerdings diesen Zusammenhang als bestätigt ansehen kann, sind weitere empirische Untersuchungen notwendig.

Selbst wenn ein strenger Zusammenhang zwischen diesen Größen bestünde, wäre es voreilig, aufgrund der Ergebnisse dieser einfachen Modellansätze konkreten Empfehlungen für die Umgestaltung der Leistungsseite der Arbeitslosenversicherung auszusprechen. Da die Ergebnisse dieser Ansätze signifikant auf Veränderungen in den Annahmekonstellationen reagieren, erscheint es zunächst einmal notwendig, empirisch zu überprüfen, welche Werte die Suchdauerelastizitäten und die relativen Risikoneigungen aufweisen und in welchem Umfang die Arbeitnehmer auf Vermögen zurückgreifen können oder ihnen Verschuldungsmöglichkeiten offenstehen.

Bei diesen Überlegungen bleibt allerdings immer zu bedenken, daß der primäre Gegenstand der Untersuchung das Phänomen der Sucharbeitslosigkeit ist. Nur in diesem Falle kann damit gerechnet werden, daß mit den einzelnen Maßnahmen die Anpassungswilligkeit der arbeitslos gewordenen Arbeitnehmer erhöht und damit das „moral hazard"-Verhalten reduziert werden kann. Ein Konflikt zwischen dem allokativen Ziel, die versicherungsinduzierte Arbeitslosigkeit zu verringern und der verteilungspolitischen Zielsetzung, die Arbeitnehmer gegen das Risiko des Einkommensausfalles abzusichern, entsteht im allgemeinen nicht. Dennoch können auch hierbei Probleme auftreten, sofern sich die einzelnen Arbeitnehmer in der Wahrscheinlichkeit, arbeitslos zu bleiben, unterscheiden (Phelps, 1972). Ein Konflikt zwischen der allokativen und distributiven Zielsetzung kann dadurch vermieden werden, daß man für die Höhe und den zeitlichen Verlauf der Arbeitslosenunterstützung eine individuelle Regelung findet (Shavell/Weiss, 1979). Da dies jedoch de facto nicht durchführbar ist, bleibt ein gewisser Zielkonflikt selbst im Falle der Sucharbeitslosigkeit unvermeidlich.

Dieser Konflikt wird verschärft, sofern die Dauer der Arbeitslosigkeit ungewiß ist. Eine solche Situation ist immer dann gegeben, sofern gesamtwirtschaftliche Arbeitslosigkeit vorliegt, die Zahl der offenen Stellen kleiner als die Anzahl der Arbeitsplätze suchenden Arbeitnehmer ist. Eine Verringerung der Leistungen der Arbeitslosenversicherung könnte dann den Umfang der Arbeitslosigkeit direkt nicht verkleinern. Allerdings würde die verteilungspolitische Zielsetzung der Arbeitslosenversicherung, die Arbeitnehmer im Falle der Arbeitslosigkeit gegen das Risiko des Einkommensverlustes abzusichern, verletzt. Gerade die dann mangelnde Absicherung bei zunehmender Dauer der Arbeitslosigkeit könnte die erforderlichen Reaktionen bei den Tarifpartnern oder den staatlichen Instanzen auslösen, die Ursachen der Beschäftigungslosigkeit zu beseitigen, indem bei klassischer Arbeitslosigkeit die Reallohnsätze der Entwicklung der Arbeitsproduktivität angepaßt werden oder bei keynesianischer Unterbeschäftigung expansive staatliche Maßnahmen ergriffen werden. Es bleibt allerdings fraglich, ob es erforderlich ist, diesen Preis zu zahlen, oder ob es nicht andere Möglichkeiten gibt, die Ursachen gesamtwirtschaftlicher Arbeitslosigkeit zu beseitigen.

## II. Die Auswirkungen auf das unternehmerische Arbeitsnachfrageverhalten

Die suchtheoretischen Arbeitsmarktansätze liefern wichtige Erkenntnisse, wenn es darum geht, die friktionelle Komponente der Arbeitslosigkeit zu erklären und geeignete wirtschaftspolitische Maßnahmen zu finden, mit denen man diese Art von Arbeitslosigkeit bekämpfen kann. Dennoch ist der teilweise von Vertretern dieser Ansätze erhobene Anspruch, die existierende Massenarbeitslosigkeit erklären zu können, sicherlich überzogen. Die offensichtliche Diskrepanz zwischen offenen Stellen und der Zahl der registrierten Arbeitslosen erscheint selbst dann, wenn man berücksichtigt, daß möglicherweise die Zahl der offenen Stellen zu gering und die der Arbeitslosen zu hoch ausgewiesen wird, zu groß, als daß man die Existenz gesamtwirtschaftlicher Arbeitslosigkeit leugnen könnte. Daneben erweist sich die Arbeitslosigkeit auch als zu hartnäckig, als daß sie allein mit unzureichender Information der Arbeitnehmer über eingetretene Marktereignisse oder mangelndem Wissen der Arbeitsmarktparteien über die Tauschobjekte am Arbeitsmarkt zu erklären wäre.

Dieser Ansatz ist auch für alle die Arbeitnehmer von geringerer Bedeutung, die trotz Arbeitslosigkeit nicht nach einem neuen Arbeitsplatz suchen. Eine solche Situation ist beispielsweise dann gegeben, wenn die Arbeitnehmer aus saisonalen Gründen vorübergehend den Arbeitsplatz verlieren, um danach allerdings wieder zum alten Arbeitgeber zurückzukehren. In den USA ist zu beobachten, daß die Unternehmungen nicht nur aus saisonalen Gründen, sondern auch bei Absatzschwierigkeiten in Übereinstimmung mit den Arbeitnehmern bzw. Gewerkschaften einen Teil der Belegschaft mit der Zusicherung vorübergehend entlassen, ihn bei besserer Absatzlage wieder einzustellen. Die Lohnsätze bleiben dabei weitgehend unverändert und scheinen somit von der Situation auf den Gütermärkten unabhängig. Empirische Untersuchungen haben ergeben, daß für die USA der 70er Jahre ca. 50 % der männlichen Arbeitslosen von dieser temporären Arbeitslosigkeit betroffen waren (Feldstein, 1978a).

In einem solchen Falle haben die Arbeitnehmer wesentlich geringere Anreize, sich nach einem neuen Arbeitsplatz umzusehen. Damit sind auch für diese Gruppe von Arbeitslosen die Überlegungen, nach denen die Existenz einer Arbeitslosenversicherung zu einem höheren und weniger flexiblen Anspruchsniveau und zu einer weniger intensiven und längeren Suche beiträgt, von geringerer Bedeutung. Von Interesse ist bei dem Phänomen temporärer Arbeitslosigkeit weniger das Arbeitsangebotsverhalten der Arbeitslosen und deren Anpassungswilligkeit an eingetretene Datenänderungen als vielmehr das Anpassungsverhalten der Unternehmungen, wenn man berücksichtigt, daß eine Arbeitslosenversicherung existiert.

Während die Kritiker der Arbeitslosenversicherung vor allem in den USA der Meinung sind, daß die Leistungen der Arbeitslosenversicherung dazu beitragen, daß die Unternehmungen bei Nachfragerückgängen schneller zum Mittel der temporären Entlassungen greifen, weil ein Teil der finanziellen Lasten der Arbeitslosenversicherung aufgebürdet werden kann und nicht von den Unternehmungen über die Bildung von Lagern oder über das Horten von Arbeitnehmern teilweise selbst getragen werden muß, wird auch für die europäischen Staaten die Vermutung geäußert, daß die Existenz einer Arbeitslosenversicherung den Unternehmungen einen Anreiz bietet, bei rezessiven Entwicklungen schneller zu Entlassungen zu greifen. Dies geschähe oft in Übereinstimmung mit dem Betriebsrat, da man der Meinung ist, daß die Arbeitnehmer auch im Falle der Arbeitslosigkeit finanziell „versorgt“ sind.

Diese Kritik an der Ausgestaltung der Arbeitslosenversicherung wird nur dann verständlich, wenn man den diesen Überlegungen zugrundeliegenden theoretischen Rahmen kennt. Im Mittelpunkt dieser Überlegungen stehen implizite vertragliche Bindungen auf freiwilliger Basis zwischen Arbeitnehmern und Unternehmungen und die Existenz von Transaktionskosten, mit denen ein bestimmtes Entlassungsverhalten der Unternehmungen im Falle von Veränderungen in der Absatzentwicklung auf den Gütermärkten zu erklären versucht wird. Es erscheint deshalb zunächst erforderlich, diese grundlegenden theoretischen Zusammenhänge darzustellen.

### 1. Grundzüge einer Theorie des Entlassungsverhaltens von Unternehmungen

Ausgangspunkt dieser Modellansätze war das in den USA empirisch feststellbare Faktum, daß die Unternehmungen auf einen Rückgang in der Nachfrage nach ihren Produkten primär mit einer vorübergehenden Entlassung eines Teils der Arbeitnehmer reagieren, ohne den Versuch zu unternehmen, sich über Veränderungen in den relativen Preisen auf dem Arbeitsmarkt an die neuen ökonomischen Gegebenheiten anzupassen. Zunächst einmal besteht sowohl bei den Arbeitgebern als auch den Arbeitnehmern eine gewisse Unsicherheit über die zukünftigen Absatzmöglichkeiten der Unternehmung. Auf einem wettbewerblichen Arbeitsmarkt wird bei gegebener Produktionstechnologie, vorgegebenen Kosten für das eingesetzte Kapital und den steuerlichen Be- und Entlastungen der Unternehmung die Höhe des Lohnsatzes, die Länge der Arbeitszeit und der Umfang der Beschäftigung in Abhängigkeit von den erwarteten Absatzmöglichkeiten festgelegt. Verändert sich die Lage auf den Absatzmärkten, dann reagieren die Unternehmungen mit einer Veränderung der Preise für den Produktionsfaktor Arbeit und der Zeitdauer und dem Umfang des Einsatzes der Arbeitskräfte. So wären beispielsweise Rückgänge in den Absatzmöglichkeiten auf den Gütermärkten von einer Verringerung der Lohnsätze als auch von Entlassungen eines Teils der Arbeitnehmer begleitet. De facto kann man jedoch beobachten, daß die Unternehmungen auf Rückgänge in der Nachfrage weniger mit Veränderungen in den Lohnsätzen reagieren. Sie versuchen vielmehr die Folgen einer veränderten Absatzsituation über Mengenvariationen abzufangen.

Ein solches Verhalten der Unternehmungen erscheint nur möglich, wenn es für sie mit Vorteilen verbunden ist und die betroffenen Arbeitnehmer damit einverstanden sind. Welche Vorteile erwachsen sowohl den Unternehmungen als auch den Arbeitnehmern, wenn die Unternehmungen auf Datenänderungen nicht mit den Lohnsätzen, sondern mit der effektiv eingesetzten Arbeitsmenge reagieren? Das Verhalten der Unternehmungen erscheint verständlich, wenn man berücksichtigt, daß ein Zusammenhang zwischen dem Kündigungsverhalten und der Leistungsmotivation der Arbeitnehmer und der Lohnpolitik der Unternehmung besteht. Mit der Einstellung und Einarbeitung eines Arbeitnehmers sind für die Unternehmung eine Reihe von Kosten verbunden. Kosten entstehen für die Unternehmung einmal bei der Auswahl der für die offenen Stellen geeigneten Arbeitnehmer aus der Gesamtzahl der Bewerbungen. Weitere Aufwendungen kommen auf die Unternehmung dann zu, wenn sie den eingestellten Arbeitnehmer betriebsspezifisch ausbilden, um die Ertragskraft des Arbeitnehmers zu steigern. Diese finanziellen Aufwendungen für die Rekrutierung und die Investitionen in betriebsspezifisches Humankapital lohnen sich für die Unternehmung nur dann, wenn der Arbeitnehmer lange genug der Unternehmung verbunden bleibt und sich somit die Aufwendungen amortisieren. Es liegt im Interesse der Unternehmung, einen einmal eingestellten und ausgebildeten Arbeitnehmer, der zur Zufriedenheit arbeitet, längerfristig an die Unternehmung zu binden. Die Unternehmungen werden deshalb versuchen, alles zu vermeiden, was diese Bindung beeinträchtigen könnte (Oi, 1962).

Reagieren die Unternehmungen bei einem Rückgang der Nachfrage nach ihren Produkten mit einer Reduzierung der Lohnsätze, dann bleibt zu befürchten, daß die besten Arbeitskräfte kündigen und die Unternehmung verlassen. Selbst wenn in einer Zeit allgemeiner Anspannung auf den Arbeitsmärkten ein solches Selbstkündigungsverhalten der Arbeitnehmer wenig wahrscheinlich ist und die Arbeitnehmer mangels Alternativen in der Unternehmung bleiben, könnte sich die Unzufriedenheit über das unternehmerische Verhalten darin niederschlagen, daß sie bei einer Entspannung des Arbeitsmarktes kündigen und die Unternehmung verlassen (Okun, 1981). Die Unternehmungen werden immer dann, wenn sie die Kosten eines Arbeitsplatzwechsel minimieren wollen, bei Datenänderungen solange wie möglich versuchen, die unvermeidliche Anpassung an die neuen ökonomischen Gegebenheiten nicht über Veränderungen in den Lohnsätzen zu vollziehen.

Die Erträge der Unternehmungen aus den Investitionen in betriebsspezifisches Humankapital sind nicht nur durch das Kündigungsverhalten der Arbeitnehmer, sondern auch durch die Möglichkeit der Arbeitnehmer, die Leistungen aus dem Arbeitsvertrag partiell zu verweigern, bedroht. Die Arbeitsverträge sind in den seltensten Fällen so auszugestalten, daß partielle Leistungsverweigerungen nicht mehr möglich sind. Den Arbeitnehmern verbleibt vielmehr ein bestimmter Spielraum, innerhalb dessen sie die vertraglich vereinbarten Leistungen verweigern können, ohne mit Sanktionen von seiten der Unternehmung rechnen zu müssen. Die Unternehmungen können versuchen, diesen Spielraum sowohl über verstärkte Kontrollaktivitäten als auch über materielle und imaterielle Anreize einzuschränken. Der Weg über zunehmende Überwachungen erscheint allerdings wenig geeignet, das Motivationsproblem der Arbeitnehmer zu lösen. Man kann vielmehr feststellen, daß die Bereitschaft zur Leistung in einem solchen Falle nicht zu-, sondern eher abnimmt. Daneben entstehen den Unternehmungen beträchtliche Kosten für die Einrichtung des Kontrollapparates. Wegen dieser wenig erfolgversprechenden Überwachungsaktivitäten setzen die Unternehmungen stärker auf Anreize, um die gewünschte Leistung der Arbeitnehmer zu erzielen. Als ein mögliches Instrument kann dabei die betriebliche Lohnpolitik angesehen werden. Neben prinzipiell höheren Lohnsätzen gegenüber anderen Unternehmungen sind die Unternehmungen auch bestrebt, die Lohnsätze u.a. nach der Dauer der

Betriebszugehörigkeit zu differenzieren, um auch längerfristig einen Anreiz zur Leistung zu geben (Lazear, 1979).

Sofern die Unternehmungen bei einem Rückgang in der Güternachfrage mit sinkender Entlohnung der Arbeitnehmer reagieren, kann die Leistungsbereitschaft der Arbeitnehmer zurückgehen. In einem solchen Falle kann nicht mehr ohne weiteres davon ausgegangen werden, daß auch die effektiven Lohnkosten für die Unternehmung sinken (Solow, 1980). Im ungünstigsten Falle steigen sie an. Damit sind aber die erwarteten Erträge aus der Investition in Humankapital gefährdet.

Auf wettbewerblichen Arbeitsmärkten kommt dem Lohnsatz die Aufgabe zu, einen Ausgleich der von den Haushalten angebotenen und der von den Unternehmungen nachgefragten Menge an Arbeit herbeizuführen. Durch Datenänderungen ausgelöste Ungleichgewichte werden auf diesen Märkten über Veränderungen in den Lohnsätzen abgebaut. Wird demgegenüber auf unvollkommenen Arbeitsmärkten der Lohnsatz von den Unternehmungen als strategische Variable verwandt, um das Kündigungsverhalten und die Leistungsbereitschaft der Arbeitnehmer zu beeinflussen, steht er für die eigentliche Aufgabe des Marktausgleichs kurzfristig nicht mehr zur Verfügung. Die nach einer Datenänderung erforderliche Anpassung kann nicht mehr über den Lohnsatz, sondern nur noch über entsprechende Mengenreaktionen erfolgen.

Den Unternehmungen stehen in einem solchen Falle bei veränderten Bedingungen auf den Absatzmärkten unterschiedliche Möglichkeiten offen, die Arbeitsmenge anzupassen. Zunächst einmal können die Veränderungen auf den Gütermärkten über die Bildung von Lagern oder das Horten von Arbeitskräften aufgefangen werden. Daneben besteht die Möglichkeit, die von den Arbeitnehmern zu leistende Arbeitsstundenzahl den geänderten Verhältnissen anzupassen oder die Arbeitsplätze, der altersbedingt oder durch normale Fluktuation ausscheidenden Arbeitnehmer nicht mehr zu besetzen. Weiter können die Unternehmungen den geringeren Bedarf an Arbeitskräften durch temporäre und schließlich durch endgültige Entlassungen decken. Welche dieser mengenmäßigen Anpassungsreaktionen von der Unternehmung gewählt wird, hängt im wesentlichen davon ab, wie sie die Dauerhaftigkeit des Nachfrageeinbruchs auf den Gütermärkten einschätzt. Je eher sie die Absatzschwierigkeiten als temporäre Erscheinung ansieht, desto eher wird sie versuchen, die Arbeitnehmer nicht zu entlassen, sondern weiterhin an die Unternehmung zu binden, indem sie auf Lager produziert, Arbeitskräfte hortet oder schließlich zur Kurzarbeit greift. Dadurch versucht sie die Kosten des Arbeitsplatzwechsels möglichst gering zu halten und die Erträge aus der Investition in betriebsspezifisches Humankapital möglichst wenig zu gefährden.

Ein anderes, vor allem in den USA häufig angewandtes Mittel, sich an Nachfrageschwankungen anzupassen, sind temporäre Entlassungen. Sind die Unternehmungen der Meinung, daß die vorgenommenen Anpassungen über Kurzarbeitsregelungen nicht ausreichen, werden sie zu diesem Mittel greifen.

Dabei wird den Arbeitnehmern zugesichert, daß sie bei einer Verbesserung der Absatzmöglichkeiten als erste wieder von der Unternehmung eingestellt werden. Solche Regelungen sind in den USA vor allem bei gewerkschaftlich organisierten Arbeitnehmern zu beobachten (Feldstein, 1978a; Medoff, 1979). Während spezielle Vereinbarungen der Gewerkschaften mit den Unternehmungen, nach denen bei einer Einstellung von Arbeitskräften zuerst die entlassenen Arbeitnehmer berücksichtigt werden, die Bereitschaft der Arbeitnehmer, solchen temporären Entlassungen zuzustimmen, steigert, verstärken der Erwerb von Kündigungsschutz bei Senioritätsregelungen, der Verfall betrieblicher Rentenansprüche etc. die Rückkehrwilligkeit der vorübergehend entlassenen Arbeitnehmer (Hart, 1982). Damit erhöht sich die Wahrscheinlichkeit, daß sich die arbeitslos gewordenen Arbeitnehmer nicht nach einem neuen Arbeitgeber umsehen, da sie auf eine baldige Wiederbeschaffung in der alten Unternehmung hoffen können. Das Risiko der Abwanderung zu einem anderen Arbeitgeber ist deshalb relativ gering und die Chancen der Unternehmung, die finanziellen Aufwendungen für die Rekrutierung und Ausbildung der Arbeitskräfte amortisieren zu können, erscheinen relativ groß. Nur wenn sich nach einiger Zeit die Meinung durchsetzt, daß es sich bei den Nachfrageeinbrüchen nicht um eine temporäre, sondern eher um eine dauerhafte Erscheinung handelt, werden die Unternehmungen zum Mittel der endgültigen Entlassung greifen.

Weshalb sind nun aber die Arbeitnehmer bereit, insbesondere die mengenmäßigen Anpassungen über Kurzarbeit und temporäre Entlassungen gegenüber einer Anpassung über die Lohnsätze zu präferieren? Dazu werden in der Literatur eine Reihe von Erklärungsansätzen geboten. Sofern die Arbeitnehmer ganz im Gegensatz zu den Unternehmungen risikoaversiv sind, werden sie weniger Interesse an einem prozyklisch schwankenden Einkommen als vielmehr an einem stetigen Einkommensstrom haben. Die Versicherungsprämie für diese Leistungen der Unternehmung, einen stetigen Einkommensstrom zu gewährleisten, ist ein im Periodendurchschnitt geringerer Lohnsatz (Azariadis, 1975; Baily, 1974; Gordon, 1973). Dem Arbeitnehmer ist dabei im allgemeinen bei Vertragsabschluß klar, daß er diesen stetigen Einkommensstrom nur mit einer gewissen Wahrscheinlichkeit erreichen kann. Mit einer bestimmten Gegenwahrscheinlichkeit muß er damit rechnen, daß er während eines Rückgangs in der Nachfrage auf den Gütermärkten, arbeitslos wird, um allerdings bei einer Verbesserung der unternehmerischen Absatzmöglichkeiten wieder eingestellt zu werden.

Auf einen anderen möglichen Grund, weshalb die Arbeitnehmer eher einer mengenmäßigen als einer Anpassung über die Lohnsätze zustimmen, wird in dem sogenannten „idiosynchratic exchange“-Ansatz hingewiesen (Williamson/ Wachter/Harris, 1975). Danach erfordert die Ausfüllung einer Tätigkeit ein beträchtliches Potential an firmenspezifischem Humankapital. Da somit ein Wechsel des Arbeitsplatzes mit erheblichen „turnover“- bzw. Mobilitätskosten verbunden ist (Baily, 1977), kann die Festlegung eines bestimmten Lohnsatzes bei Antritt des Arbeitsplatzes ein geeigneter Weg sein, um eine spätere Ausbeutung der durch Investitionen der Arbeitnehmer und der Unternehmung in betriebsspezifisches Humankapital möglicherweise entstehenden Monopolsituationen sowohl von seiten der Unternehmung als auch von seiten des Arbeitnehmers (Hall, 1975) oder zumindest ein aufwendiges Verhandlungsprocedere bei Veränderungen in den ökonomischen Gegebenheiten zu vermeiden.

Daneben kann auch gewerkschaftliches Verhalten und sozialer Druck mit dazu beitragen, den Wettbewerb zwischen den Arbeitnehmern um die Arbeitsplätze zu verringern und die Bereitschaft der Arbeitnehmer zu Lohnsenkungen zu reduzieren. Sofern diese Bereitschaft von seiten der Arbeitnehmer gering ist, werden sie das Anpassungsverhalten der Unternehmungen über die Mengen, die ebenfalls kein großes Interesse an einer Anpassung an die geänderten ökonomischen Gegebenheiten über die Lohnsätze haben, akzeptieren.

Damit ist zwar geklärt, weshalb die Arbeitnehmer prinzipiell einer mengenmäßigen Anpassung den Vorzug einräumen können. Ungeklärt ist jedoch nach wie vor, weshalb die Unternehmungen diese Anpassungen nicht primär über Kurzarbeitsregelungen, sondern über temporäre Entlassungen vornehmen. Immerhin besteht bei temporären Entlassungen die Gefahr, daß die Arbeitnehmer während der Zeit der temporären Beschäftigungslosigkeit einen neuen Arbeitsplatz annehmen und damit der unternehmerische Erfolg der getätigten Investitionen in Humankapital gefährdet wird. Dies erscheint um so wahrscheinlicher, wenn man berücksichtigt, daß die Bindung der Arbeitnehmer an die Unternehmung durch verringerte Suchkosten über die Einrichtung von Arbeitsvermittlungsinstitutionen, durch gesetzliche Kündigungsschutzregelungen, die Unverfallbarkeit von Betriebsrenten bei einem Arbeitsplatzwechsel, die zunehmende Bedeutung von Ansprüchen an die Gesetzliche Rentenversicherung als Hauptquelle der Altersversorgung etc. wesentlich verringert werden kann. Bei einer Anpassung über verringerte Arbeitszeiten ist demgegenüber diese Gefahr deutlich geringer.

In der Literatur wurde verschiedentlich zu zeigen versucht, daß es sowohl für die Unternehmungen als auch für die Arbeitnehmer von Vorteil sein kann, auf einen Rückgang in der Nachfrage auf den Gütermärkten zunächst mit einer Verringerung der Arbeitszeiten und erst dann mit temporären Entlassungen zu reagieren (Feldstein, 1976a, 1978a; Baily, 1977). Machen wir uns die Zusammenhänge an einem von Baily entwickelten Zwei-Perioden-Modell klar, bei dem die annahmegemäß risikoneutralen Arbeitgeber und Arbeitnehmer versuchen, ihren Gewinn bzw. Nutzen zu maximieren. Weder die Unternehmung noch die Arbeitskräfte sind über die zukünftige Entwicklung auf den Gütermärkten vollständig informiert. Allerdings kennen sie die Verteilungsfunktion der zufallsverteilten Eintritte der zukünftigen Ereignisse auf den Absatzmärkten. Darüber hinaus haben die Arbeitnehmer gewisse Kenntnisse über das Entlassungs- und Wiedereinstellungsverhalten der Unternehmungen bei rückläufiger bzw. wieder ansteigender Nachfrage auf den Gütermärkten. Diese Erwartungen über die Entlassungspolitik der Unternehmungen basieren auf Beobachtungen in der Vergangenheit und einer konsistenten Fortschreibung in die Zukunft. Obwohl die Arbeitnehmer vollständig risikoneutral sind, werden sie bei der Wahl der Arbeitsplätze nicht allein die Höhe des Lohnsatzes, sondern auch die erwartete Sicherheit des Arbeitsplatzes berücksichtigen. Unternehmungen mit stärker schwankender Nachfrage und damit höheren Entlassungswahrscheinlichkeiten werden die zur Produktion der in beiden Perioden absetzbaren Gütermenge notwendigen Arbeitskräfte deshalb nur dann erhalten, wenn sie bereit sind, einen vergleichsweise höheren Lohnsatz zu zahlen. Damit werden etwaige mit einem erforderlichen Arbeitsplatzwechsel verbundene Mobilitätskosten und mögliche Verluste an firmenspezifischer Ausbildung ausgeglichen. Diesen Modellansätzen liegt allerdings die Vorstellung zugrunde, daß die Unternehmungen über einen festen Stamm an Arbeitskräften verfügen, den sie bei günstiger Absatzlage vollständig und bei Nachfragerückgängen nur zu einem Teil beschäftigen. Die erforderlichen Anpassungen erfolgen über Kurzarbeitsregelungen und temporäre Entlassungen, bei denen die Arbeitnehmer jedoch im unternehmungsinternen „Pool" verbleiben. Die Arbeitnehmer sind unter diesen Umständen bestrebt, die Arbeitsplätze auszuwählen, bei deren Ausstattung — Lohnsätze und Beschäftigungswahrscheinlichkeit — sie ihren Nutzen über beide Perioden hinweg maximieren können.

Die Unternehmungen verhalten sich in beiden Perioden als Preisnehmer auf den Gütermärkten. Während sie in der Ausgangsperiode die Lage auf den Arbeitsmärkten kennen, ist ihnen über die Absatzsituation in der zweiten Periode nur die Wahrscheinlichkeitsverteilungsfunktion der Zustandsvariablen bekannt. Die Unternehmungen werden die Höhe der Lohnsätze, die Anzahl der beschäftigten Arbeitskräfte und die Arbeitsstundenzahl in beiden Perioden so festlegen, daß der erwartete Gewinn über die Dauer der beiden Perioden hinweg maximiert wird. Dabei haben sie nicht nur die unmittelbaren Kosten der Beschäftigung der Arbeitnehmer, sondern auch mögliche Anpassungs- und „turnover"-Kosten im Falle von Entlassungen und Abwanderungen dieser Arbeitnehmer mit zu berücksichtigen.

Die Unternehmungen werden entsprechend diesem Kalkül solange Arbeitskräfte einstellen, bis das erwartete Grenzprodukt pro Arbeitskraft über die beiden Perioden hinweg den erwarteten Kosten pro Arbeitnehmer entspricht. Zu den erwarteten Kosten zählen neben den Lohn- auch die „turnover"-Kosten. Daneben werden die Arbeitsstunden in beiden Perioden so gesetzt, daß der Wert des Grenzproduktes pro Arbeitsstunde dem Arbeitsleid entspricht. Sofern die Unternehmung nach einem Rückgang in der Nachfrage auf den Gütermärkten Arbeitnehmer entläßt, wird sie dieses solange tun, bis der Nettoertrag des Arbeitsplatzes — Grenzwertprodukt pro Arbeitnehmer minus Arbeitsleid — den um die Kosten der temporären Entlassung modifizierten Opportunitätskosten der Arbeit entspricht. Verschlechterungen in den Absatzmöglichkeiten führen nun aber zunächst nur zu einer Verringerung der Arbeitsstundenzahl und erst ab einer gewissen Grenze zu temporären Entlassungen.

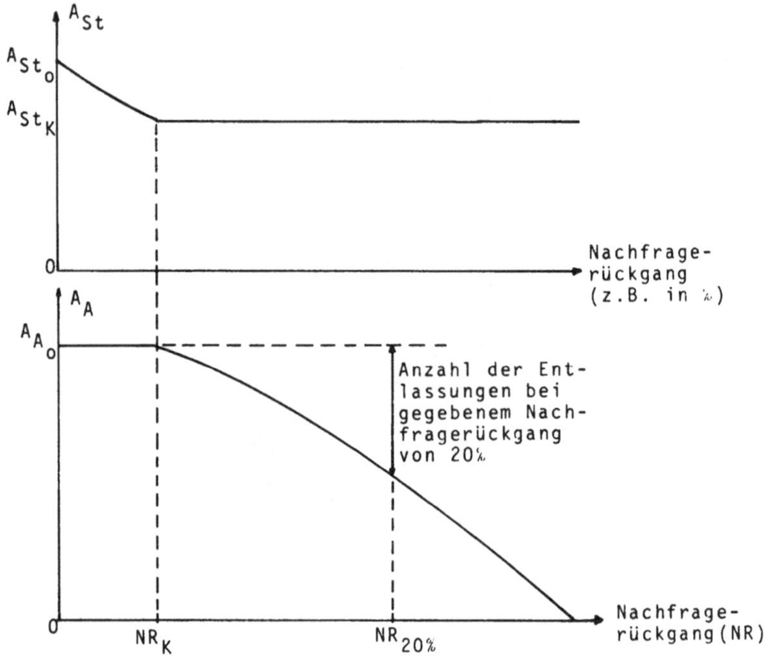


Abb. 4. Entlassungsverhalten der Unternehmungen

Sofern die Lage auf den Gütermärkten auch in der zweiten Periode gegenüber der Ausgangsperiode unverändert bleibt, besteht für die Unternehmung kein Anlaß, weder die Anzahl der eingesetzten Arbeitskräfte ($A_0$) noch die Arbeitsstundenzahl pro Arbeitnehmer ($A_{St_0}$) gegenüber der ersten Periode zu verändern. Verschlechtert sich demgegenüber in der zweiten Periode die Absatzsituation auf den Gütermärkten, dann werden die Unternehmungen — mit einiger Verzögerung — mit einer Veränderung im effektiven Arbeitseinsatz reagieren. Dies kann sowohl über eine Verringerung der Arbeitsstunden als auch der Anzahl der Arbeitskräfte realisiert werden. Dabei existiert eine kritische Schwelle ($NR_k$), bis zu der die Unternehmung die Arbeitsstundenzahl pro Arbeitnehmer auf ($A_{St_K}$) verringert, ohne die Anzahl der Arbeitskräfte ($A_0$) zu verringern. Überschreitet der Rückgang in der Nachfrage diesen kritischen Wert, dann antworten die Unternehmungen nicht mehr mit einer Veränderung in der Arbeitszeit ($A_{St_K}$), sie reduzieren die Arbeitsmenge durch temporäre Entlassungen. Dabei wird die auf ($A_{St_K}$) verringerte Arbeitszeit pro beschäftigtem Arbeitnehmer nicht mehr verändert.

Weshalb ist für die Unternehmungen ein solches gestaffeltes Vorgehen auf veränderte Absatzmöglichkeiten rational? Warum passen sie sich nicht allein über Veränderungen in der Arbeitszeit an oder greifen sofort zu temporären Entlassungen? Eine Strategie, sofort die Anzahl der Arbeitskräfte anzupassen, erscheint wegen möglicher Kosten des Arbeitsplatzwechsels und der Mobilität sowohl für die Unternehmung als auch für die Arbeitnehmer sowie wegen eventueller Verluste an unternehmerischer Reputation hinsichtlich der Entlassungspolitik wenig sinnvoll. Entlassungen sind für die Unternehmung erst dann rational, wenn die Nachfragerückgänge stark und dauerhaft sind.

Welche Gründe sprechen dagegen, daß sich die Unternehmungen allein über Veränderungen in der Arbeitszeit pro Arbeitnehmer an die geänderten Verhältnisse auf den Gütermärkten anpassen? Für eine solche Strategie spricht zunächst, daß alle die Kosten, die bei einer temporären Entlassung auftreten können, nicht entstehen. Dennoch wird von Baily darauf hingewiesen, daß ein solches Verhalten nicht sinnvoll sei, weil der Nettoertrag des Arbeitsplatzes soweit fallen kann, daß er geringer als die Opportunitätskosten der Arbeit ausfällt (Baily, 1977). Sofern man berücksichtigt, daß neben dem Freizeitnutzen vor allem der Umfang der Unterstützungsleistungen im Falle der Arbeitslosigkeit die Höhe der Opportunitätskosten determinieren, unterschreitet das Erwerbseinkommen der weiterhin beschäftigten Arbeitnehmer ab einer gewissen Grenze das Transfereinkommen aus der Arbeitslosenversicherung, wenn man die Arbeitszeit entsprechend verringert. Ob deshalb die These zutrifft, nach der eine gestaffelte Anpassungsstrategie der Unternehmungen an geänderte Gegebenheiten auf den Gütermärkten die einzig sinnvolle sein kann, hängt in starkem Maße von der Existenz und der Ausgestaltung der Leistungs- und Finanzierungsseite einer Arbeitslosenversicherung ab. Würde eine solche Institution nicht existieren, dann erschiene eine solche Strategie nicht nur nicht zwingend, sie wäre ökonomisch nicht sinnvoll. Eine Anpassung über veränderte Arbeitszeiten pro Arbeitnehmer wäre dann die passende Antwort auf veränderte Absatzmöglichkeiten.

### 2. Der Einfluß der Arbeitslosenversicherung auf das Entlassungsverhalten der Unternehmungen

Wovon hängt es ab, wie die Arbeitslosenversicherung das Arbeitsnachfrageverhalten der Unternehmungen und die Bereitschaft der Arbeitnehmer, solchen Veränderungen zuzustimmen, beeinflußt? Betrachten wir zunächst, wie sich die Leistungen der Arbeitslosenversicherung auf die Entscheidung der Unternehmung auswirkt, den Arbeitskräftebedarf an geänderte Gegebenheiten auf den Gütermärkten anzupassen. Ohne die Existenz einer Arbeitslosenversicherung würden die Unternehmungen versuchen, Fehlinvestitionen in betriebsspezifisches Humankapital dadurch zu vermeiden, daß sie bei einem Rückgang in der Güternachfrage zunächst die Lagerbestände aufstocken, Arbeitskräfte horten und kürzere Arbeitszeiten anbieten. Die Arbeitnehmer wären mit solchen

Regelungen einverstanden. Sofern aber eine Arbeitslosenversicherung existiert, besteht sowohl für die Unternehmung als auch für die Arbeitskräfte die Möglichkeit, diese Anpassungskosten zu umgehen. Temporäre Entlassungen entlasten die Unternehmungen von den Kosten der Lagerhaltung und des Arbeiterhortens und die Arbeitnehmer von den Kosten, in Form von Einkommensrückgängen bei kürzeren Arbeitszeiten. Es besteht somit sowohl für die Unternehmungen als auch für die Arbeitnehmer ein Anreiz zu temporären Entlassungen.

### *a) Auswirkungen der Leistungsseite*

Betrachtet man den Leistungsaspekt der Arbeitslosenversicherung, dann erscheint es zunächst einmal rational, wenn beide Arbeitsmarktparteien versuchen, auf Veränderungen in den Absatzmöglichkeiten auf den Gütermärkten mit temporären Entlassungen oder Kündigungen eines Teils der Arbeitskräfte zu reagieren. Dieser Aspekt gewinnt an Gewicht, wenn zwischen den Unternehmungen und den Arbeitnehmern spezielle Vereinbarungen bestehen, nach denen eine Rückkehr der vorübergehend entlassenen Arbeitnehmer für den Fall vorgesehen ist, daß sich die Lage auf den Gütermärkten wieder verbessert. Die Existenz von Leistungen der Arbeitslosenversicherung trägt somit dazu bei, daß temporäre Entlassungen häufiger vorgenommen werden und die Dauer dieser Entlassungen ansteigt (Feldstein, 1976a, 1978a; Baily, 1977). Danach wäre die bestehende Arbeitslosigkeit weniger ein Problem eines festen Bestandes an Arbeitslosen, als vielmehr ein Problem häufiger, kurzfristiger Arbeitslosigkeit, zu der die Leistungen der Arbeitslosenversicherung schwergewichtig beitragen.

Diese partielle Betrachtungsweise verstellt nun aber den Blick für wesentliche Zusammenhänge. Zunächst einmal ist es keineswegs so, daß damit die Einstellungs- und Einarbeitungskosten für die Unternehmung auf alle Fälle geringer werden. Es besteht nach wie vor die Möglichkeit, daß sich die Arbeitnehmer während der Zeit der Entlassung nach einem neuen Arbeitsplatz umsehen. Die Anreizeffekte der Arbeitslosenversicherung zu einem „moral hazard"-Verhalten der Unternehmungen können nach wie vor durch die Anpassungs- und „turnover"-Kosten kompensiert werden (Baily, 1977). Daneben ist zu berücksichtigen, daß zumindest in der Bundesrepublik neben den Leistungen in Form von Arbeitslosenzahlungen auch Kurzarbeiterregelungen bestehen. Sofern zu erwarten ist, daß der Arbeitsausfall nur vorübergehend ist und durch Leistungen der Arbeitslosenversicherung den Arbeitnehmern die Arbeitsplätze und den Unternehmungen die eingearbeiteten Arbeitskräfte erhalten werden können, gewährt die Arbeitslosenversicherung ein Kurzarbeitergeld, das sich im Augenblick auf 63 % des Nettoarbeitsentgeltes beläuft und im Normalfall bis zu maximal 6 Monaten für die Ausfallstunden gewährt wird. Die Voraussetzungen für den Bezug von Kurzarbeitergeld liegen dann vor, wenn der Arbeitsausfall auf wirtschaftliche Ursachen oder auf ein unabwendbares

Ereignis zurückzuführen ist, er nicht vermeidbar erscheint und mehr als 10 % der Arbeitszeit für mindestens ein Drittel der Belegschaft beträgt.

Wird aber Kurzarbeitergeld gewährt, dann besteht weder für die Unternehmungen noch für die Arbeitnehmer ein Anreiz zu temporären Entlassungen bzw. temporärer Arbeitslosigkeit. Die erforderlichen Anpassungen werden primär über eine Variation der Arbeitszeit durchgeführt. Die Subventionierung veränderter Arbeitszeiten verringert zwar den Umfang der offen ausgewiesenen Arbeitslosigkeit, das eigentliche „moral hazard"-Problem kann damit aber nicht gelöst werden. Nach wie vor besteht für die Unternehmungen ein Anreiz, die Anpassungskosten geänderter ökonomischer Gegebenheiten nicht selbst über die Aufstockung von Lagern oder das Horten von Arbeitskräften zu tragen, sondern der Arbeitslosenversicherung aufzubürden. Die finanziellen Aufwendungen der Arbeitslosenversicherung im Falle einer Datenänderung werden deshalb nicht geringer ausfallen. Dennoch hat eine solche Regelung wohlfahrtspolitische Vorteile, indem mögliche Einstellungs- und Einarbeitungskosten für die Unternehmungen und mögliche Mobilitätskosten für die Arbeitnehmer entfallen.

### *b) Auswirkungen der Finanzierungsseite*

Das Nachfrageverhalten der Unternehmungen nach Arbeitskräften wird nicht nur durch die Leistungen der Arbeitslosenversicherung beeinflußt. Entscheidend ist auch, wie diese Leistungen finanziert werden. Prinzipiell ist davon auszugehen, daß die Fehlanreize um so geringer sind, je stärker die Nutznießer der Leistungen an der Finanzierung beteiligt werden. Empirische Untersuchungen für die einzelnen Staaten der USA, in denen unterschiedliche Finanzierungsanteile der Unternehmungen an den von ihnen ausgelösten Leistungen der Arbeitslosenversicherung bestehen, haben ergeben, daß sinkende Nettoleistungen der Arbeitslosenversicherung — Summe der Leistungen für die von der Unternehmung entlassenen Arbeitnehmer minus der Summe der Zahlungen der Unternehmungen an die Arbeitslosenversicherung — zu einem Rückgang der temporären Entlassungen beitragen (Brechling, 1981; Topel, 1983). Eine Unternehmung, die voll für die Leistungen der Arbeitslosenversicherung an die Arbeitnehmer aufzukommen hat, würde danach weniger zu temporären Entlassungen greifen, wenn die Leistungen der Arbeitslosenversicherung an die arbeitslos gewordenen Arbeitnehmer angehoben werden. Ebenso würde die Dauer der Arbeitslosigkeit geringer ausfallen. Will man das „moral hazard"-Verhalten der Unternehmungen eindämmen, dann müsste folgerichtig der Finanzierungsanteil der Unternehmungen angehoben werden. Dies könnte dadurch geschehen, daß man die Arbeitgeberbeiträge erhöht.

Die Fehlanreize, die von der Finanzierungsseite der Arbeitslosenversicherung ausgehen, können nur dann abgebaut werden, wenn es tatsächlich gelingt, den Unternehmungen einen größeren Teil der Finanzierungsaufwendungen zuzuweisen. Allein die Entscheidung, den Arbeitgeberanteil zu erhöhen, garantiert noch nicht, daß die Unternehmungen auch real einen größeren Teil der Anpassungslasten tragen. Bei einer realistischen Betrachtung wird man vielmehr davon ausgehen müssen, daß es nicht gelingt, ihnen real diese Lasten aufzubürden. Es ist zu erwarten, daß sie in der Lage sind, die finanziellen Mehraufwendungen entweder über geringere Erwerbseinkommen der beschäftigten Arbeitnehmer rück- oder über steigende Güterpreise auf die Konsumenten vorzuwälzen. Gelingen diese Überwälzungsvorgänge, dann werden die von der Arbeitslosenversicherung ausgehenden Fehlanreize nicht abgebaut, das „moral hazard"-Verhalten der Unternehmungen somit auch nicht begrenzt. Ein steigender Anteil der Unternehmungen an den finanziellen Aufwendungen der Arbeitslosenversicherung kann allerdings indirekt die Fehlanreize eindämmen, da es den Unternehmungen mit steigendem Finanzierungsanteil schwerer fallen dürfte, die steigenden finanziellen Lasten zu überwälzen. Letztlich ist jedoch davon auszugehen, daß es den Arbeitgebern weitgehend gelingen wird, die Lasten einer Anpassung selbst bei einem steigenden Finanzierungsanteil an der Arbeitslosenversicherung auf die Arbeitnehmer abzuwälzen.

Während in einem arbeitslosenversicherungsfreien Zustand die Unternehmungen einen Teil der Anpassungslasten tragen, um die Kosten eines Arbeitsplatzwechsels zu minimieren, indem sie Lager bilden oder Arbeiter horten, werden sie bei der Existenz einer Arbeitslosenversicherung in die Lage versetzt, einen Teil dieser Kosten den Arbeitnehmern aufzubürden. Hieraus ist auch zu ersehen, daß die Arbeitslosenversicherung im allgemeinen auftretende Lasten nicht vernichten, sondern sie nur gleichmäßiger auf die Arbeitnehmer verteilen kann.

### *c) Reformvorschläge zur Verringerung des „moral hazard"-Verhaltens der Unternehmungen*

Ein sehr weitgehender Vorschlag läuft darauf hinaus, das gegenwärtige System der Arbeitslosenversicherung grundlegend umzugestalten, indem man die Arbeitslosenversicherung der Unternehmung zuordnet (Fitzroy, 1981). Dadurch entstünde für die Unternehmung ein Anreiz, die erforderlichen Anpassungen an geänderte ökonomische Gegebenheiten weniger über temporäre Entlassungen als vielmehr über kürzere Arbeitszeiten vorzunehmen. Positive Sekundärwirkungen würden sich insofern einstellen, als die Wahrscheinlichkeit für einen Arbeitnehmer, länger der Unternehmung anzugehören, ansteigt, da die Möglichkeiten einer Abwanderung während der Zeit der temporären Arbeitslosigkeit geringer werden. Damit wären aber die Investitionen der Unternehmungen in die Ausbildung der Arbeitnehmer weniger risikoreich und damit die Abweichungen von einer optimalen Allokation des Produktionsfaktors Arbeit geringer.

Dennoch weist eine solche Lösung einen gravierenden Mangel auf. Es kann nicht ohne weiteres sichergestellt werden, daß die Arbeitnehmer auch im Falle eines Konkurses der Unternehmung gegen das Risiko der Arbeitslosigkeit abgesichert sind. Es wird zwar vorgeschlagen, daß die Unternehmungen sogenannte Rückversicherungsverträge mit privaten Versicherern abschließen, um diesem Risiko zu begegnen. Dies erscheint jedoch im allgemeinen kein gangbarer Weg, da das Arbeitslosigkeitsrisiko ein nur schwer oder gar nicht versicherbares Risiko darstellt und damit auf privaten Versicherungsmärkten nicht abgesichert werden kann.

Wenn wir auch der Meinung sind, daß ein steigender Finanzierungsanteil der Unternehmungen an der Arbeitslosenversicherung kaum eine Veränderung ihres Entlassungsverhaltens mit sich bringen wird, so kann dennoch die Art der Beitragsleistungen der Unternehmungen die Wahl der Anpassungsstrategie bei Datenänderungen beeinflussen. Die Höhe der Beitragszahlungen der Unternehmungen an die Arbeitslosenversicherung richtet sich nach der Höhe des Beitragssatzes und der Summe der Lohneinkommen der in der Unternehmung beschäftigten versicherungspflichtigen Arbeitnehmer. Dieser einfache Zusammenhang gilt allerdings nur solange, wie von der Existenz einer Beitragsbemessungsgrenze abstrahiert wird oder aber diese Grenze so hoch angesetzt ist, daß die Masse der Lohneinkommen der Versicherungspflichtigen darunter liegen. Sofern jedoch die Beitragsbemessungsgrenze so bemessen ist, daß ein Großteil der Versicherungspflichtigen darüber liegen, wird nur der Teil des Einkommens bis zur Beitragsbemessungsgrenze bei der Berechnung der Beitragsleistungen der Unternehmungen herangezogen. Je nach dem, ob nun ein Großteil der Arbeitnehmer ein Einkommen erzielt, das über oder unter dieser Grenze liegt, ergeben sich im Falle von Datenänderungen Auswirkungen auf das Anpassungsverhalten der Unternehmungen. Für die Beschäftigten, deren Einkommen unterhalb der Beitragsbemessungsgrenze liegt, sind die Arbeitgeberbeiträge variable, vom jeweiligen Einkommen abhängige Beschäftigungskosten. Je geringer das Einkommen ausfällt, desto niedriger sind die von der Unternehmung an die Arbeitslosenversicherung zu entrichtenden Beiträge für diesen Arbeitnehmer. Umgekehrt nehmen die Arbeitgeberbeiträge die Form fixer Beschäftigungskosten an, sofern die Einkommen über der Beitragsbemessungsgrenze liegen. In einem solchen Falle bewirken Veränderungen im Einkommen des Versicherungspflichtigen solange keine Variationen in den durch die Unternehmung zu entrichtenden Beiträgen zur Arbeitslosenversicherung, als das Einkommen weiterhin über der Grenze liegt.

Welche Reaktionen der Unternehmungen sind zu erwarten, wenn es zu Absatzschwierigkeiten auf den Gütermärkten kommt? Sofern die Arbeitnehmer ein Einkommen haben, das unterhalb der Beitragsbemessungsgrenze liegt, kann die Unternehmung die Beitragszahlungen dadurch verändern, daß sie den Arbeitnehmer entläßt oder die Arbeitszeit reduziert. Berücksichtigen wir „turnover"-Kosten, dann erscheint eine Verringerung der Arbeitszeit die effizientere Anpassungsstrategie. Umgekehrt liegt der Fall, wenn die Beitragsbemessungsgrenze so niedrig angesetzt ist, daß die Einkommen darüber liegen. In einem solchen Falle können die Unternehmungen nur dadurch Beitragszahlungen sparen, indem sie die Arbeitnehmer entlassen. Kurzarbeitsregelungen würden nicht zu einer Verringerung der Beitragsleistungen beitragen.

Hieraus kann man erkennen, daß vor allem die Festlegung der Beitragsbemessungsgrenze Einfluß auf die von der Unternehmung zu wählende Anpassungsstrategie hat. Nun wird möglicherweise auch verständlich, weshalb in den USA bei Rückgängen in der Güternachfrage eher zum Mittel der temporären Entlassungen gegriffen wird, während in Europa kürzere Arbeitszeiten präferiert werden. Im Gegensatz zu den USA, wo der größte Teil der Erwerbstätigen ein Einkommen erzielt, das über der Beitragsbemessungsgrenze liegt, ist in den meisten europäischen Staaten diese Grenze so festgelegt, daß der ganz überwiegende Teil der Arbeitnehmer mit ihrem Einkommen darunter liegt (Hart, 1982).

Ist man der Meinung, daß eine Regelung über veränderte Arbeitszeiten, temporären Entlassungen unter wohlfahrtspolitischen Aspekten vorzuziehen sei, dann muß die Beitragsbemessungsgrenze so festgesetzt werden, daß die Arbeitgeberbeiträge zur Arbeitslosenversicherung proportional zu den geleisteten Arbeitsstunden erhoben werden. In einem solchen Falle ergibt sich darüber hinaus auch ein Kostenvorteil für die Unternehmungen gegenüber einer Entlassungsstrategie. Empirisch ist zu beobachten, daß die Entlohnung der älteren Arbeitnehmer stärker steigt als deren Produktivität. Sofern die Unternehmung Arbeitskräfte entläßt, wird sie deshalb aus Kostengründen zunächst die älteren Arbeitnehmer entlassen. Dieses Verhalten kann man vor allem in den sogenannten nicht-gewerkschaftlich organisierten Unternehmungen in den USA feststellen (Medoff/Abraham, 1980). De facto versuchen die älteren Arbeitnehmer über gewerkschaftlichen Einfluß und Kündigungsschutzregelungen diesem Verhalten der Unternehmungen einen Riegel vorzuschieben. Da aber auch bei Kurzarbeitsregelungen die älteren Arbeitnehmer auf ein höheres Einkommen als die jüngeren Arbeitskräfte verzichten müssen, wird für die USA vermutet, daß der Mangel an Kurzarbeitsregelungen darauf zurückzuführen ist, daß die älteren Arbeitnehmer in den Gewerkschaften die Mehrheit haben (Medoff/Abraham, 1980). Über Kurzarbeitsregelungen können die Unternehmungen deshalb einen größeren Teil an Lohnkosten einsparen als über Entlassungen der jüngeren Arbeitnehmer, sofern alle Arbeitnehmer unabhängig von der Dauer der Betriebszugehörigkeit gleichmäßig von diesen Regelungen betroffen sind.

## III. Die Auswirkungen auf das Verhalten der Tarifpartner

Bei den bisherigen Überlegungen wurde von der Vorstellung ausgegangen, daß die Arbeitnehmer und -geber die Inhalte der Arbeitsverträge auf individueller Basis aushandeln. Von Lohnverträgen, wie sie zwischen den Interessenverbänden der Arbeitgeber und Arbeitnehmer für einen großen Teil der Arbeitnehmerabgeschlossen werden, wurde abstrahiert. Die dabei auftretenden relativen Inflexibilitäten in den Lohnsätzen bei eingetretenen Datenänderungen waren im wesentlichen auf informatorische Defizite über die eingetretenen Ereignisse auf den Gütermärkten und die Tauschobjekte am Arbeitsmarkt sowie auf Kosten der Transaktion zurückzuführen. Die Existenz einer Arbeitslosenversicherung kann dazu beitragen, daß sowohl die Anpassungswilligkeit der Arbeitnehmer als auch der Unternehmungen an die geänderten ökonomischen Gegebenheiten reduziert wird. Allerdings sind die Auswirkungen geringer einzuschätzen als dies üblicherweise in der Literatur geschieht, sofern man die Finanzierungsseite der Arbeitslosenversicherung mit berücksichtigt.

Das Anpassungsverhalten auf den Arbeitsmärkten kann sich verändern, wenn man bedenkt, daß in der Realität ein Großteil der Arbeitsverträge nicht individuell zwischen den Arbeitnehmern und -gebern, sondern kollektiv zwischen den Arbeitgeberverbänden und den Gewerkschaften ausgehandelt wird. Es bleibt zu untersuchen, welche neuen Aspekte für die Erklärung von Inflexibilitäten der Preis auf den Arbeitsmärkten gewonnen werden können, wenn man Tarifverhandlungen auf Industrieebene berücksichtigt. Von besonderem Interesse ist dabei, inwieweit die Existenz einer Arbeitslosenversicherung dazu beiträgt, die Bereitschaft beider Tarifparteien zu verändern, sich an eingetretene Datenänderungen anzupassen. Die Auswirkungen der Leistungen der Arbeitslosenversicherung und der Finanzierung dieser Leistungen auf das Verhalten der Tarifpartner soll im Rahmen der traditionellen Verhandlungsmodelle analysiert werden.

### 1. Arbeitslosenversicherung und monopolistisches Preissetzungsverhalten der Gewerkschaften

#### *a) Grundzüge der Monopoltheorie des Gewerkschaftsverhaltens*

Wenden wir uns zunächst der Frage zu, wie sich das Verhalten der Gewerkschaften ändert, wenn die Arbeitnehmer im Falle der Arbeitslosigkeit Unterstützungszahlungen von der Arbeitslosenversicherung erhalten. Wir wollen dabei von der in der Literatur mehrheitlich geäußerten Vorstellung ausgehen, daß die Gewerkschaften versuchen, den Nutzen ihrer Mitglieder zu maximieren (Oswald, 1982a, 1982b). Die Nutzenfunktion enthält die beiden Argumente Lohnhöhe und Beschäftigung der Gewerkschaftsmitglieder. Eine spezielle Ausprägung dieser Zielfunktion stellt die Wahl der Lohnsumme als strategische Größe der Gewerkschaften dar (Dunlop, 1944). Gegen diese Betrachtungsweise wurde vor allem eingewandt, daß die Gewerkschaftsführung eigene, von der Gewerkschaftsbasis abweichende Interessen verfolgt, die am besten bei einem großen Bestand an Mitgliedern zu verwirklichen wären (Ross, 1948). Sicherlich spielen bei einer realistischen Betrachtung sowohl die Einkommens-, als auch die verbandspolitische Zielsetzung eine Rolle. Dies gilt insbesondere dann, wenn die Gewerkschaftsfunktionäre in die Lage versetzt werden, diskretionäre Ziele zu verfolgen. Der Einkommenszielsetzung kommt demgegenüber größeres Gewicht zu, wenn man davon ausgehen kann, daß die in der Gewerkschaft organisierten Arbeitnehmer und die Gewerkschaftsführung weitgehend identische Interessen verfolgen.

Wir wollen zunächst einmal unterstellen, daß sich die Interessen beider Gruppen in den Gewerkschaften decken. Die Gewerkschaftsführung ist allein bestrebt, die Interessen der Mitglieder zu verfolgen. Weiter soll unterstellt werden, daß die Gewerkschaften monopolistische Preissetzungsmacht auf den Arbeitsmärkten haben. Sie sind deshalb in der Lage, die Lohnsätze festzulegen, während die Unternehmungen in Abhängigkeit von der fixierten Lohnhöhe den Umfang der Beschäftigung festsetzen. Eine solche Betrachtungsweise impliziert, daß die Gewerkschaften das Arbeitsangebot vollständig kontrollieren können. Dies ist nur möglich, wenn der Zutritt zu den Arbeitsmärkten kontrollierbar ist, die Arbeitszeit fixiert werden kann und die Ausbildung der Arbeitnehmer eine strategische Variable der Gewerkschaft darstellt.

Das Ziel der Gewerkschaften besteht darin, den Nutzen ihrer Mitglieder zu maximieren. Sie stehen dabei vor dem Problem, daß die Wahl eines Lohnsatzes, der über dem wettbewerblichen, markträumenden liegt, nur um den Preis einer geringeren Beschäftigung zu erreichen ist. Die Gewerkschaftsmitglieder können deshalb mit einer bestimmten Wahrscheinlichkeit damit rechnen, zu diesem höheren Lohnsatz eine Beschäftigung zu finden. Andererseits müssen sie mit der Gegenwahrscheinlichkeit davon ausgehen, daß sie arbeitslos werden. Diese Wahrscheinlichkeit ist dabei um so größer, je höher die Gewerkschaften den Lohnsatz fixieren. Es existiert bei einer fallenden Arbeitsnachfragekurve somit ein Lohnsatz, bei dem der Nutzen der Gewerkschaftsmitglieder — ausgedrückt in dem zu erwartenden Periodeneinkommen — maximiert wird. Dieser Lohnsatz wird dabei um so niedriger angesetzt werden, je geringer die Unterstützungszahlungen im Falle der Arbeitslosigkeit ausfallen und je höher der Selbstfinanzierungsanteil der Arbeitnehmer an der Arbeitslosenversicherung ausfällt (Oswald, 1982a, 1982b).

Verdeutlichen wir diese Zusammenhänge mithilfe einer graphischen Darstellung. Dabei gehen wir von einer erwarteten Nachfrage der Unternehmungen nach Arbeitskräften ($A_{NE_0}$) und einer Nutzenfunktion aus, in der sich der Konflikt zwischen einem möglichen höheren Lohneinkommen und möglicher Arbeitslosigkeit wiederspiegelt. Dabei sollen zunächst einmal mögliche Unterstützungszahlungen im Falle der Arbeitslosigkeit sowie der Nutzen der Freizeit vernachlässigt werden. Die Gewerkschaften werden — bei gegebener Nutzenfunktion und erwarteter Arbeitsnachfragekurve — den Lohnsatz so festlegen, daß der Erwartungsnutzen der Gewerkschaftsmitglieder maximiert wird. Dies ist gerade dann der Fall, wenn sich die Indifferenzkurve ($I_0$) und die Arbeitsnachfragekurve ($A_{NE_0}$) tangieren. Der Lohnsatz wird dabei von den Gewerkschaften auf ($l_0$) fixiert und die Beschäftigungsmenge von den Unternehmungen auf ($A_0$) festgelegt.

Welche Auswirkungen sind von einer solchen monopolistischen Preissetzung der Gewerkschaften auf den Arbeitsmärkten zu erwarten? Zunächst einmal gelingt es in diesem Falle den Gewerkschaften, die Einkommen der Besitzer fester Inputs, beispielsweise in Form von Kapital von $(GC(l_w))$ auf $(GB(l_0))$ zu verringern. In welcher Richtung sich die Einkommen der Arbeitnehmer verändern, hängt von der Elastizität der Arbeitsnachfragekurve ab. Die Fläche $(O(l_0)B(A_0))$ ist immer dann größer als die Ausgangsfläche $(O(l_w)C(A_w)$, wenn die Elastizität kleiner als eins ausfällt. Empirische Untersuchungen bestätigen in

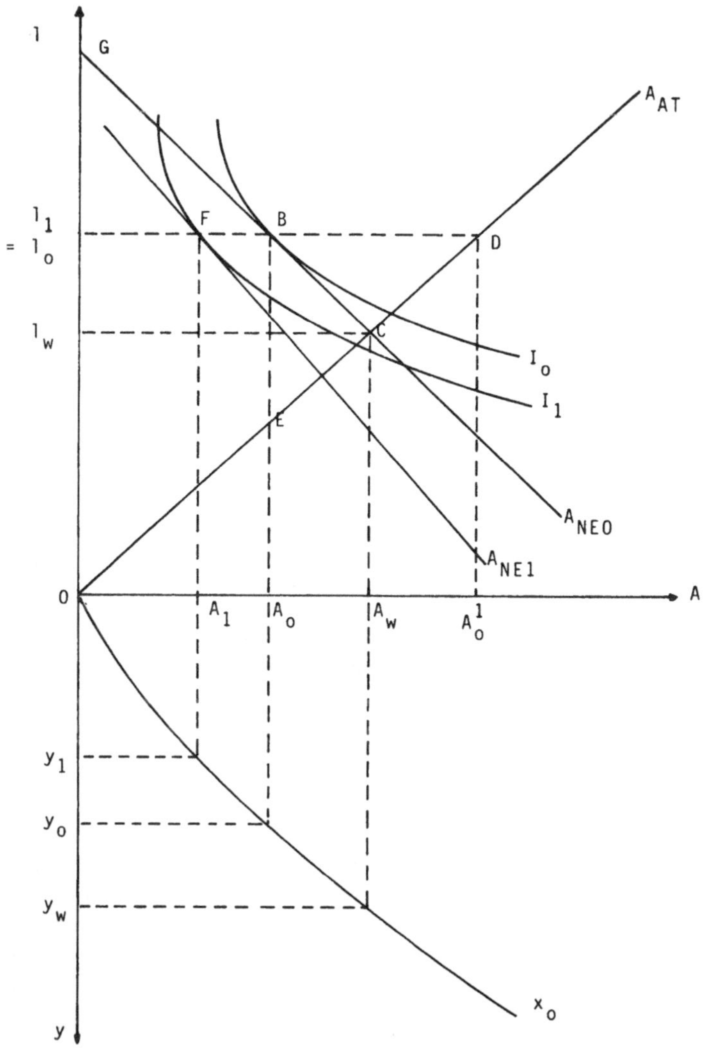


Abb. 5. Lohnsetzungsverhalten der Gewerkschaften

der kurzen Frist solche Werte (Hamermesh, 1977; Clark/Freeman, 1980), längerfristig ist jedoch mit Werten über eins zu rechnen. Die Gewerkschaften wären in einem solchen Falle längerfristig nicht in der Lage, den Anteil der Einkommen der Arbeitnehmer am Sozialprodukt zu steigern.

Bei dem auf ($l_0$) fixierten Lohnsatz verringert sich nicht nur die von den Unternehmungen nachgefragte Arbeitsmenge auf ($A_0$), gleichzeitig erhöhen die Arbeitnehmer den Umfang der angebotenen Arbeit auf ($A_0^1$). Die Unterbeschäftigung des Produktionsfaktors Arbeit kann jedoch nicht als unfreiwillig angesehen werden. Zunächst einmal ist den Arbeitnehmern zum Zeitpunkt des Abschlusses des Arbeitsvertrages klar, daß bei gleichbleibender Arbeitsnachfragekurve und einem Lohnsatz ($l_0$) Arbeitskräfte im Umfang (($A_w$)A($_0$) weniger eingesetzt werden. Diesen Kosten gestiegener Lohnsätze, die über den markträumenden liegen, stehen Erträge, die allerdings für den einzelnen unsicher sind, in Form eines von ($l_w$) auf ($l_0$) gestiegenen Lohnsatzes für die weiterhin beschäftigten Arbeitnehmer gegenüber. Sofern sie in Kenntnis dieser Zusammenhänge trotzdem an der Strategie festhalten, den Lohnsatz auf ($l_0$) festzulegen, kennen sie das Risiko, arbeitslos zu werden. Obwohl sie ex post, beim Eintreten der Arbeitslosigkeit, lieber arbeiten würden, waren sie doch ex ante mit einer solchen möglichen Arbeitslosigkeit einverstanden. Man kann deshalb nicht von unfreiwilliger Arbeitslosigkeit sprechen. Da die Gewerkschaften annahmegemäß ausschließlich die Interessen der Gewerkschaftsmitglieder verfolgen, legt sie den Lohnsatz ($l_0$) genau so fest, wie dies von den Mitgliedern gewünscht wird. Nur sofern die Interessen der Gewerkschaftsbasis von denen der Gewerkschaftsführung abweichen, würde unfreiwillige Arbeitslosigkeit vorliegen (Corden, 1981; Gylfason/Lindbeck, 1984). Deshalb kann auch von dieser Seite keine Unfreiwilligkeit dadurch entstehen, daß die Gewerkschaftsführung einen Lohnsatz fixiert und damit ein Ausmaß an Arbeitslosigkeit herbeiführt, das nicht im Interesse der Mitglieder liegt.

Schließlich ist eine solche monopolistische Preispolitik der Gewerkschaften mit Wohlfahrtsverlusten verbunden. Bei einer statischen Betrachtungsweise ergeben sich durch die Monopolisierung Effizienzverluste gegenüber dem Zustand eines wettbewerblichen Arbeitsmarktes im Umfang von (BCE). Dies sind die schon von Harberger auf den Gütermärkten festgestellten analogen Wohlfahrtsverluste eines gewerkschaftlichen monopolistischen Verhaltens auf den Arbeitsmärkten (Harberger, 1959).

Obwohl die auf den Arbeitsmärkten bestehenden Angebotsüberhänge keinen Anpassungsbedarf über sinkende Lohnsätze signalisieren, da es sich um Ungleichgewichte handelt, die von den Arbeitnehmern freiwillig gewählt werden, bleibt dennoch zu fragen, ob niedrigere Lohnsätze nicht doch im Interesse der Arbeitnehmer liegen können, sofern die Angebotsüberhänge durch Veränderungen in den ökonomischen Rahmenbedingungen, beispielsweise über eine rückläufige Nachfrage nach Arbeitskräften, vergrößert werden. Im allgemeinen kann davon ausgegangen werden, daß Rückgänge in der Arbeitsnachfragekurve von ($A_{NE_0}$) auf ($A_{NE_1}$) auch zu einem niedrigeren nutzenoptimalen Lohnsatz führen werden. Damit werden die Angebotsüberhänge auf ein Ausmaß begrenzt, das von den Arbeitnehmern bei Kenntnis der neuen ökonomischen Gegebenheiten gewünscht wird. Steigende Ungleichgewichte werden deshalb auch in diesen Modellen über verringerte relative Preise abgebaut. Es existiert allerdings eine Ausnahme, bei der es trotz negativ geneigter Arbeitsnachfragekurve nicht zu einer Verringerung der Lohnhöhe kommt. Sofern sich die Arbeitsnachfragekurve isoelastisch von ($A_{NE_0}$) auf ($A_{NE_1}$) verlagert — die Elastizität der Arbeitsnachfrage bleibt trotz der Verschiebung bei jeder Lohnhöhe dieselbe —, ist eine Veränderung in der Lohnhöhe nicht optimal (McDonald/Solow, 1981; Oswald, 1982a). Eine solche Konstellation kommt nur dann zustande, wenn ein Rückgang in der Nachfrage nach Arbeitskräften zu einem steileren Verlauf der Arbeitsnachfrage führt. Die Anpassung der Gewerkschaften an die neuen ökonomischen Gegebenheiten erfolgt in einem solchen Falle über verringerte Arbeitseinsatzmengen. Allerdings besteht auch bei den größer gewordenen Angebotsüberhängen kein Bedarf an Lohnsenkungen, um die Ungleichgewichte abzubauen. Die bestehende Arbeitslosigkeit ist aus der Sicht der Mitglieder der Gewerkschaften optimal.

Sofern die optimalen Ungleichgewichte auf den Arbeitsmärkten durch Veränderungen im Arbeitsangebot vergrößert bzw. verkleinert werden, besteht für die Gewerkschaften ebenfalls kein Anreiz, die Lohnsätze zu verändern. Steigende Angebotsüberhänge, die durch einen Anstieg des Arbeitsangebotes ausgelöst werden, belassen die Lohnsätze unverändert, sofern sich die Nutzenfunktion der Gewerkschaft nicht verändert (Gylfason/Lindbeck, 1984).

### *b) Der Einfluß der Arbeitslosenversicherung auf die Lohnfindung in Tarifverhandlungen*

Welche Veränderungen ergeben sich, wenn man berücksichtigt, daß die Arbeitnehmer auch im Falle der Arbeitslosigkeit nicht ohne Einkommen sind? Das Erwerbseinkommen wird zumindest teilweise von einem Transfereinkommen ersetzt. Berücksichtigt man zunächst einmal nur die Leistungsseite der Arbeitslosenversicherung, dann verringert sich der Nutzenverlust im Falle der Arbeitslosigkeit, während die Nutzensituation der Beschäftigung unverändert bleibt. Damit gehen die Grenzkosten der Arbeitslosigkeit und die Kosten einer monopolistischen Preissetzungspolitik der Gewerkschaften auf den Arbeitsmärkten zurück. Die Gewerkschaften werden in einem solchen Falle den Schwerpunkt ihrer Aktivitäten auf die Lohnpolitik verlagern und die Beschäftigungspolitik vernachlässigen. Sie werden ihre Lohnforderungen erhöhen und die Beschäftigung verringern (Oswald, 1982, 586).

Diese Zusammenhänge sind in Abb. 6 dargestellt. Solange keine Arbeitslosenversicherung existiert, maximieren die Gewerkschaften den Nutzen ihrer Mitglieder im Punkt (A) auf der gegebenen Arbeitsnachfragekurve ($A_{NE}$), indem sie den Lohnsatz auf ($l_0$) fixieren und die Unternehmungen Arbeit im Umfang von ($A_0$) nachfragen. Haben die Arbeitnehmer im Falle der Arbeitslosigkeit allerdings Anspruch auf Leistungen aus einer Arbeitslosenversicherung, verringern sich die Kosten der expansiven Lohnpolitik der Gewerkschaft. Die neue für die Arbeitnehmer optimale Lohnpolitik erfordert im Punkt (B) mit ($l_1$) einen höheren Lohnsatz. Diese höhere Entlohnung wird mit einer geringeren Beschäftigungsmenge ($A_1$) erkauft, die aber für die arbeitslos gewordenen Arbeitnehmer materiell nicht ins Gewicht zu fallen scheint, weil die Einkommensausfälle durch die Leistungen der Arbeitslosenversicherung ausgeglichen werden.

Dieser „Einkommenseffekt" der Leistungen der Arbeitslosenversicherung, der die Gewerkschaften zu einer Politik veranlaßt, die weniger auf die Beschäftigung und mehr auf die Lohnhöhe achtet, wird allerdings abgeschwächt, wenn man berücksichtigt, daß die Gruppe der Arbeitnehmer insgesamt die Leistungen der Arbeitslosenversicherung finanzieren muß (Külp, 1983). Die Nutzeneinbußen im Falle der Arbeitslosigkeit wird zwar nach wie vor primär von der Differenz zwischen dem Erwerbseinkommen und dem Transfereinkommen der Arbeitslosenversicherung bestimmt. Der Nutzen der Beschäftigung, der wesentlich vom Nettolohn bestimmt wird, verringert sich allerdings durch die Beitragsleistungen der Arbeitnehmer.

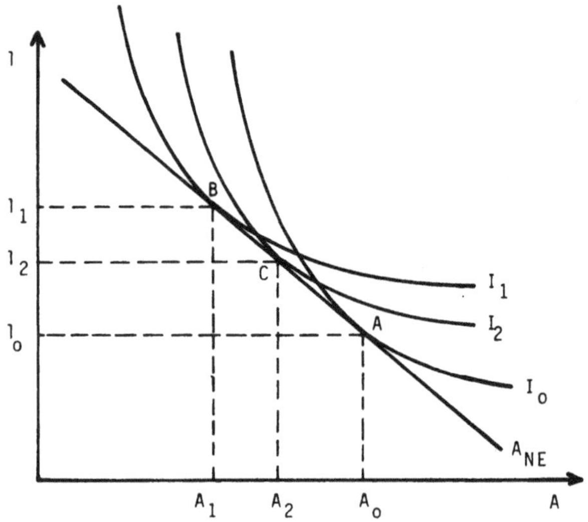


Abb. 6. Der Einfluß der Arbeitslosenversicherung auf die optimale Lohn- und Beschäftigungspolitik

Betrachten wir zunächst den Fall, daß ein bestimmter Leistungsumfang der Arbeitslosenversicherung und bestimmte Beitragsleistungen der Arbeitnehmer vorgegeben sind. Der einzelne Arbeitnehmer und damit auch die Gewerkschaftsführung wird eine Lohnpolitik auf den Arbeitsmärkten betreiben, die diese beiden Größen berücksichtigt. Sind die Regelungen der Arbeitslosenversicherung für sie mit einem Nettonutzengewinn verbunden, werden sie den Schwerpunkt ihrer Politik auf die Lohnhöhe legen und die Beschäftigungswirkungen dieser Lohnpolitik eher vernachlässigen. Dies kann zwar aus einem individuellen Kalkül heraus rational erscheinen, trägt aber dazu bei, daß sich der Umfang der Beschäftigungslosigkeit und mit ihm der Leistungen der Arbeitslosenversicherung erhöht. Die Folge sind finanzielle Defizite in der Arbeitslosenversicherung, die nur über steigende Beitragsleistungen der Arbeitnehmer ausgeglichen werden können. Der Nettonutzen einer aggressiven Lohnpolitik nimmt somit auch für den einzelnen Arbeitnehmer ab.

Handelt die Gewerkschaftsführung im Interesse ihrer Mitglieder, wird sie eine Lohnpolitik verfolgen, die auch die Finanzierungsseite der Arbeitslosenversicherung berücksichtigt. Die Lohnpolitik wird deshalb weniger aggressiv ausfallen. Finanzieren allein die Arbeitnehmer die Leistungen der Arbeitslosenversicherung wird sich die Lohnpolitik der Gewerkschaften auch bei Existenz einer Arbeitslosenversicherung nicht von der Politik unterscheiden, die sie betreibt, wenn eine materielle Absicherung bei Arbeitslosigkeit über eine Versicherungsinstitution nicht vorhanden ist.

Dennoch kann die Existenz einer Arbeitslosenversicherung die Gewerkschaften zu einer aggressiveren Lohnpolitik ermutigen. Dies wird immer dann der Fall sein, wenn nicht allein die Arbeitnehmer für das finanzielle Gleichgewicht der Arbeitslosenversicherung verantwortlich sind, sondern der Staat über Zuschüsse für einen Budgetausgleich sorgt. Eine staatliche Teilfinanzierung kann das Verhalten der Arbeitnehmer auf unterschiedliche Art und Weise beeinflussen. Zunächst einmal könnten die Arbeitnehmer der Illusion unterliegen, daß sie einen Teil der finanziellen Lasten der Arbeitslosenversicherung auf den Staat abwälzen können. Die Folge wäre eine Lohnpolitik, die weniger Rücksicht auf die Beschäftigungssituation nimmt. Eine solche Situation wäre beispielsweise in Punkt (C) realisiert. Ob sich ein solches Verhalten auf die Dauer durchhalten läßt, hängt entscheidend davon ab, inwieweit es tatsächlich gelingt, die finanziellen Folgen einer solchen aggressiven Lohnpolitik auf andere Gruppen als die Arbeitnehmer abzuwälzen. Empirische Untersuchungen legen eher nahe, daß eine solche Überwälzung auf die Unternehmungen nicht gelingt. In einem solchen Falle können sich die Arbeitnehmer den Folgen einer solchen Politik nicht entziehen. Wie wird das Anpassungsverhalten der Arbeitnehmer und der Gewerkschaften an Veränderungen in den ökonomischen Rahmenbedingungen durch die Existenz einer Arbeitslosenversicherung beeinflußt? Sofern die Gewerkschaften alle Umstände berücksichtigen, verlangt eine nutzenoptimale Lohnpolitik im Interesse ihrer Mitglieder eine relative Verringerung der Lohnsätze auf den Arbeitsmärkten. An diesem Verhalten dürfte auch eine Arbeitslosenversicherung nichts ändern. Die Weigerung der Gewerkschaften, relative Lohnsenkungen zu akzeptieren, läßt den einmal eingetretenen Umfang an Arbeitslosigkeit unverändert und erhöht die finanziellen Leistungen der Arbeitslosenversicherung. Die dadurch entstehenden Defizite müssen durch höhere Beiträge oder steigende staatliche Zuschüsse ausgeglichen werden. Letztlich bringt deshalb eine solche Politik den Arbeitnehmern keine Vorteile. Dennoch kann natürlich die Vorstellung, einen Teil der Lasten auf die Gesamtgesellschaft zu überwälzen, mit dazu beitragen, die Anpassungswilligkeit über relativ sinkende Lohnsätze zu verringern.

### 2. Auswirkungen der Arbeitslosenversicherung auf die Ergebnisse von Kollektivverhandlungen

#### *a) Grundzüge einer Theorie des „collective bargaining"*

Gegen diese Modellansätze monopolistischen gewerkschaftlichen Verhaltens wurden verschiedentlich kritische Einwände vorgebracht. Eine monopolistische Preissetzungspolitik auf den Arbeitsmärkten erfordert, daß die Gewerkschaften die angebotene Arbeitsmenge kontrollieren können. Nur dann sind sie bei Angebotsüberhängen auf den Arbeitsmärkten in der Lage, Lohnunterbietungsprozesse zu verhindern. Solche Kontrollmöglichkeiten bestehen immer dann, wenn die Gewerkschaften eine Politik der „closed shops" betreiben können. In der Bundesrepublik sind aber solche Regelungen nicht erlaubt. Dann ist eine Verknappung der Arbeitsmenge nur während des Arbeitskampfes über Streikaktivitäten möglich. Nach Beendigung der Tarifauseinandersetzungen ist die Verringerung des Arbeitsangebotes allerdings nicht mehr wirksam. In einem solchen Falle wären Lohnunterbietungen der arbeitslos gebliebenen Arbeitnehmer nicht zu vermeiden (Pen, 1959).

Tatsächlich gelingt es den Gewerkschaften trotzdem, einen solchen Prozeß der Unterbietung der ausgehandelten Löhne weitgehend zu verhindern. Dies ist vor allem darauf zurückzuführen, daß die zwischen den Tarifpartnern ausgehandelten Tariflöhne de facto zu Mindestlöhnen werden, die von den Mitgliedern der Arbeitgeberverbände nicht unterboten werden dürfen. Die Effektivverdienste, auf die es im wesentlichen ankommt, lassen sich allerdings trotz dieser Regelung nicht wirklich fixieren. Zwar kann es gelingen, die Nominallöhne weitgehend festzulegen, die effektiv von den Unternehmungen gezahlten Löhne können über veränderte Qualifikationsanforderungen an die Arbeitnehmer, steigende Leistungsabgabe etc. variiriert werden. Eine Fixierung der Effektivverdienste macht deshalb auch eine starke Einflußnahme der Gewerkschaften auf die Ausbildung der Arbeitnehmer, die konkrete Festlegung der Leistungsabgabe etc. erforderlich.

Diese Ansätze werden auch kritisiert, weil sie mögliche Interessenkonflikte innerhalb der Gewerkschaften unberücksichtigt lassen. Durch die Annahme einer utilitaristischen Nutzenfunktion werden unterschiedliche Interessen einzelner Gruppen von Arbeitnehmern oder Interessengegensätze zwischen der Gewerkschaftsführung und der -basis aus der Betrachtung ausgeklammert. In einem solchen Falle sind aber andere Anpassungsreaktionen der Gewerkschaften auf eingetretene Datenänderungen zu erwarten. Deshalb müssen auch die Auswirkungen bestehender Sicherungseinrichtungen gegen die materiellen Folgen des Risikos der Arbeitslosigkeit auf die Anpassungswilligkeit neu überdacht werden.

Daneben wird darauf hingewiesen, daß diese Modelle den Prozeß der Verhandlungen zwischen den Tarifpartnern nicht abbilden. Es werden nur die Ergebnisse des Verhandlungsprozesses dargestellt. Ein weiterer Mangel dieser Ansätze liegt darin, daß die Gewerkschaften in der Realität die Lohnsätze auf den Arbeitsmärkten nicht monopolistisch setzen und die Unternehmungen den Umfang der Beschäftigung festlegen. Die Gewerkschaften können sowohl über die Höhe des Lohnsatzes, die Dauer der Arbeitszeit als auch über die zu beschäftigenden Arbeitnehmer verhandeln. Eine Analyse, die sich nur auf das Lohnsetzungsverhalten der Gewerkschaften konzentriert, vernachlässigt möglicherweise wesentliche Aspekte des Anpassungsverhaltens der Gewerkschaften auf marktliche Ungleichgewichte. Schließlich wird kritisiert, daß die aus solchen Modellen gewonnen Lösungen nicht effizient sind. Es existieren für jede Kombination von Lohnsatz und Beschäftigung, die monopolistisch auf der Arbeitsnachfragekurve festgelegt werden, Lohnsatz-Beschäftigungskombinationen, bei denen sich sowohl die Arbeitnehmer als auch die Unternehmungen besser stellen.

Wenden wir uns zunächst der Frage zu, welche Veränderungen sich im gewerkschaftlichen Verhalten ergeben, wenn wir unterstellen, daß in Kollektivverhandlungen zwischen den Interessenverbänden der Arbeitgeber und Arbeitnehmer sowohl über die Höhe des Lohnsatzes als auch über den Umfang der Beschäftigung gestritten wird. Dabei wollen wir die Arbeitsnachfragekurve der Unternehmungen entgegen den traditionellen Vorstellungen aus der Schar der Isogewinnlinien der Unternehmungen ableiten. Die Nachfragekurve ergibt sich dann als geometrischer Punkt aller Tangentialpunkte der unterschiedlichsten Lohnhöhen an die Isogewinnkurven der Unternehmung. Die effektiv wirksame Kurve der Arbeitsnachfrage ist dabei nach unten hin begrenzt, sofern man realistischerweise unterstellt, daß es eine bestimmte Lohnuntergrenze gibt, bis zu der die Arbeitnehmer maximal bereit sind, ihre Arbeitskraft anzubieten. Diese Grenze wird vor allem durch die Höhe des Arbeitsleides und der Transferzahlungen im Falle der Arbeitslosigkeit bestimmt. Die Indifferenzkurven der Haushalte nähern sich in einem solchen Falle asymptotisch an diesen Lohnsatz an.

Gehen wir vom Punkt (A) aus, den die Gewerkschaften wählen würden, wenn sie über monopolistische Lohnsetzungsmacht verfügten. Nun kann man jedoch feststellen, daß dies keine nutzenoptimale Kombination von Lohnhöhe und Beschäftigungsvolumen darstellt. Die Gewerkschaften könnten den Nutzen ihrer Mitglieder dadurch steigern, daß sie solange Kombinationen von Lohnsätzen und nachgefragter Arbeitsmenge entlang der Isogewinnkurve ($G_2$) wählen,

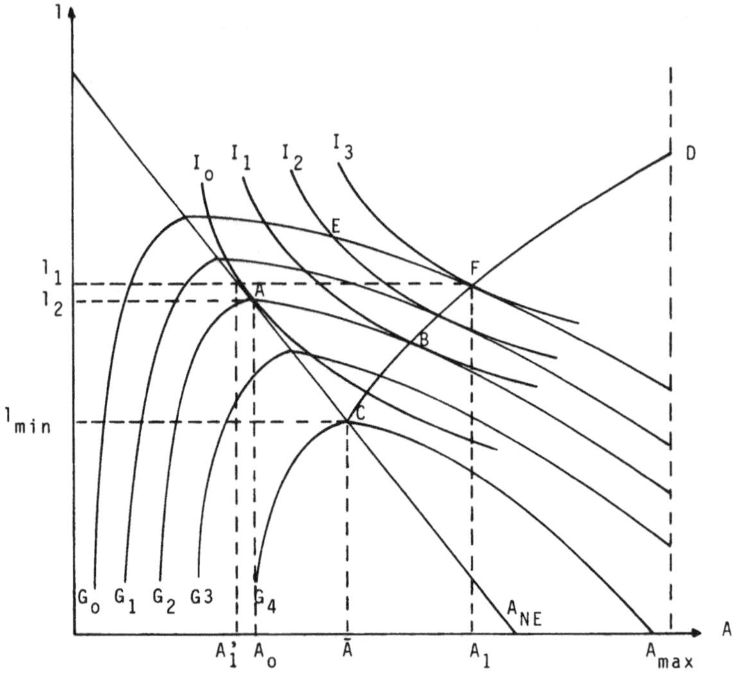


Abb. 7. Die Lohnfindung im bilateralen Monopol

bis diese von einer Indifferenzkurve tangiert wird. Dies ist beispielsweise in Punkt (B) der Fall. Da dieser Punkt auf einer höheren Indifferenzkurve als Punkt (A) liegt, ist er auch mit einem höheren Nutzenniveau verbunden. Gleichzeitig hat sich bei der Bewegung entlang der Isogewinnkurve ($G_2$) die Gewinnsituation der Unternehmungen nicht verändert. Sie sind also mit einer Lösung, wie sie in Punkt (B) verwirklicht werden kann, einverstanden. Die Ausgangskombination von Lohnhöhe und Beschäftigung in Punkt (A) stellt somit offensichtlich keine effiziente Lösung dar.

Wir können nun von einer beliebigen Kombination von Lohnsatz und Arbeitsmenge ausgehen — beispielsweise Punkt (E) — und zeigen, daß es innerhalb der von der Indifferenzkurve ($I_2$) und der Isogewinnlinie ($G_0$) umschlossenen Fläche eine optimale Lohnsatz-Beschäftigungskombination gibt, bei der weitere Verhandlungsgewinne nicht mehr möglich sind. Verbindet man alle Punkte, die effiziente Verhandlungsergebnisse darstellen, dann erhält man die sogenannte Kontraktkurve. Diese wird zum einen nach unten durch die Mindestlohnforderung ($l_{min}$) der Arbeitnehmer (Punkt C) und zum anderen nach oben durch die Mitgliedstärke der Gewerkschaften ($A_{max}$) begrenzt. Tatsächlich ist der Bereich, in dem effiziente Verhandlungslösungen möglich sind, wesentlich geringer. Die Unternehmungen sind nur bis zu einer bestimmten Gewinnuntergrenze bereit, von den Gewerkschaften geforderte Kombinationen von Lohnsatz und Beschäftigung zu akzeptieren. Sofern diese unterschritten wird, kommt es zu keinem Abschluß. Wären die Unternehmungen maximal bereit, Gewinneinbußen bis zur Isogewinnlinie ($G_0$) zu akzeptieren, dann verliefe die Kontraktkurve nicht von Punkt (C) nach Punkt (D), sondern nur von der gewerkschaftlich fixierten Untergrenze in Punkt (C) zu der von den Unternehmungen gesetzten Gewinnuntergrenze in Punkt (F).

Im Gegensatz zu der Situation, in der die Gewerkschaften den Lohnsatz fixierten und es den Unternehmungen überließen, den Umfang der Beschäftigung festzulegen, sind effiziente Lösungen auf der Kontraktkurve nur dadurch zu realisieren, daß die Gewerkschaften auch einen gewissen Einfluß auf den Umfang der Beschäftigung nehmen müssen. Es reicht beispielsweise nicht mehr aus, den Lohnsatz auf ($l_1$) auszuhandeln, um sicherzustellen, daß die Unternehmungen die von den Gewerkschaften angestrebte Arbeitsmenge ($A_1$) einsetzen. Bei diesem Lohnsatz haben die Unternehmungen ein Interesse daran, den Umfang der Beschäftigung auf ($A'_1$) zu begrenzen. Dies stellt die gewinnmaximale Arbeitsnachfrage bei dem gegebenen Lohnsatz dar. Die Gewerkschaften müssen deshalb neben der Lohnhöhe auch den Umfang der Beschäftigungsmenge aushandeln und dafür Sorge tragen, daß auch dieser Teil der Vereinbarungen von den Unternehmungen eingehalten wird (Leontief, 1946; McDonald/Solow, 1981).

Welcher Punkt wird von den Verhandlungspartnern auf der Kurve der effizienten Verhandlungslösungen gewählt? Das Ergebnis von Verhandlungen hängt dabei offensichtlich auch mit davon ab, von welchem Punkt die Tarifpartner die Verhandlungen starten. Sofern es den Gewerkschaften gelingt, mit relativ hohen Lohnforderungen in die Verhandlungen zu gehen und die Unternehmungen ein vergleichgsweise hohes Ausgangslohnangebot unterbreiten, wird eine für die Gewerkschaften günstige Kombination von Lohnsatz und Beschäftigungsmenge zustande kommen. Es hängt deshalb neben taktischem Geschick der Verhandlungspartner auch von historischen Zufälligkeiten ab, welcher Punkt letztlich auf der Kontraktkurve realisiert wird. Es existiert keine allgemein akzeptierte Regel, um einen bestimmten Punkt oder einen gewissen Abschnitt auf der Kontraktkurve als optimal zu bezeichnen (Raiffa, 1953).

Es wurden eine Reihe von Versuchen unternommen, eine solche allgemeine Regel zu finden, mit der ein Optimalpunkt auf der Kontraktkurve gefunden werden kann. Der am weitestgehende Versuch stammt von Nash (Nash, 1950), der nachweisen konnte, daß die Tarifpartner unter ganz bestimmten Annahmen, einen bestimmten Punkt auf der Kontraktkurve realisieren werden. Eine solche optimale Kombination von Lohnsatz und Beschäftigungsmenge ist entsprechend diesen Vorstellungen immer dann erreicht, wenn der prozentuale Nutzenzuwachs der beiden Partner aus den Verhandlungen gleich groß ist. Dieses Ergebnis wurde auch im Sinne einer „fairen“ Verhandlungslösung zwischen den beiden Verhandlungspartnern gedeutet (Raiffa, 1953). Verallgemeinert man diese Interpretation, dann ist die Wahl einer bestimmten Kombination von Lohnhöhe und Beschäftigung auf der Kontraktkurve das Ergebnis einer grundsätzlichen Übereinstimmung der beiden Verhandlungspartner über eine als „fair" angesehene Regel, nach der die Nettoerträge der Produktion zwischen Arbeitnehmern und Unternehmungen aufgeteilt werden (McDonald / Solow, 1981).

Das Spektrum der tatsächlich realisierbaren Verhandlungslösungen auf der Kontraktkurve wird durch eine Ober- und eine Untergrenze limitiert. Einerseits sind die Arbeitnehmer nur bereit, ein Verhandlungsergebnis zu akzeptieren, bei dem der ausgehandelte Lohnsatz über einer bestimmten Mindestentlohnung liegt. Andererseits werden die Unternehmungen einer Verhandlungslösung dann nicht mehr zustimmen, wenn eine bestimmte Mindestverzinsung des eingesetzten Kapitals unterschritten wird. Sofern wir die von den Gewerkschaften durchgesetzte Lohnsumme als Bruchteil der Durchschnittserträge des Produktionsfaktors Arbeit betrachten, bedeutet eine Verhandlungslösung an der Obergrenze der Kontraktkurve, daß die Arbeitnehmer in der Lage sind, sich die gesamten Erträge anzueignen. Je stärker die Position der Unternehmungen jedoch ist, um so geringer wird der Aneignungsanteil der Gewerkschaften ausfallen. Wir können deshalb einen Zusammenhang zwischen der Höhe des Lohnsatzes und dem Durchschnittsprodukt der Arbeit für jeden Aneignungsanteil konstruieren. Diese Kurve weist in Abhängigkeit vom Verlauf der Durchschnittsertragskurve der Arbeit eine negative Steigung auf. Sie verschiebt sich nach rechts, wenn sich die Gewerkschaften einen größeren Anteil sichern können und verlagert sich nach links, sofern die Unternehmungen in einer günstigeren Verhandlungsposition sind. Wir wollen im folgenden davon ausgehen, daß sich im historischen Prozeß eine implizite Einigung der beiden Verhandlungspartner über den als „fair" oder gerecht anzusehenden Anteil an den Durchschnittserträgen der Arbeit zwischen den Partnern herausgebildet hat. Aus diesem Grunde wollen wir diese Kurve als Gerechtigkeitskurve bezeichnen.

Da die Gerechtigkeitskurve ($GT_0$) eine negative und die Kontraktkurve ($KT_0$)eine positive Steigung aufweist, ist die Wahrscheinlichkeit relativ groß, daß sich die beiden Kurven im relevanten Bereich schneiden. Die optimale Verhandlungslösung zwischen den Tarifparteien ist dann erreicht, wenn der Lohnsatz auf ($l_0$) festgelegt wird und die Unternehmungen die Arbeitsmenge ($A_0$) einsetzen. Letztlich entscheidet somit die Vorstellung der beiden Verhandlungspartner über eine als gerecht angesehene Verteilung des Produktionsergebnisses über die Auswahl der optimalen Lösung aus dem Spektrum der effizienten Lösungen.

Wie wirken sich in diesem Modellansatz Veränderungen der ökonomischen Gegebenheiten auf die Wahl der optimalen Lohnsatz-Beschäftigungskombination aus? Gehen wir von einem Nachfragerückgang als Datenänderung aus. Welchen Einfluß hat eine solche Veränderung der Situation auf den Gütermärkten auf die Lage der Gerechtigkeits- und Kontraktkurve? Eindeutig erscheint der Zusammenhang zwischen einer veränderten Absatzsituation auf den Gütermärkten und der Veränderung der Gerechtigkeitskurve. Da diese wesentlich vom Verlauf und der Lage der Durchschnittsertragskurve der Arbeit determiniert wird, erscheint primär von Bedeutung, wie sich ein Nachfragerückgang auf den Wert des Durchschnittsertrag der Arbeit auswirkt. Geringere Absatzmöglichkeiten haben tendenziell sinkende Güterpreise zur Folge. Dadurch verringert sich der Wert des Durchschnittsertrags der eingesetzten Arbeitsmenge, so daß sich die Durchschnitts- und mit ihr die Gerechtigkeitskurve nach links verlagert. Sofern die Aufteilungsregel zwischen Arbeitnehmern und Unternehmungen nicht geändert wird, kann die neue Gerechtigkeitskurve einen ($GT_1$) entsprechenden Verlauf nehmen.

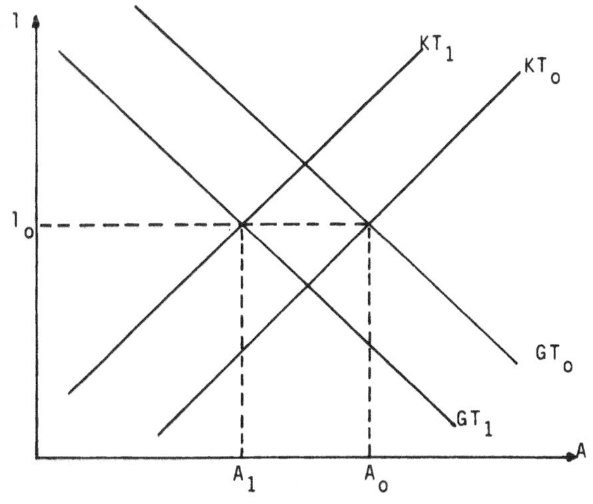


Abb. 8. Die Bestimmung der optimalen Lohnsatz-Beschäftigungskombination

Nicht mehr ganz so eindeutig scheinen die Rückwirkungen veränderter Nachfrageverhältnisse auf die Lage der Kontraktkurve. Zunächst trägt ein Rückgang in der Nachfrage auf den Gütermärkten dazu bei, daß die Unternehmungen die Nachfrage nach Arbeitskräften verringern. Bei jedem Lohnsatz werden weniger Arbeitskräfte benötigt. Die Kontraktkurve würde sich somit nach links verlagern. Die Lage der Kontraktkurve wird allerdings auch von der Höhe des Anspruchslohnes der Arbeitnehmer bestimmt. Während ein höherer Akzeptanzlohn die Kurve nach links verschiebt, verlagert sie sich bei einem geringeren Anspruchslohn nach rechts. Die Höhe des Anspruchslohnes wird neben dem Nutzen der Freizeit, der Höhe der Transferzahlungen im Falle der Arbeitslosigkeit auch von den Beschäftigungsmöglichkeiten in anderen Branchen determiniert. Analysiert man die Zusammenhänge auf Branchenebene, üben die Verhältnisse auf den Arbeitsmärkten anderer Industriezweige einen Einfluß auf das Anspruchsniveau der Arbeitnehmer und die Lage der Kontraktkurve aus. Verändern sich die Absatzmöglichkeiten der verschiedenen Industriezweige gleichgerichtet und nehmen die Arbeitnehmer diese Veränderungen wahr, verschiebt sich die Kontraktkurve auf Branchenebene wegen eines rückläufigen Anspruchslohnes nach rechts. Der Arbeitsmarkteffekt wirkt dem Gütermarkteffekt entgegen. Wie sich letztlich die Lage dieser Kurve verändert, hängt von der Stärke der beiden gegenläufigen Effekte ab (McDonald/Solow, 1981, 899). Die intersektoralen Einflüsse verlieren aber bei einer makroökonomischen Betrachtung an Bedeutung, so daß sich die Kontraktkurve bei Absatzschwierigkeiten nach rechts verlagert, beispielweise von ($KT_0$) nach ($KT_1$).

Wie sich ungünstige Absatzmöglichkeiten auf den Gütermärkten auf die Höhe des auszuhandelnden Lohnsatzes und den Umfang der zu beschäftigenden Arbeitsmenge auswirken, hängt vor allem vom Ausmaß der Verschiebung der beiden Kurven und den Elastizitätswerten ab. Sicher erscheint, daß der Umfang der Beschäftigung reduziert wird. Der Einfluß auf die Höhe des Lohnsatzes ist demgegenüber uneinheitlich. Während die Auswirkungen der veränderten Gerechtigkeitskurve auf die Lohnsätze in die richtige Richtung zielen, übt die Veränderung in der Lage der Kontraktkurve eher einen entgegengesetzt wirkenden Einfluß aus, der kurzfristig die Existenz rigider Lohnsätze unterstützt. In der kurzen Frist, in der sich das Anspruchsniveau der Arbeitnehmer kaum verändern wird und damit der Arbeitsmarkteffekt weitgehend vernachlässigt werden kann, dominiert der Gütermarkteffekt bei der Veränderung der Lage der Kurve. In einem solchen Fall kann man davon ausgehen, daß sich die beiden Kurven in die entgegengesetzte Richtung verlagern. Dies wirkt tendenziell einem Rückgang in den Lohnsätzen entgegen. Längerfristig anhaltende Ungleichgewichte auf den Arbeitsmärkten bewirken im allgemeinen, daß die Arbeitnehmer ihre Vorstellungen über den mindestens zu erzielenden Lohnsatz nach unten korrigieren. Damit wächst die Bedeutung des Arbeitsmarkteffektes. Die Kontraktkurve wird sich im Zeitablauf wieder nach rechts verlagern. Es entsteht für die Verhandlungspartner somit ein Anreiz, zumindest einen Teil der mengenmäßigen Anpassung über geringere Arbeitseinsatzmengen durch sinkende Lohnsätze zu substituieren. Entscheidend für das Anpassungsverhalten der Tarifpartner erscheinen deshalb bei einem konstanten Aufteilungsverhältnis die Vorstellungen der Gewerkschaften über den mindestens zu realisierenden Lohnsatz für ihre Mitglieder.

### *b) Der Einfluß der Arbeitslosenversicherung auf den Prozeß der Lohnfindung*

#### (1) Auswirkungen der Leistungsseite

Wie verändert die Existenz einer Arbeitslosenversicherung die Anpassungsstrategie der Tarifpartner an die geänderten ökonomischen Bedingungen? Betrachten wir zunächst den Einfluß der Leistungsseite. Die Lage der Gerechtigkeitskurve, die allein von den produktionstechnischen Gegebenheiten und der Situation auf den Gütermärkten beeinflußt wird, kann von den Unterstützungszahlungen der Arbeitslosenversicherung an die arbeitslos gewordenen Arbeitnehmer nicht verändert werden. Die Kontraktkurve wird demgegenüber auf eine doppelte Art und Weise von den Transferzahlungen beeinflußt. Wie wir gesehen haben, wird die Anzahl der möglichen effizienten Verhandlungslösungen neben der Mindestverzinsung des eingesetzten Kapitals auch von einem bestimmten Mindestlohn der Arbeitnehmer begrenzt. Eine wesentliche Determinante dieses Lohnsatzes sind die Unterstützungszahlungen im Falle der Arbeitslosigkeit. Die Einführung solcher Zahlungen trägt dazu bei, den Akzeptanzlohn zu erhöhen und damit den Verhandlungsspielraum der Tarifpartner einzuschränken. Daneben bleibt auch die Lage der Kontraktkurve nicht unbeeinflußt. Je höher die Transfereinkommen im Vergleich zu den letzten Erwerbseinkommen angesetzt werden, desto höher werden die Gewerkschaften den Lohnsatz ansetzen, den sie in den Verhandlungen mindestens erreichen wollen. Ein höherer Anspruchslohn trägt über den Arbeitsmarkteffekt dazu bei, daß sich die Kontraktkurve nach links verschiebt. Im Vergleich zu einem Zustand ohne Arbeitslosenversicherung sind die Gewerkschaften bereit, Beschäftigungsmöglichkeiten gegen höhere Einkommen zu tauschen.

Die Leistungen der Arbeitslosenversicherung lassen auch die Anpassungswilligkeit der Tarifpartner an geänderte ökonomische Gegebenheiten nicht unbeeinflußt. Da die Unterstützungszahlungen im wesentlichen das Anspruchsniveau determinieren, stärken sie den Widerstand der Arbeitnehmer gegen Lohnsenkungen. Der auf eine preisliche Anpassung hinwirkende Arbeitsmarkteffekt wird deshalb zumindest kurzfristig weiter verringert, so daß der Gütermarkteffekt überwiegt. Für die Tarifparteien werden somit Anreize gesetzt, sich primär über veränderte Arbeitseinsatzmengen an die eingetretenen Datenänderungen anzupassen.

Dieser eindeutige Zusammenhang wird mit zunehmender Dauer der Angebotsüberhänge auf den Arbeitsmärkten gelockert. Zunächst trägt die zunehmend bessere Einschätzung der Lage auf den Arbeitsmärkten durch die Gewerkschaften dazu bei, daß das Anspruchsniveau reduziert wird. Vor allem die Ausgestaltung des Leistungsrechts der Arbeitslosenversicherung bestimmt daneben, welche Anpassungsreaktionen zu erwarten sind. Sofern sich die Ansprüche der Arbeitslosen an die Arbeitslosenversicherung mit zunehmender Dauer der Beschäftigungslosigkeit verringern, ist eine Korrektur des Anspruchslohnes nach unten unvermeidbar. Ein zunehmend großer Teil der Anpassungslasten wird dann über veränderte Lohnsätze und weniger über geringere Arbeitseinsatzmengen getragen. Die Gewährung von Arbeitslosenunterstützung trägt deshalb für sich betrachtet dazu bei, daß der Anpassungsprozeß über veränderte relative Preise verzögert wird.

### (2) Auswirkungen der Finanzierungsseite

Diese Zusammenhänge stellen sich anders dar, wenn man die Finanzierungsseite der Arbeitslosenversicherung mit berücksichtigt. Die Gerechtigkeitskurve bleibt wiederum von den Beitragszahlungen der Arbeitnehmer und Unternehmungen unbeeinflußt. Veränderungen ergeben sich vor allem im Hinblick auf die Kontraktkurve. Wir haben an anderer Stelle gezeigt, daß letztlich die Gruppe der Arbeitnehmer für die Aufwendungen der Arbeitslosenversicherung aufzukommen hat. Sofern die Gewerkschaften diese Zusammenhänge berücksichtigen, werden die durch die Leistungen der Arbeitslosenversicherung induzierten Präferenzen für höhere Lohnsätze und geringere Beschäftigung, die sich in einer Linksverschiebung der Kontraktkurve niederschlägt, teilweise kompensiert. Wenn den Gewerkschaften klar ist, daß die Arbeitslosenversicherung keine Institution ist, auf die Anpassungslasten abgewälzt werden können, wird sie auch keinen Einfluß auf die kollektiven Tarifauseinandersetzungen haben.

Tatsächlich besteht aber die Gefahr, daß diese Zusammenhänge nicht erkannt werden oder es nicht im Interesse der Gewerkschaftsführung bzw. einzelner Gruppen in der Gewerkschaft liegt, sie zu berücksichtigen. Der Zusammenhang zwischen den Leistungen und der Finanzierung wird sowohl dadurch verschlechtert, daß über die Beitragszahlungen der Arbeitgeber der Anschein erweckt wird, daß sich die Unternehmungen auch de facto an der Finanzierung beteiligen. Daneben tragen aber auch die Zuschüsse des Bundes im Falle finanzieller Ungleichgewichte der Arbeitslosenversicherung mit zu der Vorstellung bei, daß die Arbeitsmarktparteien nur zum Teil für die finanziellen Lasten aufkommen müssen. Bei einer Analyse der Inzidenzwirkungen der einzelnen Quellen der Finanzierung dieser Zuschüsse wird man wiederum feststellen, daß es auch in diesem Falle vor allem die Arbeitnehmer sind, die die Lasten zu tragen haben. Die Arbeitslosenversicherung ist kein Instrument, mit dem Anpassungslasten für einzelne Gruppen in der Volkswirtschaft oder für die gesamte Volkswirtschaft vernichtet werden können. Sie hilft lediglich, die ungleich verteilten Lasten einer solchen Veränderung gleichmäßiger über die einzelnen Arbeitnehmer zu verteilen.

### (3) Interessenkonflikte in den Gewerkschaften

Bisher gingen wir von der Vorstellung aus, daß es weder Gegensätze in den Interessen zwischen den Gewerkschaftsmitgliedern noch zwischen der Gewerkschaftsführung und der Gewerkschaftsbasis gibt. Tatsächlich kann man nicht von einer solchen Identität der Interessen ausgehen. Die notwendige Anpassung an geänderte ökonomische Gegebenheiten wird vor allem von den Gewerkschaftsmitgliedern verweigert werden, die trotz eingetretener Datenänderungen weiterhin ihren Arbeitsplatz behalten haben. Für sie wären Lohnsenkungen mit Einkommensverlusten verbunden. Sofern diese Gruppe der weiterhin beschäftigten Arbeitnehmer die Mehrheit in demokratisch organisierten Gewerkschaften hat, sind Anpassungsreaktionen über veränderte Lohnhöhen erst dann zu erwarten, wenn die Arbeitsplätze dieser Arbeitnehmer durch die Weigerung, sich an die geänderten ökonomischen Gegebenheiten anzupassen, selbst gefährdet werden.

Die Arbeitslosenversicherung kann helfen, diesen faktisch bestehenden Interessenkonflikt zwischen den verschiedenen Gruppen in den Gewerkschaften zu verringern. Da die arbeitslosen Gewerkschaftsmitglieder im allgemeinen einen Anspruch auf Unterstützungszahlungen der Arbeitslosenversicherung haben, wird ihr Druck auf die Gewerkschaftsführung, die Anpassung über veränderte Lohnsätze vorzunehmen, möglicherweise abgemildert. Auf der anderen Seite kann ein solches Verhalten für die weiterhin beschäftigten Gewerkschaftsmitglieder selbst dann lohnend sein, wenn der Preis eines solchen Verhaltens höhere Beitragsleistungen an die Arbeitslosenversicherung sind. Sie werden allerdings versuchen, diese Kosten auf einen breiteren Kreis zu verteilen, indem sie den Druck auf die politischen Instanzen und die Notenbank mit dem Ziel verstärken, geld- und fiskalpolitische Maßnahmen zu initiieren. Hat der lobbyistische Einfluß bzw. der entfaltete politische Druck Erfolg, dann verringern sich die unmittelbaren Kosten der Gruppe der weiterhin beschäftigten Gewerkschaftsmitglieder. Die Anreize zu einem Anpassungsverhalten über die Lohnsätze werden noch geringer.

Ein solches Verhalten liegt auch im Interesse der Gewerkschaftsführung. Die Funktionäre der Gewerkschaften haben im allgemeinen einen diskretionären Handlungsspielraum gegenüber den Mitgliederinteressen, der mit der Größe des Mitgliederbestandes einer Gewerkschaft ansteigt. Dies ist u.a. eine Folge unterschiedlicher Interessen der einzelnen Teilgruppen in den Gewerkschaften. Das Gewerkschaftsmanagement kann seine eigenen Interessen deshalb am besten verfolgen, wenn es ihm gelingt, möglichst viele Arbeitnehmer zu bewegen, in die Gewerkschaften einzutreten (Ross, 1948). Ein Weg, dieses Ziel zu erreichen, kann darin bestehen, in den Tarifverhandlungen Lohnsätze durchzusetzen, die über den markträumenden liegen. Während in anderen Ländern ein solches Verhalten schon ausreicht, muß in der Bundesrepublik ein weiterer Vorteil der Gewerkschaftsmitglieder gegenüber den Nichtmitgliedern geschaffen werden, da die ausgehandelten Lohnsätze für alle Arbeitnehmer gelten. Ein solcher Vorteil kann z.B. in der Gewährung von Streikgeldern für die Gewerkschaftsmitglieder im Falle eines Streikes zur Erreichung der Lohnforderungen gesehen werden. Dieses Lohnverhalten wird durch die Existenz einer Arbeitslosenversicherung für die aufgrund der hohen Lohnsätze arbeitslos werdenden Arbeitnehmer abgefedert. Auf Datenänderungen werden die Gewerkschaftsfunktionäre deshalb zunächst wohl kaum mit verringerten Lohnsätzen reagieren. Bei absolut sinkenden Lohnsätzen bzw. verringerten Lohnzuwächsen könnten Arbeitnehmer die Gewerkschaft verlassen. Mit einem verringerten Mitgliederbestand sind aber die verbandspolitischen Ziele der Funktionäre gefährdet. Diese werden deshalb zunächst eher versuchen, den Staat zum

Handeln zu bewegen, um die eingetretenen ökonomischen Veränderungen zu kompensieren und damit die Kosten der Anpassung auf die Gesamtgesellschaft zu übertragen. Selbst wenn diese Überwälzungstaktik nicht oder nur teilweise gelingt, erleichtert ihnen die Gewährung von Arbeitslosenunterstützung diese Vorgehensweise, indem sie den Druck der arbeitslos gewordenen Arbeitnehmer auf die Gewerkschaftsführung verringert, sich mit veränderten Lohnsätzen an die neuen ökonomischen Bedingungen anzupassen.

Fassen wir zusammen: Solange in den Gewerkschaften die Meinung vorherrscht, daß mit der Arbeitslosenversicherung eine Institution existiert, auf die ein Teil der auftretenden Lasten aus geänderten ökonomischen Gegebenheiten abgewälzt werden kann, trägt eine zwangsweise organisierte Arbeitslosenversicherung sowohl zu höheren als den markträumenden als auch zu inflexibleren Lohnsätzen bei. Realiter müssen die Anpassungslasten im wesentlichen von der Gruppe der Arbeitnehmer selbst getragen werden, so daß die Weigerung der Gewerkschaften, sich über veränderte Löhne an die neuen Gegebenheiten anzupassen, der Gruppe der von ihnen vertretenen Arbeitnehmer keine Vorteile bringt, sondern mit Wohlfahrtsverlusten verbunden ist. Selbst bei Kenntnis dieser Zusammenhänge kann es im Interesse einzelner Mitgliedergruppen in den Gewerkschaften oder der Gewerkschaftsführung liegen, auf eingetretene Datenänderungen weniger mit den Löhnen als mit der Arbeitsmenge zu reagieren. Die Arbeitslosenversicherung kann mit dazu beitragen, die Interessenkonflikte zwischen den einzelnen Teilgruppen in den Gewerkschaften zu verschleiern und damit die Anpassungswilligkeit zu reduzieren.

## B. Eine Analyse der Vorschläge zur Umgestaltung der bestehenden Arbeitslosenversicherung

### I. Die Lösung über private externe und interne Versicherungsmärkte

Die Auswirkungen einer staatlich organisierten Arbeitslosenversicherung mit Zwangscharakter sowohl auf das individuelle Verhalten der Anbieter und Nachfrager von bzw. nach Arbeit als auch der Tarifpartner auf den Arbeitsmärkten haben zu der Frage geführt, wie man die bestehende Arbeitslosenversicherung umgestalten könnte, um das „moral-hazard"-Problem zu verringern und die Geschwindigkeit der Anpassung der Wirtschaftssubjekte auf den Arbeitsmärkten nach eingetretenen Datenänderungen zu erhöhen. Da im allgemeinen diese Probleme am besten auf funktionierenden Märkten gelöst werden können, wurde vorgeschlagen, die Absicherung der Arbeitnehmer gegen die materiellen Folgen der Arbeitslosigkeit in der gegenwärtigen Form abzuschaffen. Die Arbeitnehmer sollten vielmehr auf die privaten Versicherungsmärkte verwiesen werden, auf denen sie den ihrer Risikoneigung entsprechenden Versicherungsschutz nachfragen können (Soltwedel, 1983).

Für jeden Arbeitnehmer würde ein Beitragssatz festgelegt, der seinem individuellen Risiko entspricht, arbeitslos zu werden. Diejenigen Versicherten, die ein überdurchschnittliches Risiko aufweisen, wie z. B. Bauarbeiter, Arbeitnehmer mit geringerer Qualifikation, Frauen, Jugendliche etc., müßten auch eine überdurchschnittlich hohe Prämie zahlen. Risikogerechte Beitragszahlungen trügen somit zu einer Differenzierung der verfügbaren Einkommen der Arbeitnehmer bei. Sofern die Unternehmungen weiterhin an der Finanzierung der Prämie beteiligt blieben, würden sie versuchen, die Arbeitnehmer mit den guten Risiken einzustellen, da die Beschäftigung von Angehörigen der Arbeitsmarktproblemgruppen teurer wäre. Die Arbeitnehmer, die in eine für sie ungünstige Beitragsklasse eingestuft sind, würden versuchen, in eine günstigere Klasse zu gelangen. Dazu würden sie sowohl die räumliche, betriebliche, berufliche und qualifikatorische Mobilität erhöhen als auch eher zu Lohnzugeständnissen bereit sein, um das Arbeitslosigkeitsrisiko zu verringern. Dies erscheint nur möglich, wenn Außenseiterkonkurrenz auf den Arbeitsmärkten zugelassen wird. Die von den Gewerkschaften und Arbeitgeberverbänden ausgehandelten Tariflöhne dürfen deshalb keine Mindestlöhne darstellen, die weder von den Arbeitnehmern noch von den Unternehmungen unterschritten werden können.

Eine solche privatwirtschaftliche Lösung der Arbeitslosenversicherung würde die bestehenden „moral-hazard"-Probleme verringern und die unzureichende Anpassung auf der Lohnseite verbessern. Sowohl eine längere Dauer der Arbeitslosigkeit wegen unzureichender Suche der Arbeitnehmer nach einem neuen Arbeitsplatz als auch ein relativ starres Lohnanspruchsniveau bei eingetretenen Datenänderungen schlagen sich in Abhängigkeit von der „Schadenshäufigkeit" in steigenden Beitragssätzen der versicherten Arbeitnehmer nieder. Der Anreiz zu einem solchen, gesamtwirtschaftlich ineffizienten Verhalten wird damit stark reduziert.

Dennoch ist es erstaunlich, daß es solche privaten Versicherungsmärkte in der erforderlichen Breite nicht gibt, auf denen man sich gegen die materiellen Folgen des Risikotatbestandes Arbeitslosigkeit absichern kann. Eine Reihe von Gründen können dazu beitragen, daß eine privatwirtschaftliche Absicherung nicht oder nur eingeschränkt möglich ist. Sofern die Schadenswahrscheinlichkeit oder die Höhe des Schadens nicht ermittelbar oder der Schaden nicht monetär bewertbar ist, die Risikoneigung beim primären Risikoträger relativ zu den Transaktionskosten und den Gewinnmöglichkeiten der Versicherer gering ist, die Versicherten wegen relativer Armut nicht in der Lage sind, die für die Risikodeckung erforderliche Prämie aufzubringen, die Versicherungsleistung wesentlich vom individuellen Verhalten des Versicherten abhängt, die Versicherer vor Vertragsabschluß die jeweilige Risikoklasse des potentiellen Versicherten erkennen oder nicht in der Lage sind, sie zu ermitteln und schließlich die statistisch nicht voneinander unabhängigen Risiken massenhaft auftreten, ist eine privatwirtschaftliche Organisation der Arbeitslosenversicherung nicht oder nur schwer möglich (Schönbäck, 1980).

Das Arbeitslosigkeitsrisiko zeichnet sich im allgemeinen gerade dadurch aus, daß die Schadenswahrscheinlichkeit und Schadenshöhe unbekannt ist und die Risiken konjunkturell bedingt nicht unabhängig voneinander sind, sondern massenhaft auftreten. Eine Versicherung kann den einzelnen Arbeitnehmer nur dann gegen die materiellen Folgen eines Risikotatbestandes absichern, wenn es ihr gelingt, einen Risikoausgleich zwischen den Versicherten zu realisieren. Nur bei voneinander unabhängigen Risikoquellen und unterschiedlichen Risikointensitäten kann man aufgrund des Wirkens des Gesetzes der Großen Zahl davon ausgehen, daß sich die Risikenfolgen periodisch in etwa ausgleichen. Eine Diversifikation der Risiken ist dann nicht mehr möglich, wenn sowohl die Risikenintensitäten weitgehend gleich sind als auch die Risikoquellen sich nicht mehr wesentlich unterscheiden. Bei einer weitgehenden Korrelation der Risikenfolgen ist eine privatwirtschaftliche Versicherung vom Zusammenbruch bedroht (Rosen, 1977). Empirische Untersuchungen haben ergeben, daß, bezogen auf das Arbeitslosigkeitsrisiko, weniger als 50 % der Risiken diversifizierbar sind (Topel/Welch, 1980). Versicherungen auf privatwirtschaftlicher Basis wären deshalb nicht in der Lage, die Arbeitnehmer wirkungsvoll gegen die materiellen Folgen der Arbeitslosigkeit abzusichern.

Weitere Probleme bei der Versicherbarkeit des Arbeitslosigkeitsrisikos auf privatwirtschaftlicher Ebene können dadurch auftreten, daß die Versicherten in der Lage sind, die Risikenhäufigkeit in starkem Maße selbst zu beeinflussen. Wie gezeigt, äußert sich dieses „moral-hazard"-Verhalten in öfterer und längerer Arbeitslosigkeit. Allerdings ließe sich diese versicherungsinduzierte Arbeitslosigkeit sowohl über Veränderungen im Leistungsrecht der Arbeitslosenversicherung als auch über eine Differenzierung der Prämien ex post eindämmen.

Daneben kann die Ungleichheit des Risikos der einzelnen Arbeitnehmer eine privatwirtschaftliche Absicherung verhindern. Sofern die Versicherer vor Abschluß der Versicherung in der Lage sind, eine korrekte Einordnung der Versicherten in die richtige Risikoklasse vorzunehmen, kann es dazu kommen, daß sie versuchen, nur die „guten" Risiken zu versichern und die „schlechten" weitgehend unversichert zu lassen. Als Beispiel kann der „duale" Arbeitsmarkt dienen. Dabei existieren zwei voneinander abgeschirmte Arbeitsmarktsegmente, wovon sich eines durch vergleichsweise hohe Lohnsätze und relativ angenehme und sichere Arbeitsplätze und das andere Segment durch die entgegengesetzten Charakteristika auszeichnet. Welchem Segment ein Arbeitnehmer angehört, ist von den potentiellen Versicherern relativ leicht festzustellen. Wäre ein Aufstieg in eine günstigere Risikoklasse durch eine strikte Trennung der beiden Arbeitsmarktsegmente weitgehend unmöglich, dann käme es zu einer Selektion der „guten" Risiken. Die Folge wäre eine zunehmende Nicht-Versicherbarkeit der „schlechten" Risiken.

Ist umgekehrt der Versicherer nicht in der Lage, die einzelnen Arbeitnehmer in die richtige Risikoklasse einzuordnen, dann besteht eine Tendenz zu einer Selektion der „schlechten" Risiken. Längerfristig steigt die Wahrscheinlichkeit, daß dieser Bereich des Versicherungsmarktes zusammenbricht. Sofern nämlich die Arbeitnehmer mit den ungünstigeren Risiken in einer günstigen Risikoklasse eingeordnet werden, steht die Versicherung permanent vor dem Problem, die Prämien erhöhen zu müssen. Damit wird aber der Anreiz der Arbeitnehmer, mit den „guten“ Risiken sich gegen die materiellen Risikenfolgen zu versichern, immer geringer. Sie werden mit steigendem Beitragssatz die Versicherung verlassen. Letztlich verbleiben nur die „schlechten“ Risiken in der Versicherung.

Darüber hinaus wird darauf hingewiesen, daß bei einer geringen Risikoaversion der Versicherungsnehmer, relativ zu den Transaktionskosten und dem Versicherungsgewinn, die Bereitschaft der Arbeitnehmer, eine laufende Versicherungsprämie zu entrichten, nach oben begrenzt ist. Vor allem Träger von hohen Arbeitslosigkeitsrisiken und/oder die Bezieher von geringen Arbeitseinkommen werden sich dann nicht gegen die materiellen Folgen des Risikos der Arbeitslosigkeit versichern. Ein Teil der Arbeitnehmer wäre somit nicht gegen das Arbeitslosigkeitsrisiko abgesichert.

Trotz dieser Gründe, die eine privatwirtschaftliche Absicherung gegen die materiellen Risikenfolgen der Arbeitslosigkeit unwahrscheinlich machen, ist eine staatliche Zwangsversicherung mit einer Verpflichtung eines bestimmten Kreises von Versicherten zur Beitragsleistung an eine große Misch-Risiko-Versicherung mit Umverteilungselementen und einer zentralisierten Festlegung der Beitragshöhe nicht die zwangsläufige Folge. Vielmehr bleibt zu überlegen, ob nicht auch eine unternehmensbezogene Absicherung der Arbeitnehmer auf unternehmensinternen Versicherungsmärkten möglich erscheint. Wir können in vielen Bereichen der Volkswirtschaft feststellen, daß Transaktionen von „externen“ Märkten verlagert werden (Coase, 1937). Neben der Unternehmung als Prototyp eines internen Gütermarktes bestehen in der Praxis auch unternehmungsinterne Arbeits- und Kapitalmärkte. Sollte es nicht möglich sein, auch die Arbeitnehmer gegen die Risikenfolgen der Arbeitslosigkeit auf unternehmungsinternen Versicherungsmärkten abzusichern?

Dieser Fragestellung widmen sich in der Tat die Vertreter der sogenannten kontrakttheoretischen Ansätze (Baily, 1974; Gordon, 1974; Azariadis, 1975; Azariadis/Stiglitz, 1983). Als Ausgangspunkt der Überlegungen wird eine walrasianische Welt gewählt und der Frage nachgegangen, weshalb eine Absicherung der Arbeitnehmer gegen negative Einkommensrisiken in einer solchen Welt nur unzulänglich möglich ist. In einem solchen Szenario führen Veränderungen in den wirtschaftlichen Daten zu gleichgewichtserhaltenden Veränderungen in den relativen Preisen. Selbst in einer solchen vollkommenen Welt ohne unterbeschäftigte Produktionsfaktoren verursachen Datenänderungen finanzielle Lasten, die über Einkommensveränderungen den Eigentümern der Produktionsfaktoren angelastet werden. Die materiellen Folgen rückläufiger Nachfrage nach Gütern schlagen sich beispielsweise in geringeren Reallöhnen und damit geringeren Einkommen der Arbeitnehmer nieder. Sofern wir uns vorstellen, daß es auch in einer solchen fiktiven Welt mehr und weniger risikofreudige Wirtschaftssubjekte gibt, muß damit gerechnet werden, daß die risikoaversiveren bestrebt sein werden, sich gegen solche negativen Einkommensrisiken in Abhängikeit von den entstehenden Kosten der Versicherung abzusichern. In marktwirtschaftlichen Systemen sind es im allgemeinen die risikofreudigeren Wirtschaftssubjekte, die prinzipiell gegen die Zahlung einer Versicherungsprämie durch die risikoaversiveren Individuen bereit sind, diese Einkommensrisiken abzusichern. Solche Versicherungsgeschäfte werden in Marktwirtschaften über Zukunfts- oder Terminmärkte abgewickelt. Die Existenz von Zukunftsmärkten setzt aber u. a. voraus, daß es bei den auf ihnen gehandelten Gütern und Diensten möglich sein muß, die Leistungsabgabe zunächst aufzuschieben und erst zu einem späteren Zeitpunkt abzugeben. Nun ist es ein Charakteristikum des Produktionsfaktors Arbeit, daß eine Speicherung der Arbeitsleistungen und eine vermehrte Abgabe zu einem späteren Zeitpunkt nicht möglich ist. Dies muß als das Haupthindernis angesehen werden, weshalb Terminmärkte für Arbeitsleistungen nicht existieren. Damit erscheint auch eine marktliche Absicherung einzelner Wirtschaftssubjekte gegen die materiellen Folgen von Datenänderungen unmöglich.

Sofern externe Märkte das Problem der individuell gewünschten Absicherung einzelner Wirtschaftssubjekte gegen das Risiko unstetiger Einkommensströme nicht lösen können, besteht die Möglichkeit, diese Aufgabe internen Märkten zu übertragen. Bei unterschiedlichen Risikopräferenzen von Arbeitnehmern und den die Unternehmungen repräsentierenden Aktionären kann es für beide Seiten vorteilhaft sein, vertragliche Vereinbarungen — expliziter oder impliziter Art — zu treffen, mit denen zumindest teilweise die Risiken eines unstetigen Einkommensstromes der Arbeitnehmer, wie sie sich wegen der wechselnden Umweltzustände ergeben können, von den Unternehmungen übernommen werden. Wie wir sehen werden, bedeutet dies weder eine Vernichtung der durch Datenänderungen hervorgerufenen Einkommensrisiken noch eine letztliche Anlastung dieser Risiken an die Unternehmungen. Die Unternehmungen fungieren nur als Anbieter von „Versicherungsleistungen“.

Es wird angenommen, daß die Arbeitnehmer nicht nur nach einem möglichst hohen Einkommen streben, sondern darüber hinaus vor allem auch an einer gewissen Stetigkeit des Einkommensstromes interessiert sind. Der Wunsch der Arbeitnehmer nach einem relativ stetigen Verlauf der Einkommen resultiert aus einem prinzipiell risikoaversiven Verhalten. Im Gegensatz zu den Eigentümern der Unternehmung, die über eine Diversifizierung der verschiedenen Sach- und Finanzaktiva die Anlagerisiken minimieren können, verfügen die Arbeitnehmer — wenn man von vergleichsweise geringen Vermögensbeständen absieht — im allgemeinen nur über ihr Humanvermögen. Da sich dieses nicht diversifizieren läßt, sind sie auch nur unzulänglich in der Lage, ihr Risiko zu minimieren. Dies hat zur Folge, daß sich die Arbeitnehmer im allgemeinen risikoscheuer als die Eigentümer der Unternehmungen verhalten. Sie werden deshalb eine Situation mit einem bestimmten Ertrag für ihr eingesetztes Humankapital und einem geringen Risiko, arbeitslos zu werden, einer Situation vorziehen, die mit der Chance eines höheren Lohnsatzes, aber auch einem höheren Risiko verbunden ist.

Die Unternehmungen sind wegen der Möglichkeiten der Diversifikation ihres Vermögens und der Fähigkeit, Risiken zu absorbieren, bereit, den Arbeitnehmern einen Versicherungsschutz anzubieten, sofern sie keine Einkommenseinbußen erleiden. Die Versicherungsleistung besteht darin, daß den Arbeitnehmern über einen längeren Zeitraum hinweg — unabhängig von der jeweiligen Absatzlage der Unternehmung- eine Anstellung und ein bestimmter Lohnsatz garantiert werden. Die Versicherungsprämie der Arbeitnehmer besteht in der Verpflichtung, sein in Abhängikeit von der jeweiligen Güternachfrage schwankendes Grenzprodukt der Arbeit nicht voll auszuschöpfen, sondern sich ebenfalls über einen längeren Zeitraum mit einem niedrigeren Reallohn zufriedenzugeben. Man kann sich deshalb den Arbeitsvertrag der Arbeitnehmer als eine Kombination von Anstellungsvertrag und Versicherungsgeschäft vorstellen.

Vernachlässigt man den Nutzen der Freizeit, dann existiert ein sowohl von den Arbeitnehmern als auch den Unternehmungen akzeptierter Reallohnsatz, der Vollbeschäftigung garantiert (Akerlof/Miyazaki, 1980). Dies hat zur Folge, daß die Unternehmungen in Zeiten schlechter Absatzlagen Arbeiter horten, ohne Lohnkürzungen vorzunehmen; umgekehrt die Arbeitnehmer in Phasen guten Absatzes ein Einkommen erhalten, das unter dem marktmäßig möglichen liegt. Die materiellen Folgen von Datenänderungen werden über das Versicherungsgeschäft mit den Unternehmungen so über die Zeit verteilt, daß de facto eine Absicherung gegen die materiellen Folgen des Arbeitslosigkeitsrisikos gegeben ist.

Berücksichtigt man, daß die Freizeit selbst einen positiven Nutzen hat, der den Anspruchslohn der Arbeitnehmer auf den Arbeitsmärkten beeinflußt, dann kann der Fall eintreten, daß der über den gesamten Konjunkturverlauf hinweg vollbeschäftigungskonforme Reallohn unter dem durch den Freizeitnutzen determinierten Anspruchslohn liegt. In einem solchen Falle kann es sowohl für den Arbeitnehmer als auch für die Unternehmung sinnvoll sein, zumindest den durch den Freizeitnutzen bestimmten Anspruchslohn durchzusetzen und in den Fällen, in denen das Wertgrenzprodukt der Arbeit unter dem Anspruchslohn liegt, vorübergehend auf eine volle Beschäftigung der Arbeitskraft zu verzichten (Akerlof/Miayzaki, 1980). Allerdings ist die Vorstellung, daß die Beschäftigungsmenge nur über temporäre Entlassungen der Arbeitnehmer angepaßt wird, nicht zutreffend. Sofern man variable Arbeitszeiten zuläßt, ist vielmehr davon auszugehen, daß die Unternehmungen zunächst Kurzarbeit anbieten und erst bei einem stärkeren Nachfrageeinbruch mit vorübergehenden und schließlich mit endgültigen Entlassungen reagieren (Baily, 1977). Die Unternehmungen werden eine Anpassung über temporäre Entlassungen immer dann vornehmen, wenn die Arbeitnehmer den Unternehmungen verbunden bleiben. Bei einer

Besserung der Absatzlage werden die ehemals Beschäftigten bevorzugt wieder eingestellt. Damit entfällt für die Unternehmungen ein Großteil der mit Entlassung und Wiedereinstellung verbundenen Kosten.

Die Arbeitnehmer erhalten somit über den Arbeitsvertrag einen Schutz gegen die materiellen Risikenfolgen der Arbeitslosigkeit auf unternehmungsinternen Versicherungsmärkten. Ebenso wie die Arbeitnehmer als Gruppe bei Versicherungslösungen auf privaten Märkten oder zwangsweiser Basis den Risikoausgleich selbst bewerkstelligen müssen, können sich auch die Arbeitnehmer bei dieser Absicherung über unternehmungsinterne Versicherungsmärkte den materiellen Folgen aus veränderten ökonomischen Gegebenheiten nicht entziehen. Sie müssen vielmehr einen individuellen Risikoausgleich herbeiführen, indem sie über den gesamten Konjunkturzyklus hinweg geringer entlohnt werden sowie möglicherweise — in Abhängigkeit von den individuellen Präferenzen — mit Kurzarbeit und temporären Entlassungen rechnen müssen. Ebenso wie bei normalen Versicherungsverhältnissen, bei denen versucht wird, einen Wohlfahrtseinbruch der Arbeitnehmer bei Eintritt des Versicherungsfalles weitgehend zu vermeiden, erstreckt sich der Versicherungsschutz bei einer Absicherung über unternehmungsinterne Versicherungsmärkte primär auf eine Verstetigung des Konsumstromes der Arbeitnehmer.

Gegen eine Lösung des Versicherungsproblems bei Arbeitslosigkeit über unternehmungsinterne Versicherungsmärkte sind nun mehrere Einwände möglich. Zunächst einmal bleibt zu beachten, daß die Unternehmungen nicht bereit sein werden, allen Arbeitnehmern solche impliziten Arbeitsverträge mit Versicherungsschutz anzubieten. Die Unternehmungen beabsichtigen mit dieser Art von Verträgen, vor allem die Erträge aus den von ihnen vorgenommenen Investitionen in betriebsspezifisches Humankapital zu sichern und neue Investitionen bei häufigem Arbeitsplatzwechsel möglichst zu vermeiden. Deshalb haben die Unternehmungen primär ein Interesse an solchen Verträgen mit höher qualifizierten Arbeitskräften, weniger mit Arbeitnehmern, die eine geringere Qualifikation aufweisen. Sofern für den Großteil der geringer qualifizierten Arbeitnehmer nur eingeschränkte Möglichkeiten bestehen, in die günstigere Risikoklasse zu gelangen, besteht die Tendenz zu einer Selektion der „guten" Risiken und eine zunehmende Nicht-Versicherbarkeit der „schlechten" Risiken.

Daneben bleibt das Hauptproblem der Versicherbarkeit der Risikenfolgen der Arbeitslosigkeit in diesen Modellansätzen weitgehend ausgeklammert. Die grundlegende Schwierigkeit, sich gegen das Arbeitslosigkeitsrisiko abzusichern, besteht darin, daß die Schadenswahrscheinlichkeit und die Schadenshöhe weitgehend unbekannt sind und die Risiken massenweise auftreten. Dieses Problem wird in diesen Ansätzen dadurch umgangen, daß man davon ausgeht, daß die Unternehmungen die Wahrscheinlichkeitsverteilung der Umweltzustände und damit den Konjunkturverlauf kennen. Damit ist es ihnen möglich, die Versicherungsprämie in Form geringerer Lohnsätze festzulegen. Darüber hinaus garantiert die richtige Einschätzung der Konjunkturverläufe, daß die

Arbeitnehmer auch in schlechten Zeiten ihr Konsumnivau weitgehend aufrechterhalten können. Die sonst bei Konjunkturabschwüngen zu beobachtenden Kummulationseffekte halten sich deshalb in engen Grenzen. Durch diese impliziten Vertragsbeziehungen zwischen Arbeitnehmern und Unternehmungen werden die Konjunkturverläufe deshalb geglättet.

Geht man jedoch realistischerweise davon aus, daß die Unternehmungen nur unvollständig über die Umweltzustände informiert sind, den erwarteten Konjunkturverlauf nur höchst ungenau kennen, dann sind sie auch nicht in der Lage, die Schadenswahrscheinlichkeit und -höhe festzulegen. Eine Absicherung der Arbeitnehmer über die Arbeitsverträge ist dann nicht mehr möglich. In einem solchen Falle werden die Unternehmungen, sofern sie die konjunkturelle Situation zu günstig eingeschätzt haben, die Verträge mit den Arbeitnehmern kündigen müssen. Die Folge sind wesentlich geringere Lohnsätze, häufigere und längere temporäre und schließlich endgültige Entlassungen. Dadurch werden aber multiplikative negative Effekte initiiert, die für einen Konjunkturabschwung typisch sind. Die Folge ist verstärkte Arbeitslosigkeit.

Eine Lösung der „moral hazard"-Probleme der Arbeitslosenversicherung über privatwirtschaftliche oder unternehmungsinterne Versicherungslösungen erscheint somit kaum möglich. Das Haupthindernis liegt dabei darin, daß das Arbeitslosigkeitsrisiko nur ein schwer versicherbares bzw. überhaupt nicht versicherbares Risiko darstellt. Sofern man die Arbeitslosen aus verteilungspolitischen Gründen dennoch vor den finanziellen Folgen der Arbeitslosigkeit schützen will, bleibt nur die Möglichkeit, die Arbeitslosenversicherung als Zwangseinrichtung zu installieren. Dabei muß aber überlegt werden, ob sie nicht innerhalb dieses Rahmens so umgestaltet werden kann, daß die negativen Auswirkungen auf das Verhalten der individuellen Arbeitsanbieter und -nachfrager sowie die Tarifpartner verringert werden.

## II. Eine marktwirtschaftlich organisierte Zwangsversicherung

Weitgehend unbekannte Schadenswahrscheinlichkeiten und Schadenshöhen, zu erwartendes „moral hazard"-Verhalten der Versicherungsnehmer, mögliche „adverse selection"-Probleme wegen ungleicher Risiken der Arbeitnehmer sowie vor allem massenhaftes Auftreten statistisch voneinander nicht unabhängiger Risiken verhindern im wesentlichen, daß sich die Arbeitnehmer wirkungsvoll auf privaten oder unternehmungsinternen Versicherungsmärkten absichern können. Will man dennoch für die Arbeitnehmer einen materiellen Schutz im Falle der Arbeitslosigkeit sicherstellen, dann erscheint es erforderlich, eine zwangsweise Organisation der Arbeitslosenversicherung beizubehalten. Durch die Verpflichtung eines großen Teils der Arbeitnehmer zur Beitragsleistung an eine Misch-Risiko-Versicherung und eine zentrale Festlegung der Höhe des Beitragssatzes können sowohl die Probleme der unbekannten Schadenswahrscheinlichkeit und -höhe, der befürchteten Selektion „guter" und der weitgehenden Nichtversicherbarkeit „schlechter" Risiken, der Bewältigung unerwartet großer sektoraler, regionaler und sonstiger Instabilitäten auf den Arbeitsmärkten sowie des massenhaften Auftretens voneinander nicht unabhängiger Risiken weitgehend gelöst werden (Schönbäck, 1980). Bestehen bleiben in solchen zwangsweise organisierten Systemen „moral hazard"-Probleme, die sich sowohl in individuell als auch gewerkschaftlich versicherungsinduzierter Arbeitslosigkeit niederschlagen können.

Wie kann die augenblicklich bestehende Arbeitslosenversicherung umgestaltet werden, um die negativen Auswirkungen auf das individuelle Arbeitsangebot und die unternehmerische Arbeitsnachfrage sowie auf das Verhalten der Tarifpartner zu begrenzen? Prinzipiell muß dafür Sorge getragen werden, daß die bestehenden finanziellen Anreize, die zu einem Fehlverhalten von individuellen und kollektiven Arbeitsanbietern und -nachfragern beitragen können, beseitigt werden. Betrachten wir zunächst die Vorschläge, die unterbreitet wurden, um diese Anreize, die aus der Existenz einer Arbeitslosenversicherung auf zwangsweiser Basis für die Tarifpartner entstehen, zu beschränken.

Die Anreize, die versicherungsinduzierte Arbeitslosigkeit auslösen, könnten dadurch verringert werden, daß man die Tarifpartner an den finanziellen Folgen der Arbeitslosigkeit beteiligt. Während die Unternehmungen mit Absatzverlusten und Gewinneinbußen bezahlen, könnten die Gewerkschaften durch eine organisatorische Umgestaltung der Arbeitslosenversicherung an den Kosten der Arbeitslosigkeit beteiligt werden. Sofern die Gewerkschaften für die finanziellen Defizite der Arbeitslosenversicherung aufkommen müssen, besteht sowohl für die Gewerkschaftsführung als auch für die weiterhin beschäftigten gewerkschaftlich organisierten Arbeitnehmer ein Anreiz, sich über veränderte Lohneinkommen an die eingetretenen Datenänderungen anzupassen. Die Gewerkschaften sind stärker an einem vollbeschäftigungskonformen Reallohn interessiert.

In der Literatur wurde ein Vorschlag unterbreitet, wie man eine solche Arbeitslosenversicherung konkret ausgestalten müsste, um Fehlanreize, die bei der gegenwärtigen organisatorischen Ausgestaltung der Arbeitslosenversicherung auf das Verhalten der Tarifpartner ausgehen, zu minimieren (Risch, 1980, 1981; Soltwedel, 1983). Zunächst einmal wird darauf hingewiesen, daß damit weder eine Einschränkung der Tarifautonomie noch des Instituts der kollektiven Arbeitsverträge erfolgen soll. Dies hat zur Folge, daß der zwischen den Tarifpartnern ausgehandelte Tariflohn weiterhin als der allgemeinverbindliche Mindestlohn angesehen wird. Geändert werden müsste jedoch die Verantwortung der einzelnen Gruppen in der Gesellschaft für die Einhaltung der verschiedenen wirtschaftspolitischen Ziele. Die Notenbank hätte eine Geld- und Währungspolitik zu betreiben, die sich ausschließlich am Ziel der Geldwertstabilität orientiert. Die Geldpolitik müsste sich konsequent an der Wachstumsrate des Produktionspotentials ausrichten. Demgegenüber entscheiden die Tarifpartner mit der Festlegung der Nominallohnsätze auf den Arbeitsmärkten über den Umfang der Beschäftigung der Arbeitnehmer (Risch, 1980; 1981).

Ein Teil der Arbeitslosigkeit ist allerdings selbst bei einem marktgerechten Verhalten der Tarifpartner nicht zu vermeiden. Für diese friktionelle Komponente der Arbeitslosigkeit, die in den westlichen Industriestaaten unter normalen Bedingungen auf 1 — 1,5 % beziffert wird, müsste ein Beitragsaufkommen festgelegt werden, das wie bisher zur Hälfte von den Unternehmungen und zur anderen Hälfte von den Arbeitnehmern aufzubringen wäre. Daneben hat in der Bundesrepublik die Bundesanstalt für Arbeit neben der Gewährung von Leistungen im Falle der Arbeitslosigkeit auch die alleinige Aufgabe, Arbeitsplätze und Arbeitskräfte zu vermitteln. Die dafür erforderlichen Aufwendungen müssten ebenfalls von den bisherigen Beitragszahlern finanziert werden. Da die bestehenden Zuschüsse des Bundes an die Arbeitslosenversicherung abgeschafft würden, um mögliche Überwälzungsversuche auf Dritte zu verhindern, müßten alle sonstigen Defizite und Überschüsse in der Arbeitslosenversicherung von den Gewerkschaften ausgeglichen werden bzw. ihnen zufließen (Risch, 1980; 1981; Soltwedel, 1983).

Unabhängig von den Problemen, die bei der Festlegung einer akzeptablen Höhe der im Konjunkturverlauf schwankenden friktionellen Komponente der Arbeitslosigkeit entstehen, erscheint es bei der Einführung einer gewerkschaftlichen Zuschußpflicht zur Arbeitslosenversicherung nicht möglich, sofort diese optimale Zielarbeitslosenquote anzusteuern. Es müsste vielmehr dafür gesorgt werden, daß sich die periodisch vorgegebene Arbeitslosenquote langsam an die letztlich angestrebte Zielarbeitslosenquote anpasst. Dabei müsste auch sichergestellt werden, daß die Anpassung regelgebunden erfolgt, um eine politische Einflußnahme zu verhindern und der periodisch angestrebte Wert immer unter dem der vorhergehenden Periode liegt. Für die jeweils vorgegebene Arbeitslosenquote würde dann das erforderliche Beitragsaufkommen berechnet und wie bisher — allerdings ohne staatlichen Zuschuß — von den Arbeitnehmern und Unternehmungen aufgebracht. Darüber hinaus gehende finanzielle Ungleichgewichte müssten über gewerkschaftliche Zuschüsse abgedeckt werden.

Wie würde sich eine solche Regelung auf das Verhalten der Gewerkschaften bei den Tarifauseinandersetzungen auswirken? Die Anreize zu einem nichtvollbeschäftigungskonformen Lohnverhalten würden weitgehend entfallen, da nun weder für die Gewerkschaftsfühung noch für die weiterhin beschäftigten gewerkschaftlich organisierten Arbeitnehmer die Möglichkeit besteht, entstandene Lasten auch nur dem Schein nach auf Dritte abzuwälzen. Es existiert weder die Möglichkeit, eingetretene Datenänderungen über steigende Güterpreise auf den größeren Kreis der Konsumten abzuwälzen, noch haben die weiterhin beschäftigten Gewerkschaftsmitglieder ein übermäßiges Interesse an einem gewerkschaftlichen Verhalten in Tarifverhandlungen, das die Anpassung an geänderte ökonomische Gegebenheiten über veränderte relative Preise auf den Arbeitsmärkten weitgehend ausschließt. Da die beschäftigten Mitglieder der Gewerkschaften auch nominell allein für die Transfereinkommen der Arbeitslosen aufkommen müssen, sinkt das Interesse an einer solchen starren, auf

Besitzstände pochenden Verhandlungsstrategie. Darüber hinaus wird sich auch das Interesse der Gewerkschaftsführung an einer nicht marktgerechten Lohnpolitik merklich verringern. Die diskretionären Zielsetzungen der Gewerkschaftsfunktionäre lassen sich am besten realisieren, wenn die Mitgliederzahl hoch und der Vermögensbestand der Gewerkschaften beträchtlich ist. Ein nicht marktgerechtes Verhalten der Gewerkschaften auf den Arbeitsmärkten trägt nun allerdings zu einem Verzehr von gewerkschaftlichem Vermögen bei. Damit verringern sich für die Funktionäre die Möglichkeiten, eigene Ziele durchzusetzen. Sowohl die Gewerkschaftsführung als auch die -basis haben bei einer Arbeitslosenversicherung mit gewerkschaftlicher Zuschußpflicht ein stärkeres Interesse an einer marktgerechten Lohnpolitik.

Der Druck auf ein marktgerechtes Anpassungsverhalten der Gewerkschaften wird möglicherweise durch die nicht gewerkschaftlich organisierten Arbeitnehmer verstärkt. Da das Prinzip der negativen Koalitionsfreiheit nicht eingeschränkt werden soll, müssten die Gewerkschaften auch für die Unterstützungszahlungen an die nicht gewerkschaftlich organisierten Arbeitnehmer im Falle der Arbeitslosigkeit aufkommen, ohne daß diese zu einer Gegenleistung verpflichtet wären. Der dadurch entstehende zusätzliche finanzielle Druck auf die Gewerkschaften würde das Interesse an einer marktgerechten Lohnpolitik weiter verstärken.

Es ist jedoch kaum damit zu rechnen, daß eine solche Lösung politisch durchsetzbar ist. Die Gewerkschaften würden sicherlich erfolgreich versuchen, auch von den nicht gewerkschaftlich organisierten Arbeitnehmern einen Solidarbeitrag zu erhalten. Dann müsste aber dafür Sorge getragen werden, daß diesen Arbeitnehmern eine Wahlmöglichkeit eingeräumt wird (Risch, 1980). Sie können sich einmal dafür entscheiden, die Begünstigungen aus dem abgeschlossenen Tarifvertrag zwischen den Arbeitnehmerorganisationen und den Gewerkschaften in Anspruch zu nehmen. In einem solchen Falle müssten sie auch einen entsprechenden Beitrag an die Gewerkschaften zur Finanzierung der Defizite in der Arbeitslosenversicherung leisten. Daneben sollte ihnen zum anderen die Möglichkeit eingeräumt werden, auf die tariflichen Lohnsteigerungen zu verzichten und Arbeitsverträge zu niedrigeren relativen Lohnsätzen abschließen zu können. Diese potentielle Außenseiterkonkurrenz der gewerkschaftlich nicht organisierten Arbeitnehmer auf den Arbeitsmärkten würden den Druck auf die Gewerkschaften verstärken, eine marktgerechte Lohnpolitik zu beitreiben.

Die Gewerkschaften haben bei einer Arbeitslosenversicherung mit gewerkschaftlicher Zuschußpflicht einen unmittelbaren finanziellen Anreiz, ihre Lohnpolitik an die tatsächlichen Marktgegebenheiten anzupassen. Sie werden dabei nicht nur die gesamtwirtschaftliche Situation, sondern auch die Lage der einzelnen Branchen oder sogar Unternehmungen berücksichtigen. Damit würde nicht nur eine gesamtwirtschaftlich marktgerechte Lohnpolitik wahrscheinlicher, es käme auch zu einer stärkeren Differenzierung in der intersektoralen und möglicherweise auch interqualifikatorischen Lohnstruktur. Daneben haben die

Gewerkschaften auch ein Interesse daran, sich vorsichtig an den gleichgewichtigen Reallohn heranzutasten. Ein zu hoch angesetzter Lohnsatz würde zu beträchtlicher Arbeitslosigkeit und damit hohen finanziellen Defiziten in der Arbeitslosenversicherung beitragen. Es ist deshalb eher wahrscheinlich, daß ein zweiteiliger Vertragsabschluß gewählt wird. Zunächst werden Lohnsteigerungen vereinbart, die unterhalb der erwarteten realwirtschaftlichen Möglichkeiten für die Tarifvertragsperiode liegen. Sofern sich herausstellt, daß höhere Lohnsteigerungen realwirtschaftlich abgedeckt werden können, kommt es zu einer automatischen Anpassung des Tarifvertrages. Damit können teuere Prognosefehler weitgehend vermieden werden (Risch, 1980; Soltwedel, 1983).

Kritisch wird gegen eine Arbeitslosenversicherung mit gewerkschaftlicher Zuschußpflicht eingewandt, daß sie den notwendigen Strukturwandel in einer Volkswirtschaft verlangsame, die Stabilisierungseffekte der Arbeitslosenversicherung beeinträchtige, keine positiven Rückwirkungen auf die Arbeitsmärkte hätte, wenn die Arbeitslosigkeit weniger klassischer als vielmehr keynesianischer Natur ist und schließlich die friktionelle Komponente der Arbeitslosigkeit im Konjunkturverlauf nicht konstant bliebe. Sofern die Gewerkschaften für die bei einem strukturellen Wandel unvermeidliche Arbeitslosigkeit finanziell aufkommen muß, besteht für sie ein Anreiz, darauf hinzuwirken, den Strukturwandel zu verlangsamen, um die finanziellen Aufwendungen zu minimieren. Dies kann durch lobbyistischen Einfluß der Gewerkschaften auf die politischen Instanzen geschehen. Durch die Gewährung von Subventionen werden bestimmte Wirtschaftszweige zunächst von dem Prozeß des strukturellen Wandels abgekoppelt. Die Folge sind längerfristig negative allokative Auswirkungen, da Produktionsfaktoren weiterhin in Bereiche gelenkt werden, in denen sie nur suboptimal eingesetzt werden können.

Dieser Einwand gegen eine Umgestaltung der Arbeitslosenversicherung verliert an Gewicht, wenn man bedenkt, daß diese friktionelle Komponente der Arbeitslosigkeit nicht von den Gewerkschaften, sondern aus regulären Beiträgen der Arbeitnehmer und Unternehmungen finanziert werden müßte. Daneben würde eine Lohnpolitik, wie sie durch eine Arbeitslosenversicherung mit gewerkschaftlicher Zuschußpflicht induziert würde, zu nach Sektoren differenzierten Lohnsätzen führen. Damit würde aber der Strukturwandel weniger über Konkurse und Entlassungen von Arbeitnehmern ablaufen. Vielmehr ist damit zu rechnen, daß die Arbeitnehmer graduell aus den nicht mehr konkurrenzfähigen Unternehmungen ausscheiden und in die wachsenden Wirtschaftszweige wechseln. Daneben vollzieht sich der Strukturwandel bei differenzierten Lohnsätzen eher auch auf freiwilliger Basis, indem die Unternehmungen in den strukturstarken Bereichen die Arbeitnehmer aus den strukturschwachen Branchen abwerben (Soltwedel, 1983).

Ein in diesem Zusammenhang wichtiges Problem liese sich aller Voraussicht nach nicht lösen. Ganz im Gegensatz zu den hier geäußerten Vorstellungen ist die friktionelle Komponente der Arbeitslosigkeit keine langfristig konstante

Größe. Vielmehr hat die Erfahrung gezeigt, daß sie im Konjunkturverlauf schwankt, letztlich aber kaum empirisch exakt quantifizierbar ist. Sofern diese Größe aber nicht exakt berechenbar ist, bleibt die Festlegung dieser Größe, die über den Finanzierungsanteil der Unternehmungen an der Arbeitslosenversicherung entscheidet, ein dauernder Streitpunkt zwischen Gewerkschaften und Unternehmungen, der auch die Tarifauseinandersetzungen nicht unbeeinflußt ließe.

Der Einwand, daß eine Arbeitslosenversicherung mit gewerkschaftlicher Zuschußpflicht, die gesamtwirtschaftliche Nachfrage nur noch unzureichend stabilisieren könne, da nur noch die Ausgabenseite antizyklisch variiert wird, steht in einem engen Zusammenhang mit einem weiteren Einwand, wonach dieser Art von Arbeitslosenversicherung die Situation auf den Arbeitsmärkten immer dann nicht positiv beeinflussen könne, wenn die Arbeitslosigkeit auf einen Mangel an kaufkräftiger Nachfrage zurückzuführen ist. Eine zurückhaltende Lohnpolitik der Gewerkschaften kann im allgemeinen die Beschäftigungssituation auf den Arbeitsmärkten nicht verbessern. In einer solchen Situation sind die staatlichen Instanzen gefordert. Durch eine stetige, vorangekündigte und glaubwürdige Geldpolitik und eine trendorientierte staatliche Ausgabenpolitik muß für eine stetige Ausweitung der gesamtwirtschaftlichen Nachfrage gesorgt werden. Damit wird Arbeitslosigkeit keynesianischer Art vermieden. Ein zusätzlicher Stabilisierungseffekt der Arbeitslosenversicherung ist dann nicht mehr erforderlich.

Nun zeigt allerdings die Erfahrung der jüngsten konjunkturellen Vergangenheit, daß über die Frage, welche Art von Arbeitslosigkeit vorherrscht, keine Einigkeit besteht. Während die Organisation der Arbeitnehmer der Meinung zuneigt, daß die gegenwärtige Arbeitslosigkeit eher auf keynesianische Faktoren zurückzuführen ist, vertreten die Arbeitgeber die Ansicht, daß sie klassische Ursachen hat. Die Art der Arbeitslosigkeit schlägt sich aber unmittelbar in der Zuschußpflicht der Gewerkschaften nieder. Ein permanenter Streit wäre vorprogrammiert, der letztlich auf dem Rücken der arbeitslos gewordenen Arbeitnehmer ausgetragen würde.

Schließlich hätte auch eine Arbeitslosenversicherung mit gewerkschaftlicher Zuschußpflicht mit den geschilderten „moral hazard"-Problemen zu kämpfen. Es wäre deshalb auch in diesem Falle erforderlich, die Leistungs- und Finanzierungsseite dieser Arbeitslosenversicherung so auszugestalten, daß eine mögliche versicherungsinduzierte Arbeitslosigkeit minimiert wird.

Fassen wir zusammen: Die Analyse des gegenwärtigen Systems der Arbeitslosenversicherung in der Bundesrepublik hat gezeigt, daß die vor allem in der englischsprachigen Literatur geäußerten Befürchtungen, nach denen die Existenz einer Arbeitslosenversicherung zu negativen Auswirkungen auf das Arbeitsangebotsverhalten der Arbeitnehmer im Suchprozeß und auf das Entlassungsverhalten der Unternehmungen führt, weitgehend unbegründet sind. Das Arbeitslosenversicherungssystem in der Bundesrepublik ist sowohl auf der Leistungs- als auch der Finanzierungsseite so ausgestaltet, daß bedeutende negative Sekundärwirkungen der beschriebenen Art unwahrscheinlich sind. Allerdings ist ein möglicher negativer Einfluß auf das Verhalten der Tarifpartner in den Tarifauseinandersetzungen nicht auszuschließen. Eine Umgestaltung des bestehenden Systems durch die Einführung einer gewerkschaftlichen Zuschußpflicht erscheint aber wegen der Mängel einer solchen organisatorischen Umgestaltung nach dem gegenwärtigen Wissensstand nicht wünschenswert.

*Teil 3*

# Einfluß der Gesetzlichen Rentenversicherung auf die Anpassungsfähigkeit der Marktwirtschaft

## A. Historische Entwicklung der Gesetzlichen Rentenversicherung und der Sparquote

Das stagnierende wirtschaftliche Wachstum bei gleichzeitig rückläufiger Investitionstätigkeit Ende der 60er Jahre in den USA und Mitte der 70er Jahre in der Bundesrepublik löste eine kontroverse Diskussion über die möglichen Ursachen der Wachstumsschwäche aus. Empirisch kann man beobachten, daß die rückläufigen Wachstumsraten in beiden Ländern mit einem Rückgang der gesamtwirtschaftlichen privaten Sparquote einhergehen. Dieses empirische Indiz hat den alten Streit über den kausalen Zusammenhang zwischen der Entwicklung der privaten Ersparnisse und der Investitionstätigkeit in einer Volkswirtschaft neu belebt. Während keynesianisch orientierte Ökonomen der Meinung sind, daß die von den Unternehmungen geplanten Investitionen die verursachende Größe sind und die gesamtwirtschaftlichen Ersparnisse sich anpassen, sehen die Vertreter neoklassischer Gedankengänge in der geplanten privaten Ersparnisbildung die notwendige Voraussetzung für die Investitionstätigkeit der Unternehmungen.

Sofern die Existenz eines kollektiven, umlagefinanzierten Alterssicherungssystems die gesamtwirtschaftliche Nettoersparnis verändert, hat dies entweder weitreichende oder vernachlässigbare Auswirkungen auf die unternehmerischen Investitionsaktivitäten und Wachstumsmöglichkeiten einer Volkswirtschaft. Neigt man eher neoklassischen Gedankengängen zu, wird man in den geringeren privaten Ersparnissen einen ursächlichen Faktor für das rückläufige wirtschaftliche Wachstum sehen, während bei einer keynesianischen Betrachtungsweise der Einfluß einer geringeren geplanten gesamtwirtschaftlichen Ersparnisbildung auf die Investitionstätigkeit und das wirtschaftliche Wachstum als unbedeutend angesehen wird.

Wir wollen allerdings an dieser Stelle die IS-Kontroverse der 50er Jahre nicht neu aufgreifen, sondern den neoklassischen Rahmen, der den Vorstellungen von Feldstein zugrunde liegt, zunächst akzeptieren und die These von der ersparnismindernden und wachstumsreduzierenden Wirkung eines umlagefinanzierten Alterssicherungssystems einer modellimmanenten Kritik unterziehen. Die kritische Auseinandersetzung mit der Feldstein-These auf dem Boden der neoklassischen Theorie soll auch den Schwerpunkt der Ausführungen bilden. In einigen abschliesenden Überlegungen soll untersucht werden, wie die grundlegende keynesianische Kritik an der neoklassischen Funktionsweise des Kapitalmarktes die These von der ersparnismindernden und wachstumsreduzierenden Wirkung eines Alterssicherungssystems modifiziert, das nach dem Umlageverfahren finanziert wird.

Vor allem Feldstein hat in der jüngsten Vergangenheit immer wieder darauf hingewiesen, daß der Ausbau des Systems der kollektiven Alterssicherung in der Nachkriegszeit mit zu einem Rückgang der gesamtwirtschaftlichen Sparquote und der Realkapitalbildung beigetragen habe (Feldstein, 1974). Er schätzt, daß beispielsweise die privaten Ersparnisse in den USA im Jahre 1971 um 38 % niedriger lagen, als sie ohne das Alterssicherungssystem hätten sein können. Da dieser Rückgang in den privaten Ersparnissen wegen der Umlagefinanzierung der Alterssicherung nicht durch einen Anstieg der öffentlichen Ersparnisse ausgeglichen worden sei, bedeute dies, daß auch langfristig die private Kapitalbildung um diesen Prozentsatz zurückgehe.

Diese Überlegungen sind allerdings weder theoretisch noch empirisch unbestritten geblieben. Es existieren eine Reihe von gegenläufig wirkenden Effekten eines nach dem Umlageverfahren finanzierten Alterssicherungssystems, die sowohl auf mikro- als auch auf makroökonomischer Ebene die von Feldstein postulierten negativen Einflüsse der Alterssicherung auf die private Ersparnisbildung in Frage stellen. Auch die Vielzahl der inzwischen vorgenommenen empirischen Untersuchungen zu diesem Problemkreis konnte die theoretische Kontroverse nicht durch eindeutige Ergebnisse entschärfen.

### I. Gründe für Versicherungspflicht, Zwangsversicherung und Umlageverfahren

Der höhere Lebensstandard, die mit dem Alter zunehmende Präferenz der Wirtschaftssubjekte für mehr Freizeit und ökonomische Unabhängigkeit haben zusammen mit der längeren Lebenserwartung und der Verbesserung des Gesundheitsstandes im Alter dazu beigetragen, daß der Wunsch nach einer adäquaten Versorgung im Alter zugenommen hat. Der allgemeine ökonomische Fortschritt und der steigende gesellschaftliche Wohlstand machen es in zunehmendem Maße möglich, daß diese Ziele der Wirtschaftssubjekte auch über individuelle Sparprozesse auf privaten Kapital- und Versicherungsmärkten realisiert werden können. Dennoch ist es erstaunlich, daß der Spielraum der Individuen bei der Entscheidung über die Art der materiellen Vorsorge für das Alter in den meisten westlichen Gesellschaften durch gesetzliche Regelungen eingeschränkt wird. Der überwiegende Teil der erwerbstätigen Bevölkerung ist gehalten, einen Teil der Altersvorsorge in staatlich organisierten Alterssicherungssystemen vorzunehmen. Wenn auch in starkem Maße historische Zufälligkeiten dazu beigetragen haben, daß das Alterssicherungssystem in der Bundesrepublik in der gegenwärtigen Form existiert, muß dennoch die Frage gestellt werden, ob die staatlichen Eingriffe in den Prozeß der intertemporalen Einkommensumschichtung der Individuen heute noch gerechtfertigt sind.

Sofern gewichtige Gründe für eine Versicherungspflicht der Erwerbstätigen sprechen, bleibt zu fragen, ob mögliche Marktmängel bei der intertemporalen Allokation der Ressourcen durch eine zwangsweise staatliche Organisation der Alterssicherung beseitigt werden können. Eine staatliche Organisation erscheint gerechtfertigt, wenn die Alternative, bei der es den Wirtschaftssubjekten freigestellt wird, die staatlich verordnete, zwangsweise Vorsorge für das Alter über die Bildung privaten Vermögens auf Kapital- und Versicherungsmärkten nachzuweisen, weniger effizient ist. Sollte sich aber eine staatliche Organisation der Alterssicherung als effizientere Lösung erweisen, bleibt weiter zu fragen, ob als Finanzierungsform ein Umlage- oder Kapitaldeckungsverfahren gewählt wird. Diese Frage erscheint vor allem vor dem Hintergrund der Diskussion um die Wirkungen eines umlagefinanzierten Alterssicherungssystems auf die gesamtwirtschaftliche Sparquote und das wirtschaftliche Wachstum von besonderer Bedeutung.

Staatliche Beschränkungen der individuellen Freiheit bei der Entscheidung über den Umfang der Vorsorge für das Alter können gerechtfertigt sein, wenn der Marktprozeß zu suboptimalen allokativen oder unerwünschten distributiven Ergebnissen führt. Ein staatlicher Eingriff in den individuellen Sparprozeß erscheint immer dann angemessen, wenn die Wirtschaftssubjekte wegen verzerrter Präferenzen oder mangelnder Information über die Zukunft nur unzulänglich in der Lage sind, ihre zukünftigen Bedürfnisse richtig einzuschätzen. Wegen des zu Beginn der Erwerbstätigkeit weit in der Zukunft liegenden Zeitpunktes, zu dem ein Arbeitnehmer aus dem Erwerbsleben ausscheidet, wird darauf hingewiesen, daß ein Teil der Individuen in Abhängigkeit von der individuellen Risikofreudigkeit (Dolde/Tobin, 1983) den Konsumbedürfnissen im Alter eine vergleichsweise geringe Bedeutung beimessen könnte. Verzerrte Präferenzen zugunsten des gegenwärtigen und zulasten des zukünftigen Konsums können dazu beitragen, daß die Wirtschaftssubjekte Ersparnisse bilden, die nicht ausreichen, um ein angemessenes individuelles Wohlfahrtsniveau im Alter aufrechtzuerhalten. In einem solchen Falle wäre der Staat gefordert, die verzerrten Präferenzen der Wirtschaftssubjekte zu korrigieren. Dies kann entweder dadurch geschehen, daß er die Informationsdefizite der Wirtschaftssubjekte über die Bedeutung der individuellen Vorsorge für das Alter verringert oder aber, indem er eine zwangsweise Korrektur der verzerrten Präferenzen über meritorische Eingriffe herbeiführt. Die historische Entwicklung zeigt, daß überwiegend der zweite Weg gewählt wurde.

Die intertemporale Allokation der finanziellen Ressourcen kann nicht nur durch verzerrte individuelle Zeitpräferenzen gestört werden. Die materielle Absicherung im Alter macht individuelle Entscheidungen notwendig, die sich über einen sehr langen Zeitraum erstrecken. Der lange Planungshorizont erfordert vielfältige Informationen, beispielsweise über die zukünftigen Beschäftigungsmöglichkeiten und den tatsächlichen Einkommensstrom, den Familienstatus, die Entwicklungen des allgemeinen Preisniveaus etc. Es erscheint vor allem bei den schlechter informierten aber auch bei den risikofreudigeren Wirtschaftssubjekten möglich, daß sie ihre individuellen Einkommensziele im Alter nicht erreichen. Eine zwangsweise Mitgliedschaft aller Individuen in einem Alterssicherungssystem verbunden mit einem bestimmten Sicherungsumfang der Mitglieder kann dazu beitragen, daß spürbare Wohlfahrtseinbrüche beim Übergang in die Rentnerphase weitgehend vermieden werden.

In entwickelten Gesellschaften fällt den staatlichen Instanzen die Aufgabe zu, dafür zu sorgen, daß die Wirtschaftssubjekte auch im Alter in ihrer soziokulturellen Existenz abgesichert sind. Vernachlässigen einige Mitglieder der Gesellschaft die Vorsorge für das Alter, werden die Erwerbstätigen, die in ausreichendem Maße für ihr Alter vorsorgen, gezwungen, auch die zu versorgen, die während ihrer Erwerbstätigkeit keine oder nur eine unzureichende Vorsorge für das Alter getroffen haben. Der Umfang der interpersonellen Umverteilung, der mit diesem „Trittbrettfahrerverhalten“ einhergeht, kann verringert werden, wenn man die individuelle Freiheit der Wirtschaftssubjekte bei der Entscheidung über Gegenwarts- und Zukunftskonsum einschränkt (Sheshinski/Weiss, 1981, 190). Dies kann dadurch geschehen, daß man durch staatlichen Zwang dafür sorgt, daß die Individuen zumindest in Höhe des Existenzminimums Vorsorge für das Alter betreiben. Solche interpersonellen Umverteilungsprozesse können allerdings nicht gänzlich vermieden werden, sofern ein Teil der Wirtschaftssubjekte nicht in der Lage ist, die finanziellen Mittel aufzubringen, die notwendig sind, um das sozio-kulturelle Existenzminimum zu garantieren. Diese Fälle verlieren aber mit zunehmendem Wohlstand einer Gesellschaft an Gewicht.

Man kann zusammenfassend feststellen, daß ein wesentlicher Grund für eine zwangsweise Vorsorge für das Alter in den hohen gesellschaftlichen Kosten zu sehen ist, die entstehen können, wenn die Entscheidung über die Alterssicherung vollständig dem einzelnen überlassen bleibt. Durch einen gesetzlichen Zwang zur Altersvorsorge können mögliche Ressourcenverluste einer suboptimalen Allokation und gesellschaftlich unerwünschte verteilungspolitische Auswirkungen einer unzureichenden materiellen Absicherung im Alter verringert werden. Es mutet allerdings etwas realitätsfern an, den Individuen in einer für sie wichtigen Entscheidung, die im Laufe der Erwerbstätigkeit immer wieder neu zu treffen ist, verzerrte Präferenzen oder unvollständige Information zu unterstellen.

Sofern man der Meinung ist, daß eine Vorsorge für das Alter auf freiwilliger individueller Basis zu suboptimalen Ergebnissen führt und staatlichen Zwang erforderlich macht, bleibt zu fragen, weshalb eine eigenständige staatliche Institution für die Alterssicherung notwendig ist? Weshalb reicht es nicht aus, die Individuen zu verpflichten, eine vom Umfang her adäquate Altersversorgung nachzuweisen, die auf individuellen Ersparnissen oder den Leistungen privater Versicherungen beruht?

Es erscheint zunächst unmittelbar klar, daß bei einer privaten Versicherungslösung die mit einem Alterssicherungssystem angestrebten interpersonellen verteilungspolitischen Zielsetzungen nicht realisiert werden können. Diejenigen Wirtschaftssubjekte, die nicht in der Lage sind, während der Erwerbstätigkeit Ersparnisse zu bilden, die im Alter zumindest ein Existenzminimum sichern, müssten auf allgemeine staatliche Transfers verwiesen werden. Sofern man einem Alterssicherungssystem neben der intertemporalen Umschichtung des Lebenseinkommens auch die Aufgabe zuweist, zumindest das Existenzminimum der alten Generation abzusichern, erscheint eine Lösung auf freiwilliger Basis nicht erwünscht. Diese Aussage gewinnt an Gewicht, wenn man weitergehende interpersonelle verteilungspolitische Ziele anstrebt.

Gegen eine zwangsweise Alterssicherung auf privater Basis können auch allokative Gründe sprechen. Betrachten wir zunächst den Fall, daß die Wirtschaftssubjekte die gesetzlich geforderte Vorsorge für das Alter über die Anlage privater Sparmittel auf den Kapitalmärkten erbringen. Die Individuen haben bei dieser Form der Bildung von Ersparnissen nur dann eine gewisse Einkommenssicherheit im Alter, wenn sie das maximale Altersrisiko abdecken. Sie müssen deshalb Ersparnisse bilden, die sich an dem höchstmöglichen Alter ausrichten. Nur dann können sie sicher sein, daß die angesparten finanziellen Ressourcen ausreichen, den Lebensunterhalt während der gesamten Altersphase zu bestreiten.

Diese Art der Altersvorsorge über die Bildung von Vermögen auf Kapitalmärkten ist einer Absicherung des Altersrisikos über private Versicherungsmärkte, beispielsweise in Form einer Lebensversicherung, unterlegen. Wegen der Wirksamkeit versicherungsmäßiger Gesetzmäßigkeiten, brauchen die Versicherungen nicht das maximale Altersrisiko abzudecken. Es ist ausreichend, wenn sie sich am durchschnittlichen Altersrisiko einer Kohorte orientieren. Sie werden dadurch in die Lage versetzt, Leistungen für die gesamte individuelle Rentenphase bei einer wesentlich geringeren Ansparsumme anbieten zu können. Unter allokativen Gesichtspunkten ist eine Lösung des Alterssicherungsproblems über private Versicherungsmärkte einer Lösung über Kapitalmärkte überlegen.

Die Vorsorge für das Alter auf privaten Versicherungsmärkten scheint allerdings der Absicherung in einem staatlich organisierten Alterssicherungssystem mit Zwangsmitgliedschaft unterlegen. Die zwangsweise Mitgliedschaft wird als ein effizientes Instrument angesehen, um die auf privaten Versicherungsmärkten auftretenden adverse selection-Probleme zu vermeiden oder die Kosten der Kontrolle zur Verringerung dieser Probleme zu reduzieren (Dolde/Tobin, 1983, 62). Solange keine zwangsweise Mitgliedschaft existiert, müssen die Versicherungen versuchen, die Individuen in möglichst homogene Risikengruppen einzuteilen. Tun sie dies nicht, werden die Individuen mit den

„besseren“ Risiken die Versicherung verlassen, um sich zu günstigeren Bedingungen bei konkurrierenden Versicherungen zu versichern, die diese Kategorisierung in Risikogruppen vornehmen. In Einheitsversicherungen mit Zwangsmitgliedschaft ist eine solche Einteilung nicht erforderlich, da ein Abwandern durch gesetzlichen Zwang ausgeschlossen ist. Die Alterssicherungssysteme mit Zwangscharakter unterscheiden sich deshalb c.p. in ihren Nettoleistungen von denen der privaten Versicherungen um die Kosten der Einteilung der Individuen in unterschiedliche Risikenklassen. Aus diesen Gründen können die Wirtschaftssubjekte eine zu geringe Nachfrage nach privaten Versicherungsleistungen entfalten. Diesen Kosten stehen allerdings bei einer privaten Versicherungslösung die Erträge der Risikenselektion gegenüber. Erst die Nettoerträge entscheiden darüber, ob die Individuen bei einer Absicherung auf privaten Versicherungsmärkten eine zu geringe Nachfrage nach Versicherungsleistungen entfalten.

Sofern ein zwangsweise organisiertes staatliches Alterssicherungssystem einer privaten Lösung des Alterssicherungsproblems über die Kapital- und Versicherungsmärkte primär aus distributiven aber auch allokativen Gründen überlegen sein sollte, bleibt zu fragen, welche Form der Finanzierung bei einer staatlich organisierten, zwangsweisen Alterssicherung gewählt werden soll. Bei der Entwicklung der deutschen Rentenversicherung wurde diese Frage bis zum Jahre 1957 eigentlich immer zugunsten einer kapitalfundierten Finanzierungsform entschieden. Äußere Einflüsse verhinderten allerdings zu bestimmten Zeitpunkten, daß diese Vorstellungen in die Tat umgesetzt werden konnten (Thullen, 1981, 97ff). Bei der Gründung der Invalidenversicherung der Arbeiter im Jahre 1890 war zunächst vorgesehen, als Finanzierungsform das Verfahren einer allgemeinen Durchschnittsprämie zu wählen. Die daraus resultierende hohe Anhäufung von Kapital war allerdings der wichtigste Grund, weshalb von dieser Finanzierungsform abgesehen und ein auf der Rentenwertumlage beruhendes Zeitabschnittsdeckungsverfahren eingeführt wurde. Bei der Ergänzung der Invalidenversicherung der Arbeiter um eine Hinterbliebenenversorgung und der Einführung der Angestelltenversicherung änderte man im Jahre 1912 auch das Finanzierungsverfahren. Man ersetzte das Zeitabschnittsdeckungsverfahren der Rentenwertumlage durch das Verfahren einer allgemeinen Durchschnittsprämie. Der Verlust eines Großteils der bis 1914 angesammelten Reserven durch Krieg und Inflation führte in den 20er Jahren zu Versuchen mit einer Variante des Umlageverfahrens in Deckungsabschnitten von zunächst 5, dann von 10 Jahren. Erst im Jahre 1933 erfolgte eine grundlegende Neuordnung der Rentenversicherung. Man kehrte wieder zum Verfahren der allgemeinen Durchschnittsprämie zurück. Nach dem neuerlichen Verlust der Reserven und den beträchtlichen Kriegsfolgelasten für die Rentenversicherung nach dem 2. Weltkrieg wurde mit der Rentenreform von 1957 zunächst ein Umlageverfahren mit Deckungsabschnitten von 10 Jahren eingeführt. Im Jahre 1969 ging man de facto zu einer jährlichen Umlage mit einer Schwankungsreserve von drei Monatsausgaben über, die 1977 auf eine Monatsausgabe gesenkt wurde.

Obwohl in der Bundesrepublik die historischen Umstände und der Zwang, die alte Generation sofort zu versorgen und die Kriegsfolgelasten zu tragen, zur Einführung des Umlageverfahrens in der Rentenversicherung führten, wurde verschiedentlich darauf hingewiesen, daß es einem kapitalfundierten auch insofern überlegen sei, als nur ein umlagefinanziertes Alterssicherungssystem in der Lage sei, die Rentner am allgemeinen Einkommensanstieg einer Volkswirtschaft zu beteiligen, und eine individuelle Vermögensansammlung darüber hinaus nicht erforderlich erscheine. Ein nach dem Kapitaldeckungsverfahren arbeitendes System könne seinen Mitgliedern in der Einführungsphase nur zu wesentlich höheren Beiträgen einen Ausgleich für allgemeine Preissteigerungen und eine Beteiligung am wirtschaftlichen Wachstum gewähren. Sofern schließlich in realwirtschaftlicher Sicht kein Unterschied zwischen einem umlage- und kapitalmäßig fundierten Finanzierungsverfahren besteht, da der Konsum der nicht mehr erwerbstätigen Bevölkerung unabhängig vom gewählten Finanzierungsverfahren im wesentlichen aus dem laufenden Sozialprodukt gedeckt werden muß (Mackenroth, 1952; Borner/Bandi, 1976, 304; Bandi, 1982, 294ff), erscheint ein umlagefinanziertes Alterssicherungssystem überlegen.

Diese positive Einschätzung eines umlagefinanzierten Alterssicherungssystems wird seit einiger Zeit, insbesondere für die USA in Frage gestellt. Vor allem von Feldstein (Feldstein, 1974) wird darauf hingewiesen, daß ein solches Alterssicherungssystem zu einem Rückgang der gesamtwirtschaftlichen Sparquote beitrage und potentielle Wachstumsverluste nach sich ziehe. Nach seinen Vorstellungen hat die Existenz und der Ausbau dieses Alterssicherungssystems in der Nachkriegszeit dazu beigetragen, daß sowohl die gesamtwirtschaftliche Ersparnis als auch die Sparquote der privaten Haushalte ein vergleichsweise geringes Niveau aufweisen und seit den 60er Jahren rückläufig sind. Damit hat seiner Meinung nach das auf dem Umlageverfahren basierende Alterssicherungssystem einen wesentlichen Anteil an dem vor allem seit Ende der 60er Jahre rückläufigen wirtschaftlichen Wachstum.

## II. Entwicklug der Sparquoten in den USA und der Bundesrepublik

Die Alterssicherung in den USA unterscheidet sich in wesentlichen Punkten von der in der Bundesrepublik. Das Ziel der umlagefinanzierten gesetzlichen Rentenversicherung in den Vereinigten Staaten, die ca. 90 % der Erwerbstätigen als Mitglieder umfaßt, besteht primär in einer Absicherung des Existenzminimums (Hurd/Boskin, 1984, 767). Eine weitergehende Sicherung, etwa die Aufrechterhaltung des Lebensstandardes im Alter, obliegt dem ausgebauten System der Betriebsrenten, die nach dem Kapitaldeckungsverfahren organisiert sind, und zusätzlicher privater Absicherung. Wegen des geringen Sicherungsumfanges ist auch der Beitragssatz im Vergleich zu anderen Ländern relativ niedrig.

Er lag 1978 bei 12,4 % (Hurler u.a. 1984, 30), während er in der Bundesrepublik 18 % betrug. Demgegenüber wird in der Bundesrepublik mit der Gesetzlichen Rentenversicherung eine Vollsicherung angestrebt. Dies ist mit höheren Beiträgen verbunden. Im Gegensatz zu den USA spielen die Betriebsrenten, die in der Regel ebenfalls nach dem Umlageverfahren finanziert werden, eine vergleichsweise geringe Rolle.

*Tabelle 1*

**Durchschnittliche jährliche Wachstumsraten des Bruttosozialproduktes (in konstanten Preisen)**

| Jahr | USA in vH | Bundesrepublik in vH |
|---|---|---|
| 1960 | 2,3 | 9,0 |
| 1961 | 1,9 | 4,8 |
| 1962 | 6,1 | 4,4 |
| 1963 | 3,4 | 3,1 |
| 1964 | 4,8 | 6,6 |
| 1965 | 5,9 | 5,4 |
| 1966 | 6,4 | 2,6 |
| 1967 | 2,6 | -0,1 |
| 1968 | 5,0 | 6,1 |
| 1969 | 2,8 | 7,5 |
| 1970 | -0,3 | 5,0 |
| 1971 | 3,0 | 3,2 |
| 1972 | 5,7 | 4,1 |
| 1973 | 5,5 | 5,6 |
| 1974 | -1,7 | 0,5 |
| 1975 | -1,8 | -1,6 |
| 1976 | 5,4 | 5,6 |
| 1977 | 5,5 | 2,8 |
| 1978 | 4,8 | 3,5 |
| 1979 | 3,2 | 4,0 |
| 1980 | -0,2 | 1,8 |
| Zehnjahres-Durchschnitte: | | |
| 1960-1969 | 4,1 | 4,9 |
| 1970-1979 | 2,9 | 3,2 |

*Quellen:* Statistical Abstract of the United States (versch. Jg.)
Statistisches Bundesamt 1982, S. 40

Wegen der quantitativ unterschiedlichen Bedeutung der gesetzlichen Rentenversicherung in den beiden Ländern liegt es nahe zu vermuten, daß der von Feldstein behauptete negative Einfluß auf die gesamtwirtschaftliche Ersparnis, die Investitionsquote und die Wachstumsrate, in der Bundesrepublik wesentlich ausgeprägter ist, als in den Vereinigten Staaten. Die empirischen Zahlen zeigen allerdings, daß die Wachstumsraten in der Bundesrepublik in den 60er Jahren die der USA deutlich übersteigen (Hurler u.a., 1984, 10). Während die Raten in der Bundesrepublik im Durchschnitt bei 4,9 % lagen, beliefen sie sich für die Vereinigten Staaten auf 4,1 %. Gegen Ende der 60er Jahre verringerten sich die Wachstumsraten in den USA drastisch. Sie lagen im Schnitt der 70er Jahre nur noch bei 2,9 %. Diese Entwicklung setzte Mitte der 70er Jahre auch in der Bundesrepublik ein. Die Wachstumsraten beliefen sich für die 70er Jahre aber doch noch auf 3,2 %.

Ganz im Gegensatz zur Entwicklung der Wachstumsraten blieb die Investitionsquote des Unternehmungssektors in den Vereinigten Staaten über den gesamten betrachteten Zeitraum hinweg relativ konstant. Sie belief sich im Schnitt der 60er Jahre auf 14,7 % und für die 70er auf 15,6 %, liegt aber deutlich unter den entsprechenden bundesrepublikanischen Quoten, die sich für die 60er Jahre auf 22, 5 % und für die 70er auf 19,6 % beliefen (Hurler u.a., 1984, 11).

Welche Entwicklung hat in dem fraglichen Zeitraum die Ersparnisbildung in den beiden Ländern genommen? Die gesamtwirtschaftliche Sparquote lag in den USA in den vergangenen 20 Jahren immer deutlich unter der bundesrepublikanischen. Während allerdings in den Vereinigten Staaten mit Ausnahme der Jahre 1975 und 1976 ein verhältnismäßig geringer Rückgang der gesamtwirtschaftlichen Sparquote festzustellen ist, verringerte sich der Wert für die Bundesrepublik seit Anfang der 70er Jahre erheblich (Hurler, 1984, 13).

Zunächst fällt auf, daß der Anteil der von den privaten Haushalten getätigten Ersparnisse an der gesamtwirtschaftlichen Ersparnisbildung in der Bundesrepublik seit Anfang der 60er Jahre kontinuierlich von 25 % im Jahre 1960 auf 66 % im Jahre 1979 zugenommen hat, während gleichzeitig die Finanzierungsanteile des Unternehmungssektors und des Staates von 41 % auf 19 % bzw. 34 % auf 16 % stark zurückgegangen sind. Demgegenüber war der Finanzierungsanteil der Haushalte in den Vereinigten Staaten in dem betrachteten Zeitraum starken Schwankungen unterworfen. Er bewegt sich aber langfristig mit annähernd 50 % etwa auf dem gleichen Niveau wie zu Beginn der 60er Jahre.

Von besonderer Bedeutung für die Stichhaltigkeit der Feldstein-These ist allerdings, wie sich in diesem Zeitraum die Sparquote der privaten Haushalte entwickelt hat. Nur sofern der Rückgang der gesamtwirtschaftlichen Sparquote mit einer ebenfalls rückläufigen Sparquote der privaten Haushalte einhergeht, ergeben sich erste Hinweise, daß die gesetzliche Alterssicherung das Vorsorgesparen für das Alter tangiert haben könnte. Während die Sparquote der privaten Haushalte in den Vereinigten Staaten während des beobachteten

*Tabelle 2*

**Investitionsquote des Unternehmungssektors**

| Jahr | USA[1]) in vH | Bundesrepublik[2]) in vH |
|---|---|---|
| 1960 | 14,3 | 24,1 |
| 1961 | 13,3 | 23,8 |
| 1962 | 14,2 | 23,4 |
| 1963 | 14,0 | 21,8 |
| 1964 | 14,9 | 23,2 |
| 1965 | 15,8 | 24,0 |
| 1966 | 16,2 | 22,2 |
| 1967 | 14,7 | 19,2 |
| 1968 | 14,6 | 20,6 |
| 1969 | 15,0 | 22,2 |
| 1970 | 14,0 | 22,9 |
| 1971 | 14,5 | 22,9 |
| 1972 | 16,1 | 21,8 |
| 1973 | 16,8 | 21,4 |
| 1974 | 15,2 | 18,0 |
| 1975 | 13,3 | 15,8 |
| 1976 | 15,0 | 17,7 |
| 1977 | 16,8 | 17,7 |
| 1978 | 17,4 | 17,9 |
| 1979 | 17,2 | 20,2 |
| 1980 | 15,1 | 20,2 |
| Zehnjahres-Durchschnitte: | | |
| 1960–1969 | 14,7 | 22,5 |
| 1970–1979 | 15,6 | 19,6 |

*Anmerkungen:* 1) vH-Anteil des Gross Private Domestic Investment am Gross national Produkt
2) vH-Anteil der Bruttoinvestitionen am Bruttosozialprodukt

*Quellen:* Statistical Abstract of the United States (versch. Jg.)
Statistisches Bundesamt 1982, S. 40 f. und S. 224 f.

Zeitraumes annähernd konstant blieb und sich im Durchschnitt der 60er Jahre auf 6,7 % und in den 70er auf 7,1 % belief, erhöhte sich die entsprechende Quote in der Bundesrepublik von durchschnittlich 10,8 % in den 60er auf 14,1 % in den 70er Jahren. Interessant ist, daß die privaten Haushalte in den USA nur eine annähernd halb so hohe Sparquote aufweisen wie die Haushalte in der Bundesrepublik.

*Tabelle 3*

**Sparquoten und Struktur der gesamtwirtschaftlichen Ersparnis**

| Jahr | Gesamtwirtschaftliche Sparquote[1] | | vH-Anteile der Sektoren an der gesamtwirtschaftlichen Ersparnis (Summe = 100) | | | | | |
|---|---|---|---|---|---|---|---|---|
| | | | Private Haushalte | | Unternehmen | | Staat | |
| | USA | Bundesrepublik | USA | Bundesrepublik | USA | Bundesrepublik | USA | Bundesrepublik |
| 1960 | 10 | 23 | 50 | 25 | 25 | 41 | 25 | 34 |
| 1961 | 9 | 22 | 63 | 28 | 27 | 33 | 10 | 39 |
| 1962 | 10 | 21 | 53 | 29 | 35 | 33 | 12 | 39 |
| 1963 | 10 | 19 | 45 | 36 | 36 | 27 | 19 | 37 |
| 1964 | 11 | 21 | 52 | 37 | 36 | 27 | 12 | 35 |
| 1965 | 12 | 20 | 48 | 44 | 38 | 28 | 14 | 28 |
| 1966 | 12 | 19 | 49 | 44 | 39 | 27 | 12 | 29 |
| 1967 | 11 | 17 | 62 | 49 | 39 | 29 | -2 | 22 |
| 1968 | 11 | 19 | 55 | 48 | 34 | 30 | 11 | 22 |
| 1969 | 11 | 20 | 50 | 48 | 25 | 27 | 25 | 35 |
| 1970 | 8 | 21 | 82 | 47 | 18 | 21 | 0 | 32 |
| 1971 | 8 | 19 | 81 | 50 | 27 | 18 | -8 | 32 |
| 1972 | 9 | 18 | 64 | 57 | 31 | 14 | 5 | 29 |
| 1973 | 11 | 18 | 64 | 54 | 22 | 9 | 14 | 38 |
| 1974 | 9 | 16 | 82 | 66 | 9 | 6 | 9 | 28 |
| 1975 | 6 | 12 | 127 | 97 | 32 | 9 | -60 | -7 |
| 1976 | 6 | 13 | 91 | 75 | 35 | 13 | -27 | 11 |
| 1977 | 7 | 13 | 66 | 70 | 39 | 10 | -6 | 20 |
| 1978 | 8 | 14 | 53 | 65 | 35 | 18 | 11 | 17 |
| 1979 | 8 | 14 | 54 | 66 | 32 | 19 | 14 | 16 |

*Anmerkung:* 1) vH-Anteil der Ersparnis am verfügbaren Einkommen
*Quelle:* United Nations 1982, S. 664 und S. 673

Obwohl die gesetzliche Alterssicherung in der Bundesrepublik erheblich besser ausgebaut ist als in den Vereinigten Staaten und die Leistungen zu Beginn der 70er Jahre stärker als in den USA ausgedehnt wurden, hat die Sparquote der privaten Haushalte nicht abgenommen. Sie ist vielmehr angestiegen.

Dies scheint der These von Feldstein zu widersprechen. Es bleibt allerdings zweierlei zu berücksichtigen. Zunächst einmal wird in der Bundesrepublik das Ansparen für einen Kauf immer noch einer Kreditnahme vorgezogen. Dies kann möglicherweise die Unterschiede im Niveau der Sparquoten erklären. Daneben hat u.a. die massive Sparförderung der Bundesregierung in den 60er und 70er Jahren sicherlich zu einer positiven Entwicklung der Sparquote in der Bundesrepublik beigetragen.

Zu einer etwas anderen Beurteilung der Entwicklung des Vorsorgesparens der privaten Haushalte gelangt man, wenn man in den Ersparnissen der Unternehmungen und der Sozialversicherung eine Ersparnisbildung für das Alter sieht.

*Tabelle 4*

**Sparquote der privaten Haushalte**

| Jahr | USA | Bundesrepublik |
|---|---|---|
| 1960 | 5,7 | 8,5 |
| 1961 | 7,5 | 8,9 |
| 1962 | 7,2 | 8,6 |
| 1963 | 6,8 | 9,8 |
| 1964 | 6,0 | 11,3 |
| 1965 | 7,3 | 12,2 |
| 1966 | 6,4 | 11,6 |
| 1967 | 7,4 | 11,3 |
| 1968 | 6,7 | 12,5 |
| 1969 | 6,0 | 13,4 |
| 1970 | 8,2 | 13,9 |
| 1971 | 8,2 | 13,7 |
| 1972 | 6,3 | 14,8 |
| 1973 | 8,0 | 14,2 |
| 1974 | 7,5 | 15,3 |
| 1975 | 8,8 | 15,8 |
| 1976 | 7,1 | 14,4 |
| 1977 | 5,8 | 13,5 |
| 1978 | 5,4 | 12,5 |
| 1979 | 5,4 | 13,2 |
| 1980 | 5,7 | 13,3 |
| Zehnjahres-Durchschnitte: | | |
| 1960–1969 | 6,7 | 10,8 |
| 1970–1979 | 7,1 | 14,1 |

*Quellen:* Statistical Abstract of the United States (versch. Jg.)
Statistisches Bundesamt 1982, S. 40.
eigene Berechnungen.

Eine zunehmende Spartätigkeit des Unternehmungssektors wirkt sich im allgemeinen positiv auf die Aktienkurse und das Vermögen der privaten Haushalte aus. Eine Vermögenssteigerung macht weniger eigene Ersparnisse aus dem laufenden Einkommen für die privaten Haushalte notwendig. Danach hätten in der Bundesrepublik die privaten Haushalte ihre Ersparnisse deshalb so stark erhöht, weil die abnehmende Ersparnis der Unternehmungen zu einem relativen Rückgang der Wachstumsrate der Vermögenswerte der Haushalte beigetragen hat. Werten daneben die privaten Haushalte den Rückgang der Ersparnis der Sozialversicherung als ein Anzeichen für zunehmend unsicherer werdende Renten und verstärken deshalb die private Ersparnisbildung, gibt erst die Entwicklung der Summe der Sparquoten der privaten Haushalte, der Unternehmungen und der Sozialversicherung einen aussagekräftigen Hinweis auf die Entwicklung des Vorsorgesparens der privaten Haushalte. Die so berechnete Sparquote ist im Zeitablauf aber zurückgegangen.

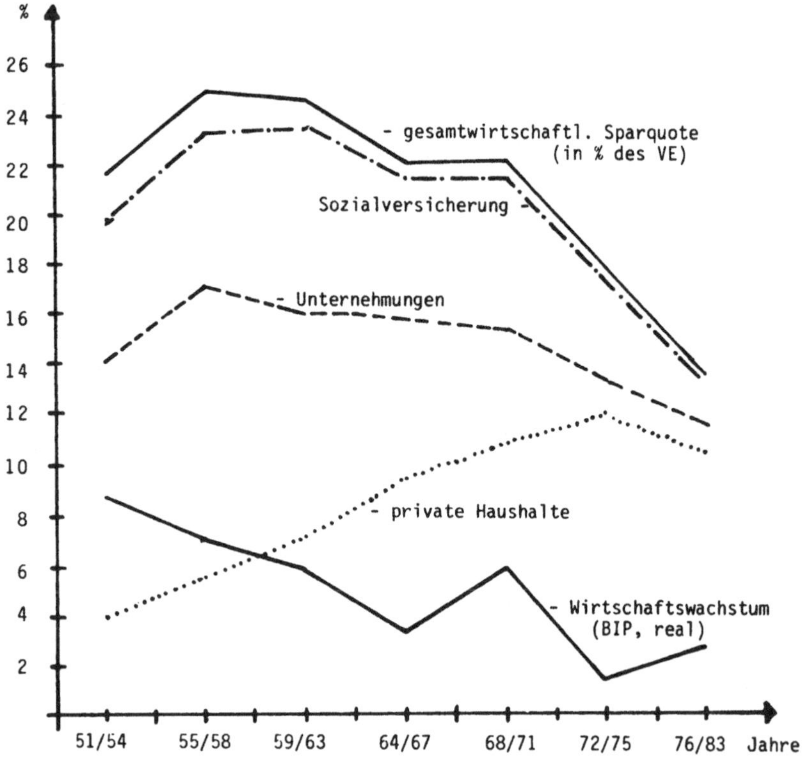


Abb. 9 Längerfristige Entwicklung des Wirtschaftswachstums und der Sparquote

Eine solche Argumentation erscheint allerdings wenig begründet. Selbst wenn in Grenzbereichen Substitutionsprozesse zwischen Vermögen aus Unternehmungsbesitz und Vermögen zu Vorsorgezwecken möglich sind, liegen dem Unternehmungssparen im allgemeinen andere Motive zugrunde. Der Zusammenhang zwischen „unsicherer" werdenden Rentenansprüchen und zusätzlicher privater Ersparnisbildung erscheint zwar für die jüngste Vergangenheit durchaus plausibel. Er verliert aber an Erklärungswert, wenn man berücksichtigt, daß der Anstieg der Sparquote der privaten Haushalte seit Anfang der 50er Jahre anhält, also schon bestand, als die Renten noch als „sicher" angesehen wurden.

Fassen wir zusammen: Die These von Feldstein steht zumindest für die Vereinigten Staaten nicht in einem unmittelbaren Widerspruch zu den empirischen Fakten. Dies gilt vor allem dann, wenn man das international vergleichsweise geringe Niveau der Sparquoten der privaten Haushalte betrachtet. Die Existenz einer umlagefinanzierten Alterssicherung könnte das Niveau der Sparquoten verringert haben. Es ist allerdings kein unmittelbarer Zusammenhang zwischen der Ausweitung der Leistungen des umlagefinanzierten Alterssicherungssystems und der Entwicklung der privaten Spartätigkeit zu beobachten. Vergleicht man das weitaus stärker ausgebaute System der Alterssicherung in der Bundesrepublik mit dem in den USA, dann fällt es schwer zu glauben, daß das primär eine Mindestsicherung bietende amerikanische Alterssicherungssystem im Vergleich zur Vollsicherung des bundesrepublikanischen zu einer privaten Sparquote in den USA beigetragen haben soll, die nur halb so groß wie die bundesrepublikanische ist.

Ganz im Gegensatz dazu kann in der Bundesrepublik der behauptete negative Zusammenhang zwischen der gesetzlichen Alterssicherung und der Ersparnis der privaten Haushalte nicht eindeutig nachgewiesen werden. Trotz des erheblichen Ausbaus der Alterssicherung in den 50er und 70er Jahren hat sich die Sparquote der privaten Haushalte derart erhöht, daß damit der Rückgang der Ersparnisse des Unternehmungssektors weitgehend ausgeglichen werden konnte. Nun kann man allerdings auch diese Entwicklung nicht als Widerlegung der These von Feldstein betrachten. Eine Reihe von Sonderentwicklungen in der Bundesrepublik in den Nachkriegsjahren können die möglicherweise vorhandenen negativen Auswirkungen der gesetzlichen Alterssicherung auf die private Ersparnisbildung überkompensiert haben.

## B. Theoretische Analyse des Zusammenhanges von umlagefinanzierter Alterssicherung und gesamtwirtschaftlicher privater Sparquote

Mit den weltweit rückläufigen Wachstumsraten seit Ende der 60er Jahre wird wieder intensiver die Frage diskutiert, inwieweit die gesetzliche Alterssicherung über eine Verringerung der Ersparnisbildung der privaten Haushalte die gesamtwirtschaftliche Sparquote reduziert und die Investitions- und Wachstumsmöglichkeiten einer Volkswirtschaft beschränkt. Damit wird eine zumindest für Deutschland alte Diskussion wieder belebt, die sowohl im Vorfeld der Einführung der Invalidenversicherung im Jahre 1889 (Syrup, 1957, 119 — 121) als auch im Zusammenhang mit der Rentenreform von 1957 stattfand (Hankel/Zweig, 1957; Willgerodt, 1957) und seither immer wieder Anlaß zu Kontroversen gab. Der Impuls, der zu neuerlichen Diskussionen führte, wurde durch empirische Untersuchungen ausgelöst, nach denen das Sozialversicherungssystem in den USA die private Ersparnisbildung um über ein Drittel verringert habe (Feldstein, 1974; Munell, 1974).

Diese These blieb allerdings weder theoretisch noch empirisch unbestritten. Die Kritik auf theoretischer Ebene entzündete sich sowohl an den unterstellten mikroökonomischen als auch makroökonomischen Zusammenhängen. Die den theoretischen Überlegungen zugrunde liegende Lebenszyklustheorie Fisherscher Prägung führt zu keinen eindeutigen Ergebnissen. Die Alterssicherung ruft mit dem „wealth replacement"- und dem „induced retirement"-Effekt zwei gegensätzlich wirkende Effekte auf die private Ersparnisbildung hervor. Während der „wealth replacement"- oder „Vermögenssubstitutionseffekt" anzeigt, in welchem Umfang private Ersparnisse durch „Rentenversicherungsersparnisse" substitutiert werden, gibt der „induced retirement"- oder „Ruhestandseffekt" an, wie sich die Bildung privater Ersparnisse ändert, wenn eine umlagefinanzierte Rentenversicherung auch Einfluß auf die Ruhestandsgrenze nimmt. Welcher der beiden Effekte überwiegt, läßt sich theoretisch nicht entscheiden. Diese Frage kann nur empirisch geklärt werden (Jafari-Samimi, 1984). Erweitert man den Modellrahmen um intergenerative Aspekte, erscheint es theoretisch möglich, daß der Einfluß der Sozialversicherung auf die Sparquote unbedeutend wird (Barro, 1974; 1976; 1978). Neben diesen gegensätzlichen Positionen auf mikroökonomischer Ebene wurde aus makroökonomischer Sicht darauf hingewiesen, daß zwischen einem kapitalfundierten und einem umlagefinanzierten Alterssicherungssystem solange keine Unterschiede im Hinblick auf die Höhe der gesamtwirtschaftlichen Sparquote bestehen, als auch beim Umlageverfahren eine versicherungsadäquate Lösung realisiert wird (Hymans, 1981). Der Umfang der gesamtwirtschaftlichen Ersparnisbildung wird in einem solchen Falle primär von der demographischen Entwicklung, den altersspezifischen Sparquoten und den Veränderungen in der Arbeitsproduktivität determiniert.

## I. Eine Untersuchung der mikroökonomischen Zusammenhänge

### 1. Vermögenssubstitutionseffekte

Die theoretischen Überlegungen auf mikroökonomischer Ebene basieren auf der Lebenszyklushypothese des Sparens, wie sie von I. Fisher (Fisher, 1907) und vor allem von Modigliani entwickelt wurde (Modigliani/Brumberg, 1954; Modigliani, 1966; 1970). Die Wirtschaftssubjekte planen, ihr laufendes Einkommen in Abhängigkeit vom erwarteten Zeitpfad des Arbeitseinkommens, ihrer subjektiven Lebenserwartung, ihren Präferenzen für die Freizeit und dem erwarteten Zinssatz so zu verwenden, daß ihre Konsummöglichkeiten in optimaler Weise über den gesamten Lebensverlauf hinweg aufgeteilt werden. Der Nutzen der Individuen bestimmt sich nicht allein nach der Höhe, sondern auch nach der zeitlichen Verteilung des Einkommens bzw. Konsums. Eine stetigere Einkommens- und Konsumentwicklung erhöht vor allem bei weniger risikofreudigen Wirtschaftssubjekten den individuellen Nutzen. Sofern man aus Gründen der Vereinfachung zunächst einmal davon ausgeht, daß die Individuen ihren Nachkommen keine Erbschaften zu hinterlassen wünschen, planen sie ihr Einkommen so zu verausgaben, daß der Gegenwartswert der erwarteten Einkommen gleich dem der erwarteten Konsumausgaben ist. Mit der Entscheidung für einen bestimmten, den intertemporalen Nutzen maximierenden stetigen Konsumstrom legen sie gleichzeitig den Zeitpunkt fest, zu dem sie sich aus dem Erwerbsleben zurückziehen wollen. Sie können während der Altersphase, in der sie keine Faktoreinkommen beziehen, ihr in der Phase der Erwerbstätigkeit realisiertes Konsumniveau nur aufrechterhalten, wenn sie in dieser Zeit Ersparnisse bilden und Vermögen ansammeln, das sie im Alter auflösen (Kotlikoff, 1979).

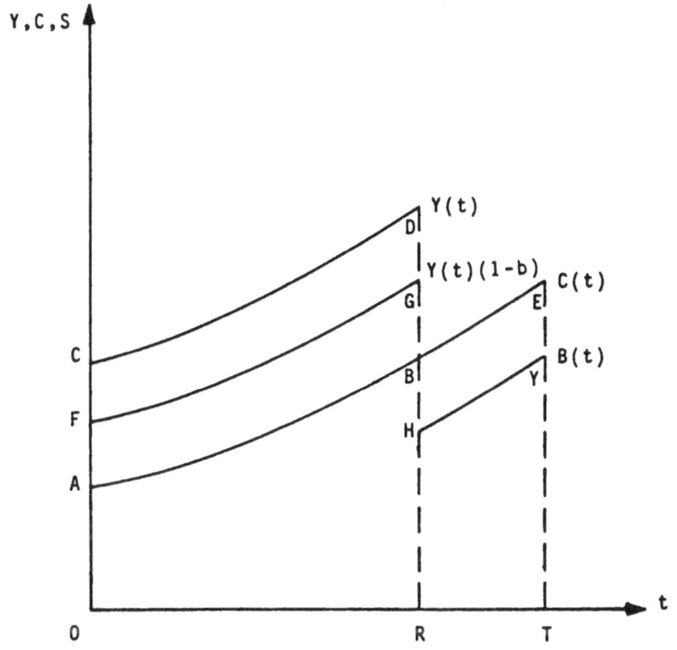


Abb. 10. Der individuelle Sparprozeß im Lebenszyklus mit und ohne gesetzlicher Alterssicherung

Die Wirtschaftssubjekte planen bei einem erwarteten Lebenseinkommensverlauf Y(t) und einer Lebensdauer (T), einen mit dem Einkommen ansteigenden stetigen Konsumstrom in Höhe von C(t). Dieses Konsumniveau läßt sich im Alter nur aufrechterhalten, wenn die Ruhestandsgrenze (R) so gewählt wird, daß die während der Phase der Erwerbstätigkeit gebildeten aufgezinsten Ersparnisse (ABDC) gerade ausreichen, den Konsum im Alter (RTEB) zu ermöglichen. Am Lebensende ist das gesamte während der Erwerbstätigkeitsphase erzielte durchschnittliche Einkommen für Konsumzwecke verausgabt.

Diese Zusammenhänge lassen sich auch mit den Mitteln der traditionellen Wahlhandlungstheorie darstellen. Betrachten wir zu diesem Zweck ein Individuum, das seine Konsum-Sparentscheidung über einen Zeitraum von zwei Perioden treffen muß. Die erste Periode soll die Zeit der Erwerbstätigkeit und die zweite die Zeit nach dem Eintritt in das Rentenalter darstellen. Während es in der ersten Periode ein Einkommen ($Y_1$) in Höhe von (A) bezieht, erhält es in der zweiten Periode kein Arbeitseinkommen. Die zweiperiodige Budgetgerade des Individuums schneidet die horizontale Achse folglich im Punkt (A). Die Steigung der Geraden wird durch den Zinssatz (i) bestimmt, zu dem die Ersparnisse der ersten Periode verzinst werden. Die individuelle Präferenzstruktur entscheidet darüber, welcher Punkt auf der intertemporalen Budgetgeraden gewählt wird. Sofern wir davon ausgehen, daß der Punkt (B) präferiert wird, muß das Individuum während der Phase der Erwerbstätigkeit Ersparnisse in Höhe von (A-C) bilden, um in der Altersphase einen Konsum in Höhe von (D) realisieren zu können. Während es während der Erwerbstätigkeitsphase Konsumgüter in Höhe von (C) nachfragt, verbraucht es die aufgezinsten Ersparnisse (A-C) der ersten Periode zum Konsum (D) in der Altersphase.

Wie verändert sich das individuelle Spar- und Konsumverhalten, wenn wir die Existenz eines kollektiven Alterssicherungssystems berücksichtigen? Eine solche Alterssicherung kann grundsätzlich sowohl kapitalfundiert als auch umlagefinanziert sein. Wir wollen uns im folgenden nur mit zwangsweisen Rentenversi-

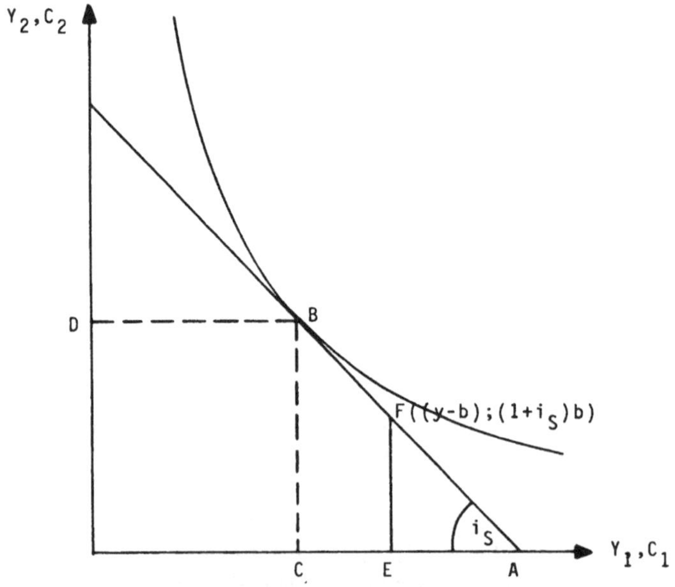


Abb. 11. Das individuelle Sparverhalten mit und ohne gesetzlicher Alterssicherung

cherungssystemen befassen, die nach dem Umlageverfahren finanziert sind. Dies hat zwei Gründe: die kollektiven Alterssicherungssysteme der meisten westlichen Länder sind umlagefinanziert; wie wir an späterer Stelle zeigen werden, unterscheiden sich umlagefinanzierte Systeme dann nicht von kapitalfundierten, wenn die Kapitalmärkte vollkommen sind, das Prinzip der Beitragsäquivalenz eingehalten und die Lebenserwartung sicher ist. Die Ersparnisse im Rahmen der Rentenversicherung sind vollständige Substitute zu den privaten Ersparnissen, ohne allerdings den gesamtwirtschaftlichen Konsum, die aggregierte gesamtwirtschaftliche Ersparnis oder die geplanten Erbschaften zu beeinflussen (Sheshinski/Weiss, 1981, 189).

Die gesetzliche Rentenversicherung übernimmt einen Teil der individuellen Aufgabe, für das Alter vorzusorgen. Die Wirtschaftssubjekte müssen einen Teil ihres Einkommens während der Phase der Erwerbstätigkeit als Sozialabgaben an die Rentenversicherung abführen. Dafür können sie im Alter eine Rente erwarten. Die Beiträge zur Rentenversicherung verringern das verfügbare Einkommen während der Zeit der Erwerbstätigkeit und erhöhen es um die Transferzahlungen im Alter. Ein gesetzliches Alterssicherungssystem vermindert die Notwendigkeit der Wirtschaftssubjekte, für das Alter freiwillig zu sparen. Die erwarteten zukünftigen Renten stellen für die Individuen eine Art Vermögen dar, das es ihnen ermöglicht, weniger private Ersparnisse zu bilden.

Sofern die Leistungen der gesetzlichen Rentenversicherung nach äquivalenztheoretischen Grundsätzen festgelegt werden (Feldstein, 1980, 5) — der Gegenwartswert der erwarteten Rentenzahlungen dem der geleisteten Beitragszahlungen entspricht —, die „interne Verzinsung“ der Beitragszahlungen an die Rentenversicherung der einer Anlage der finanziellen Mittel auf den Kapitalmarkt entspricht und die Möglichkeit, die Ansprüche an die Rentenversicherung geltend zu machen, nicht an eine bestimmte Altersgrenze, wie die allgemeine oder die flexible Altersgrenze, gebunden sind, beeinfußt die Rentenversicherung weder das Lebenszeitvermögen der Wirtschaftssubjekte noch die relativen Preise. Der geplante Konsumstrom und die individuellen Ersparnisse bleiben unverändert. Allerdings findet eine Art Aktivtausch bei den Haushalten statt. Ein Teil der geplanten privaten Ersparnis wird durch „öffentliche“ Ersparnisse in Form von Ansprüchen an die Rentenversicherung ersetzt. Die erwarteten Renten sind Vermögensansprüche, die zukünftige Generationen allerdings erst noch erwirtschaften müssen. Deshalb bezeichnet Feldstein diese Art von ungedecktem Vermögen als „pseudo-wealth“ (Feldstein, 1980, 6). Da die gesetzliche Rentenversicherung nach dem Umlageverfahren finanziert wird und die Beitragszahlungen der Erwerbstätigen nicht in Realkapital angelegt werden, sondern direkt zur Finanzierung alter Rentenansprüche herangezogen werden, verringert sich das gesamtwirtschaftliche Sparvolumen um die „Ersparnisse“ in der Rentenversicherung.

Diese Zusammenhänge lassen sich wiederum graphisch verdeutlichen. Die Existenz einer Alterssicherung verschiebt die Gerade des verfügbaren Einkommens Y(t) in Abb. 10 um die Beitragszahlungen (b) nach unten auf Y(t)(1-b). Gleichzeitig erwachsen dem Arbeitnehmer Ansprüche an die Rentenversicherung in Höhe von B(t). Die Wirtschaftssubjekte decken einen Teil ihrer Konsumausgaben (RBET) im Alter nicht mehr aus privaten Ersparnissen, sondern aus Transferzahlungen (RHJT) der Rentenversicherung. Die privaten Ersparnisse vermindern sich um den Betrag (FCDG) auf (AFGB), sofern sie vollständig durch „öffentliche" Ersparnisse substituiert werden.

Mit der Einführung einer versicherungsgerechten gesetzlichen Alterssicherung, in der die Einlagen dieselbe Rendite wie eine Anlage der entsprechenden finanziellen Mittel auf den Kapitalmärkten abwerfen, werden weder das Lebenszeitbudget noch die relativen Preise verändert. Das individuelle Konsum- und Sparverhalten bleibt unbeeinflußt. Die Erhebung von Beiträgen während der Phase der Erwerbstätigkeit führt zu einer Budgetgeraden (Abb. 11), die im Punkt (F) abknickt. Da sich die Sozialabgaben annahmegemäß wie die privaten Ersparnisse verzinsen und keine Vermögensveränderungen eintreten, bleibt die Lage und Gestalt der Budgetgeraden unverändert. Sofern sich durch die Einführung einer gesetzlichen Alterssicherung die Präferenzstruktur nicht verändert, bleibt auch der geplante Konsumpunkt (B) bestehen. Um diesen Punkt zu realisieren, muß das Individuum allerdings nur noch in Höhe von (CE) private Ersparnisse bilden. Die Differenz wird durch Vermögensansprüche an die Rentenversicherung gedeckt. Die private Ersparnisbildung hat sich bei Anwesenheit einer gesetzlichen Alterssicherung um (A-C) — (E-C) = (A-E) verringert. Dies ist unter den getroffenen Annahmen genau der Betrag, der als Beitrag zur Rentenversicherung erhoben wird. Die privaten Ersparnisse werden im Verhältnis eins:eins durch öffentliche Ersparnisse ersetzt.

Der „wealth replacement"-Effekt läßt sich auch an der Entwicklung des individuellen Vermögensbestandes im Lebensverlauf ablesen (Modigliani /Sterling, 1983, 28). Sofern die Ansprüche an die Rentenversicherung von den Wirtschaftssubjekten als gleichwertig mit den Vermögenstiteln aus privater Spartätigkeit angesehen werden, verringert sich der individuelle Zwang zur privaten Vermögensbildung. Während der Vermögensbestand, der in der Altersphase zur Abdeckung des Konsums herangezogen wird, bis zur frei gewählten Ruhestandsgrenze (R) kontinuierlich ansteigt, führt die Vermögensauflösung nach der Verrentung zu einem kontinuierlichen Abbau des Vermögensbestandes bis zum Lebensende (T). Ohne ein gesetzliches System der Alterssicherung entwickelt sich der Bestand an Vermögen, der durch private Ersparnisbildung entsteht, entsprechend der Kurve ($V_S$). Die Existenz einer Rentenversicherung trägt dazu bei, daß zwar nach wie vor derselbe Bestand an Vermögen erforderlich bleibt, der Umfang der Ansammlung von Vermögen über private Spartätigkeit wird aber im Ausmaß der während der Erwerbstätigkeit durch Beitragszahlungen erworbenen Ansprüche an die Rentenversicherung reduziert. Der durch private Ersparnisbildung im Lebensverlauf entstehende Bestand an Vermögen nimmt deshalb den der Kurve ($V_S$) entsprechenden

Verlauf an. Die Differenz zwischen den beiden Kurven stellt das individuelle Rentenversicherungsvermögen ($V_{RV}$) dar.

Das Ausmaß des Vermögenssubstitutionseffektes, der aus einem einfachen Lebenszyklusmodell abgeleitet wurde, ist nicht unbestritten geblieben. Vor allem die These, daß die Bildung von „Ersparnissen" in der Rentenversicherung

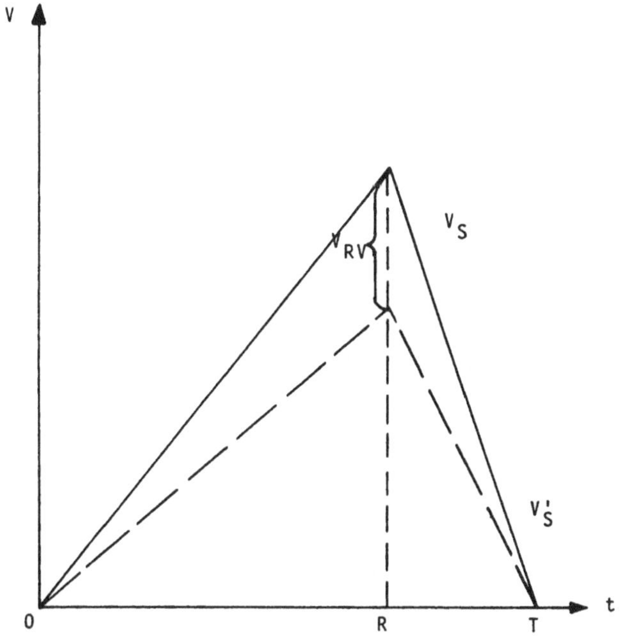


Abb. 12. Vermögenssubstitutionseffekt der Rentenversicherung

die private Spartätigkeit der Individuen im Verhältnis eins:eins ersetze, führte zu Modifikationen des Lebenszyklusmodells (Feldstein/Pellechio, 1979; Feldstein, 1983, 6f). So wurde darauf hingewiesen, daß die Ansprüche an die Rentenversicherung kein Vermögen darstellen, über das die Individuen frei verfügen können. Im Gegensatz zu Vermögen, das über private Ersparnisse gebildet wird, ist das „Rentenversicherungsvermögen" vergleichsweise illiquide. Es steht erst nach Ablauf der Erwerbstätigkeit und auch da erst zu einem ganz bestimmten, gesetzlich festgelegten Zeitpunkt für Konsumzwecke zur Verfügung. Während der Zeit der Erwerbstätigkeit kann es in keiner Weise in Anspruch genommen werden: es kann weder unmittelbar für Konsumzwecke verwandt werden, noch kann es als Sicherheit für Kredite dienen. Da die Ansprüche an die Rentenversicherung an die Person bzw. deren Ehepartner gebunden sind, die während der Erwerbstätigkeit die Beitragszahlungen geleistet haben, ist es auch nicht möglich, die Ansprüche an die Rentenversicherung zu verschenken oder zu vererben. Hieraus kann man erkennen, daß „Rentenversicherungsvermögen“, Vermögen aus privater Spartätigkeit nur unvollständig ersetzen kann.

Schließlich wird der „wealth replacement“-Effekt nur dann voll wirksam, wenn der Umfang der Beitragszahlungen die individuell geplanten Ersparnisse ohne eine gesetzliche Alterssicherung nicht übersteigt. Sind die Sozialabgaben an die Rentenversicherung höher, werden die Individuen in ihren Möglichkeiten, eine optimale Konsumstruktur zu realisieren, erheblich eingeschränkt. Dies gilt allerdings nur, wenn sie nicht in der Lage sind, sich in dem Ausmaß der erzwungenen Mehrersparnis auf dem Kapitalmarkt zu verschulden oder auf vorhandenes privates Vermögen zurückzugreifen (Crawford/Lilien, 1981; Diamond/Hausman, 1984). Bei Kapitalmarktmängeln und unzureichendem privatem Vermögen werden die Wirtschaftssubjekte wegen der zwangsweisen Mitgliedschaft in der Rentenversicherung und der Verpflichtung, einen bestimmten Teil ihres Einkommens als Beitragszahlungen an die Rentenversicherung abzuführen, gezwungen, in einem Umfang für ihr Alter vorzusorgen, der nicht ihren Vorstellungen entspricht. Selbst wenn der Zinssatz der Wachstumsrate des Einkommens entspricht und die Einkommenssituation der Individuen durch die gesetzliche Rentenversicherung nicht tangiert wird, ändert sich die individuelle Konsumstruktur. In der Phase der Erwerbstätigkeit wird zwangsweise mehr gespart. Dies dürfte vor allem bei Individuen mit geringeren Einkommen der Fall sein, da ihnen der Zugang zum Kapitalmarkt weitgehend versperrt sein dürfte. Der Vermögenssubstitutionseffekt fällt in einer solchen Situation geringer aus.

### 2. Zinseffekte

Betrachten die Wirtschaftssubjekte die Ansprüche an die Rentenversicherung ausschließlich unter dem Aspekt der Vorsorge für das Alter, können die festen realen jährlichen Ansprüche einen effektiven Ersatz für die gleiche Summe an privaten Ersparnissen darstellen. Tatsächlich ist aber der Umfang der Leistungen aus der Rentenversicherung nicht vertraglich festgelegt. Er wird vielmehr periodisch durch gesetzliche Regelungen bestimmt, die sowohl wegen eines möglichen wirtschaftlichen Wandels als auch wegen des diskretionären Charakters politischer Entcheidungen nicht prognostizierbar sind. Veränderungen in der Altersstruktur einer Bevölkerung oder rückläufige Wachstumsraten können ebenso wie verteilungspolitisch motivierte staatliche Eingriffe dazu beitragen, daß die von den Wirtschaftssubjekten für die Zukunft erwarteten Rentenleistungen nicht realisiert werden. Während Pessimisten eher damit rechnen, daß die gegenwärtigen Leistungen der Rentenversicherung in der Zukunft nicht mehr verwirklicht werden können, sind Optimisten eher der Meinung, daß auch für die Zukunft das bisherige Leistungsniveau verwirklicht werden kann oder sogar mit einem Anstieg der Leistungen aus der Rentenversicherung zu rechnen ist. Demzufolge wird die erste Gruppe zu verstärkter privater Ersparnisbildung neigen, um im Alter den während der Erwerbstätigkeit realisierten Lebensstandard aufrechtzuerhalten. Die Unsicherheit über den Umfang der Leistungen in der Zukunft trägt dazu bei, daß die private Ersparnisbildung für die Zwecke der Alterssicherung weniger reduziert wird (Darby, 1979, 2). Umgekehrt werden die Mitglieder der zweiten Gruppe ihre private Spartätigkeit vergleichsweise stark reduzieren, weil sie der Meinung sind, daß über die Rentenversicherung in ausreichendem Maße für ihr Alter vorgesorgt wird. Je größer der Anteil der Wirtschaftssubjekte ist, die damit rechnen, daß die Rentenversicherung das gegenwärtige Leistungsniveau aufrechterhalten wird, desto eher ist damit zu rechnen, daß die „öffentliche" Ersparnis im Rahmen der gesetzlichen Rentenversicherung im selben Umfang die private Spartätigkeit ersetzt.

Diesen Zusammenhang kann man auch so deuten, daß die interne Verzinsung der Beitragsleistungen in der Rentenversicherung im Vergleich zur Rendite privater Ersparnisse auf den Kapitalmärkten über das Ausmaß des Vermögenssubstitionseffektes entscheidet. Gehen wir zunächst von der gleichgewichtigen Situation aus, daß sich die beiden Zinssätze entsprechen. Ein Anstieg der individuell empfundenen Unsicherheit über die zukünftigen Leistungen der Rentenversicherung verringert die erwartete Rendite der Beitragsleistungen. Die Wirtschaftssubjekte erleiden bei unverändertem Zinssatz auf dem Kapitalmarkt einen individuellen Vermögensverlust (Darby, 1979, 17). Sofern die Nachfrage nach Konsumgütern in jedem Alter wie die Nachfrage nach einem normalen Gut reagiert, trägt der negative Vermögenseffekt entsprechend der Lebenszyklustheorie des Konsums dazu bei, daß sich der Konsumstrom sowohl während der Phase der Erwerbstätigkeit als auch im Alter verringert, die Bildung privater Ersparnisse während der Erwerbstätigkeit aber ansteigt (Kotlikoff, 1979). Umgekehrt führt die Erwartung, daß die Leistungen der Rentenversicherung in Zukunft noch verbessert werden, die erwartete Rendite des „Rentenversicherungsvermögens" somit ansteigt, zu einem positiven Vermögenseffekt, der mit einem stärkeren Rückgang der privaten Spartätigkeit verbunden ist.

Die geringere interne Verzinsung in der gesetzlichen Rentenversicherung trägt dazu bei, daß sich die intertemporale Budgetgerade, wie sie in Abb. 11 dargestellt wurde, nach links verschiebt. Sie verläuft zwischen (AE) für die Höhe der Beitragszahlungen mit einer Steigung, die der internen Verzinsung in der Rentenversicherung ($i_{RV}$) entspricht. Da die Wirtschaftssubjekte über ihr Einkommen nach Abzug der Sozialabgaben frei verfügen können, verläuft die Budgetgerade ab dem Punkt (G) parallel zur ursprünglichen Budgetgeraden mit der Steigung ($i_S$), die dem herrschenden Kapitalmarktzins entspricht.

Der negative Vermögenseffekt trägt bei positiven Einkommenselastizitäten für den gegenwärtigen und zukünftigen Konsum zu einem Rückgang der Nachfrage nach Konsumgütern in der Phase der Erwerbstätigkeit von (C) auf (C') und während des Alters von (D) auf (D') bei. Demgegenüber steigt die gesamte geplante Ersparnis von (AC) auf (AC') an. Dieser Anstieg ist auf steigende private Ersparnisse in Höhe von (CC') zurückzuführen. Ob es durch

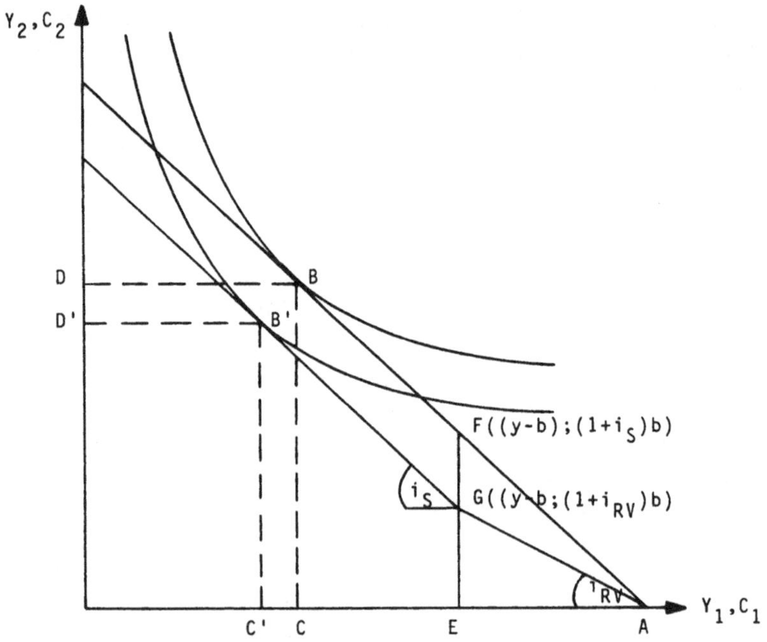


Abb. 13. Interne Verzinsung der gesetzlichen Rentenversicherung und private Ersparnisbildung

die Existenz einer gesetzlichen Rentenversicherung zu einer Verminderung der gesamten privaten Ersparnisbildung kommt, hängt in einer solchen Situation vom Verhältnis der erzwungenen „öffentlichen" Ersparnis (AE) und der zinsinduzierten zusätzlichen Ersparnis (CC') ab. Es ist allerdings unmittelbar zu erkennen, daß die private Spartätigkeit nur dann spürbar ansteigt, wenn sich die interne Verzinsung der Beitragszahlungen in der gesetzlichen Rentenversicherung und die Rendite, die auf dem Kapitalmarkt erzielt werden kann, stark unterscheiden. Bei geringfügigen Abweichungen ist mit vernachlässigbaren zinsinduzierten Veränderungen zu rechnen.

Übersteigt demgegenüber die interne Verzinsung der Beitragszahlungen ($i_{RV}$) die mögliche Rendite einer Anlage der entsprechenden finanziellen Mittel auf dem Kapitalmarkt ($i_S$), dann resultiert daraus ein positiver Vermögenseffekt. Sofern die Einkommenselastizitäten des Konsums einen entsprechend positiven Wert aufweisen, verringert sich als Folge der Umfang der gesamten geplanten Ersparnisse. Da die „öffentliche" Spartätigkeit festgelegt ist, schlägt sich dies in einem Rückgang der privaten Spartätigkeit nieder. Bei einer solchen Konstellation der Renditen trägt die Existenz einer gesetzlichen Rentenversicherung mit dazu bei, daß sich die private Ersparnisbildung um mehr verringert, als die Bildung „öffentlicher" Ersparnisse ansteigt.

Wovon hängt es nun ab, wie sich die beiden Renditen entwickeln. Wie wir an späterer Stelle noch zeigen werden, wird die Verzinsung der Beitragszahlungen bei einem umlagefinanzierten Alterssicherungssystem nicht vom Marktzins, sondern von der Wachstumsrate des Einkommens bestimmt. Im Wachstumsgleichgewicht entspricht sie der Summe der Wachstumsrate des pro-Kopf-Einkommens und der Bevölkerung (Keyfitz, 1977, 262ff). Bei einer stabil wachsenden Bevölkerung und technischem Fortschritt, wächst im „steady state" das Einkommen einer Volkswirtschaft mit der Wachstumsrate der Bevölkerung und der fortschrittsinduzierten Rate des pro-Kopf-Einkommens. Die früher geleisteten Beitragszahlungen der alten Generation verzinsen sich mit der Summe der Wachstumsraten der Bevölkerung und des pro-Kopf-Einkommens.

Stagniert demgegenüber die stabile Bevölkerung, wächst aber das Einkommen bedingt durch die Anwendung technischen Fortschritts weiter, dann steigt das pro-Kopf-Einkommen mit der Rate des technischen Fortschritts. Da ein konstanter Teil des Einkommens jede Periode als Beitrag an die Rentenversicherung abgeführt und der alten Generation als Rente ausgezahlt wird, wachsen die Beitragszahlungen pro Kopf mit derselben Rate. Die Beitragszahlungen der alten Generation waren allerdings geringer als die Renten, die sie im Alter empfängt, weil ihr pro-Kopf-Einkommen während der Phase der Erwerbstätigkeit kleiner war, als das pro-Kopf-Einkommen der Generation, die ihre Rente finanziert. Bei einer stagnierenden Bevölkerung verzinsen sich die Beitragszahlungen somit nur mit der Wachstumsrate des pro-Kopf-Einkommens.

Die Leistungen einer umlagefinanzierten gesetzlichen Rentenversicherung entsprechen demzufolge versicherungsmathematischen Grundsätzen, wenn der Kapitalmarktzins gleich der Wachstumsrate des Einkommens ist. Dies ist allerdings nur dann der Fall, wenn sich die Wirtschaft auf dem durch die „goldene Regel" ausgezeichneten gleichgewichtigen Wachstumspfad befindet (Feldstein, 1980, 5). Bei Abweichungen von diesem Pfad entsprechen sich Zinssatz und Wachstumsrate des Einkommens nicht mehr. Die Folge sind Einkommenseffekte, die den „wealth replacement"-Effekt abschwächen, sofern der Kapitalmarktzins kleiner als die Wachstumsrate des Einkommens ausfällt oder ihn verstärken, sofern der umgekehrte Fall eintritt. Für ein langfristiges Gleichgewicht von Bedeutung dürfte allerdings nur der Fall sein, in dem der Zinssatz die Wachstumsrate des Einkommens übersteigt. Die Situation, in der die Einkommenswachstumsrate im „steady state" größer als der Kapitalmarktzins ist, impliziert eine ineffiziente Überakkumulation von Kapital (Phelps, 1966). Es erscheint deshalb fraglich, ob eine Wirtschaft überhaupt in einem gleichgewichtigen Zustand sein kann, wenn die Wachstumsrate des Einkommens den Kapitalmarktzins übersteigt (Barro, 1976, 345).

Diese Überlegungen, die sich an Gleichgewichtszuständen orientieren, gelten nur für sehr lange Zeiträume. Sie sind deshalb — zumindest für eine Analyse, die nur die Lebensphase maximal zweier Generation betrachtet — von geringer

Bedeutung. Von größerer empirischer Relevanz erscheinen vielmehr die Übergangsphasen von einem gleichgewichtigen Wachstumspfad zu einem anderen. Bei einer solchen, zeitlich begrenzten Betrachtungsweise ist — wie an anderer Stelle gezeigt wird — bei einem Rückgang in den Bevölkerungswachstumsraten eher damit zu rechnen, daß der Zinssatz die Wachstumsrate des Einkommens übersteigt, während der umgekehrte Fall bei ansteigenden Wachstumsraten der Bevölkerung wahrscheinlich wird. Negative Auswirkungen auf die gesamtwirtschaftliche Ersparnisbildung sind somit eher in Zeiten ansteigender als in Phasen rückläufiger Bevölkerungswachstumsraten zu erwarten. Es sind also eher makroökonomische Gegebenheiten, die einen signifikanten Einfluß auf die gesamtwirtschaftliche Sparquote ausüben.

### 3. Erkenntniseffekte

Der von Feldstein postulierte „Vermögenssubstitutionseffekt" wird auch aus grundsätzlichen Überlegungen heraus vor allem von Katona und Cagan in Frage gestellt. Sie weichen allerdings in ihren Annahmen über die individuelle Nutzenfunktion erheblich von den traditionellen Annahmen der ökonomischen Analyse ab (Munell, 1974, 554; Feldstein, 1983, 6). Gestützt auf Haushaltsbefragungen fanden Katona und Cagan, daß Haushalte, die durch Pensionsfonds für ihr Alter abgesichert sind, nicht weniger an privaten Ersparnissen aufbringen, als Individuen, die nicht durch solche kollektiven Regelungen im Alter versorgt sind (Katona, 1965, 90; Cagan, 1965, 51). Sie bringen im Gegenteil mehr an zusätzlichen Ersparnissen auf, als Haushalte ohne diese Absicherung. Cagan erklärt dieses Resultat mit einem „recognition"-Effekt (Cagan, 1965, 53). Wenn die Individuen gezwungen werden, sich an einer kollektiven Alterssicherung zu beteiligen, wird ihnen erst klar, wie wichtig es ist, für das Alter vorzusorgen. Unter Umständen werden sie zusätzliche Sparanstrengungen unternehmen, wenn ihnen die Ansprüche aus den Pensionsfonds für die Altersversorgung zu niedrig erscheinen (Cagan, 1965, 53f). Diesem „recognition"-Effekt wirkt ein „subsitution"-Effekt entgegen, der immer dann von Bedeutung ist, wenn eine Vollabsicherung erreicht ist (Cagan, 1965, 84). Der Nettoeffekt auf die gesamtwirtschaftliche Sparquote hängt davon ab, in wieviel Haushalten der „recognition"-Effekt überwiegt. In der Untersuchung von Cagan, die allerdings nicht repräsentativ ist, überwiegt eindeutig der „recognition"-Effekt (Cagan, 1965, 85).

Demgegenüber erklärt Katona den positiven Einfluß kollektiver Alterssicherungssysteme auf die private Spartätigkeit mit der sogenannten „goal gradient"-Hypothese. Danach nehmen die Anstrengungen, mit denen ein Ziel angestrebt wird, mit der Nähe des Ziels zu (Katona, 1965, 4f, 90; Pechman/Aaron/Taussig, 1968). In einer repräsentativen Umfrage gelangt er zu dem Ergebnis, daß die Absicherung in einer kollektiven Alterssicherung der erste Schritt ist, die Versorgung im erwerbslosen Alter zu sichern. Je näher die Individuen aber an ihr

Ziel kommen, einen bestimmten Lebensstandard im Alter realisieren zu können, desto größere Anstrengungen unternehmen sie, um dieses Ziel zu erreichen. Die Individuen werden zusätzlich zur kollektiven Altersicherung weiteres privates Vermögen für die Altersversorung ansammeln (Katona, 1965, 90). Übertragen auf ein gesetzliches Alterssicherungssystem könnte dies bedeuten, daß die Gewißheit, im Alter von der Rentenversicherung Leistungen zu erhalten, bedeutet, daß es lohnend und aussichtsreich wird, zusätzliche Ersparnisse für das Alter zu bilden. Allerdings relativiert Katona seine Aussage, indem er darauf hinweist, daß die erzielten Ergebnisse in starkem Maße von der jeweiligen wirtschaftlichen Lage bestimmt werden. Veränderte Umstände können zu einem veränderten Sparverhalten führen (Katona, 1965, 90f).

### 4. Ruhestandseffekte

Bei den bisherigen Überlegungen gingen wir davon aus, daß die Entscheidung über das Arbeitsangebot der Wirtschaftssubjekte im Alter exogen vorgegeben sei. Die Individuen entscheiden nur, in welchem Umfang sie auf eine konsumtive Verwendung von Einkommensteilen während der festgelegten Dauer der Erwerbstätigkeit verzichten, um in der Altersphase den erreichten Lebensstandard durch die Auflösung angesparter Einkommensteile aufrechtzuerhalten. Hebt man demgegenüber diese Annahme auf, dann erfordert eine nutzenoptimale Aufteilung des lebenszeitlichen Einkommens, daß die Wirtschaftssubjekte simultan über die Höhe der Ersparnisse und den Zeitpunkt des Ruhestandes entscheiden. Die Entscheidung über den Umfang der privaten Ersparnisbildung wird nicht unabhängig von der Entscheidung über die individuelle Altersgrenze getroffen. Wählt ein Arbeitnehmer einen früheren Beginn des Ruhestandes, kann er den während der Phase der Erwerbstätigkeit realisierten Lebensstandard nur aufrecht erhalten, wenn er in der Zeit der Erwerbstätigkeit mehr spart. Umgekehrt trägt ein späterer Ruhestand dazu bei, daß während der Erwerbstätigkeit in geringerem Maße private Ersparnisse für die Vorsorge im Alter angesammelt werden müssen.

Der „wealth replacement"-Effekt zeigt somit den maximalen Einfluß, den ein kollektives Alterssicherungssystem auf die Substitution von Vermögen aus privater Ersparnisbildung durch „Rentenversicherungsvermögen" nehmen kann, sofern die Entscheidung über die Ruhestandsgrenze nicht beeinflußt wird. Man kann diesen Effekt auch als „Einkommenseffekt" des Einflusses des Rentenversicherungssystems auf die private Ersparnisbildung bezeichnen. Neben dem „Einkommenseffekt" existiert ein „Substitutionseffekt", der an Bedeutung gewinnt, wenn das Alterssicherungssystem im Hinblick auf die individuelle Ruhestandsentscheidung nicht neutral ist und die Wirtschaftssubjekte bei der Wahl der Altersgrenze keinen Beschränkungen unterliegen. Dieser „Substitutionseffekt" ist dem „Einkommenseffekt" entgegengerichtet, wenn die Freizeit ein normales Gut ist. Die Stärke beider Effekte entscheidet letztlich darüber, ob die gesetzliche Rentenversicherung die private Ersparnisbildung mindert, erhöht oder unbeeinflußt läßt.

### *a) Historische Entwicklung der Ruhestandsentscheidung*

Die Erwerbsbeteiligung älterer Arbeitnehmer im Alter zwischen 60 und 65 Jahren ist seit Anfang der 70er Jahre sowohl in der Bundesrepublik als auch den Vereinigten Staaten stark rückläufig. Während in früheren Zeiten ein Großteil der Arbeitnehmer in Rente gingen, wenn sie die allgemeine Altersgrenze erreichten, die auf 65 Jahre festgelegt wurde, verlagert sich der Ruhestandsbeginn der Arbeitnehmer in der gesetzlichen Rentenversicherung immer mehr auf den frühest möglichen Zeitpunkt, zu dem eine Verrentung möglich ist. Diese Grenze liegt in der Bundesrepublik für Frauen im allgemeinen bei 60 und bei Männern bei 63 Jahren, während in den Vereinigten Staaten Frauen und Männer frühestens mit 62 Jahren in Rente gehen können. Wegen der Möglichkeit, Rente wegen Berufs- oder Erwerbsunfähigkeit schon zu einem früheren Zeitpunkt zu beziehen, liegt die faktische durchschnittliche Altersgrenze in der Bundesrepublik vor den Ruhestandsgrenzen des Systems der flexiblen Altersgrenze.

Während im Jahre 1966 noch 56,8 % der Rentenzugänge bei den Männern und 31 % bei den Frauen mit Ablauf des 65. Lebensjahres erfolgte, verringerte sich dieser Anteil auf 32,1 % bzw. 27,2 % im Jahre 1973 und 9,6 % bzw. 9,2 % im Jahre 1982. Gleichzeitig ging der Anteil der männlichen Arbeitnehmer, die die durch die Rentenreform von 1972 geschaffene Möglichkeit, mit 63 Jahren in Rente zu gehen, in Anspruch nehmen, von 29 % im Jahre 1973 auf 13,6 % im Jahre 1982 zurück. Auf der anderen Seite erhöhte sich der Anteil der männlichen Versicherten, die wegen Arbeitslosigkeit mit 60 Jahren in Rente gingen, von 1,0 % im Jahre 1966 auf 3,9 % im Jahre 1973 und 10,8 % im Jahre 1982. Der Anteil der Rentenzugänge der Frauen mit 60 Jahren nahm von 25,5 % im Jahre 1966 auf 27,5 % 1973 und 33,4 % im Jahre 1982 zu.

Eine starke Veränderung trat auch bei den Berufs- und Erwerbsunfähigkeitsrenten ein. Während im Jahre 1966 noch 14,1 % der männlichen und 15,6 % der weiblichen Rentenzugänge auf Berufsunfähigkeit zurückzuführen waren, verringerte sich dieser Anteil über 5 % im Jahre 1973 auf 7,2 % im Jahre 1982 bei den männlichen Arbeitnehmern. Die Entwicklung bei den weiblichen Versicherten verlief etwas anders. Zwar ging auch ihr Anteil von 15,6 % 1966 auf 7,5 % im Jahre 1973 zurück. Er verringerte sich allerdings weiter auf 2 % im Jahre 1982. Eine wesentlich drastischere Entwicklung nahmen allerdings die Erwerbsunfähigkeitsrenten. Im Jahre 1966 belief sich der Anteil der männlichen und weiblichen Versicherten, die aus Gründen der Erwerbsunfähigkeit in Rente gingen, auf 28 % bzw. 27,6 %. Dieser Anteil erhöhte sich bis zum Jahre 1973 auf 27,1 % bzw. 35,9 % und stieg noch einmal kräftig bis zum Jahre 1982 auf 40,1 % bzw. 51,4 % an.

*Tabelle 5*

**Verteilung der Rentenzugänge (Versichertenrenten) in der gesetzlichen Rentenversicherung [1] (in %)**

| | Männer[2]) | | | Frauen | | |
|---|---|---|---|---|---|---|
| | 1966 | 1973 | 1982 | 1966 | 1973 | 1982 |
| BU-Renten | 14,1 | 5,0 | 7,2 | 15,6 | 7,5 | 2,0 |
| EU-Renten | 28,0 | 27,1 | 40,1 | 27,6 | 35,9 | 51,4 |
| mit 60 Jahren | | | | | | |
| Arbeitslose | 1,0 | 3,9 | 10,8 | 0,2 | 0,3 | 1,8 |
| Schwerbehinderte[3]) | — | 0,9 | 16,6 | — | 0,0 | 1,2 |
| Frauen | — | 0,1 | 0,1 | 25,5 | 27,5 | 33,4 |
| mit 63 Jahren | — | 29,0 | 13,6 | — | 1,5 | 0,9 |
| mit 65 Jahren[4]) | 56,8 | 32,1 | 9,6 | 31,0 | 27,2 | 9,2 |
| Bergmannsrenten[5]) | — | 1,9 | 2,0 | — | — | — |

1) Arbeiterrentenversicherung, Angestelltenversicherung und Knappschaftliche Rentenversicherung
2) Die angegebenen Werte enthalten auch die knappschaftlichen Versichertenrentnerinnen, deren Zahl allerdings sehr gering ist.
3) Die Altersgrenze betrug bei Einführung dieses Rentenzugangs im Jahre 1973 62 Jahre. Sie wurde 1980 auf 61 und 1981 auf 60 Jahre gesenkt.
4) Einschließlich aufgeschobenen Renten
5) Renten wegen verminderter bergmännischer Berufstätigkeit und Bergmannsrenten ab dem 50. Lebensjahr

aus: Rentenanpassungsbericht 1983 (BTD 10/560 vom 2. 11. 1983)

Betrachtet man diese Entwicklung der Erwerbsbeteiligung, dann stellt sich die Frage, aus welchen Gründen sich die Arbeitnehmer für einen vorzeitigen Ruhestand entscheiden. Traditionell wird darauf hingewiesen, daß vor allem gesundheitliche Gründe den Ausschlag geben, weshalb ein Arbeitnehmer in Rente geht. Der mit zunehmendem Alter schlechter werdende Gesundheitsstand macht die Arbeit schwieriger und möglicherweise auch weniger attraktiv, wenn die Entlohnung krankheitsbedingt zurückgeht. Empirische Untersuchungen für die Vereinigten Staaten kommen zu unterschiedlichen Ergebnissen. Untersuchungen auf der Basis von Meinungsbefragungen ergaben, daß bis zu 4/5 der Arbeitnehmer nach eigenen Angaben aus gesundheitlichen Gründen in Rente gingen (Dorfman/Steiner, 1959) oder gehen würden, sofern sie vor der Entscheidung stünden (Barfield/Morgan, 1969). Diese retro- und prospektiven Untersuchungen sind allerdings dem Einwand ausgesetzt, daß ein schlechter Gesundheitszustand ein gesellschaftlich und sozial allgemein akzepierter Grund ist, aus dem Erwerbsleben auszuscheiden. Er wird deshalb bei Befragungen die Ergebnisse verzerren. Dieser Effekt wird bei den prospektiven Studien verstärkt, in denen die Individuen nach den Gründen einer hypothetischen Entscheidung gefragt werden. Es erscheint prinzipiell zweifelhaft, ob gesundheitliche Gründe den langfristigen Trend der Ruhestandsentscheidung erklären können. Die stetige Verbesserung des allgemeinen Gesundheitsstandes im Alter und die steigende Lebenserwartung deuten eher auf den umgekehrten Zusammenhang hin. Ökonometrisch fundiertere Studien kommen deshalb auch zu dem Ergebnis, daß gesundheitliche Gründe nur einen geringen Einfluß auf die Ruhestandsentscheidung ausüben (Gordon/Blinder, 1980).

Daneben wird darauf verwiesen, daß sowohl die Löhne mit steigendem Alter zurückgehen und sich die Präferenzen der Wirtschaftssubjekte zugunsten der Freizeit verschieben (Gordon/Blinder, 1980). Beide Faktoren können einen Einfluß auf die Ruhestandsentscheidung der Arbeitnehmer ausüben. Empirische Untersuchungen bestätigen, daß von den im Alter sinkenden Lohnsätze ein starker Einfluß auf die Ruhestandsentscheidung ausgeht. Die bedingte Wahrscheinlichkeit, daß die Arbeitnehmer in Rente gehen, steigt zumindest für die Vereinigten Staaten von 10 % im Alter von 61 Jahren auf über 60 % im Alter von 67 Jahren (Gordon/Blinder, 1980).

Der starke Ausbau des kollektiven Alterssicherungssystems sowohl in der Bundesrepublik als auch den Vereinigten Staaten zu Beginn der 70er Jahre hat zu der Frage geführt, ob nicht möglicherweise die beträchtlichen Veränderungen in der gesetzlichen Alterssicherung zu der empirisch feststellbaren bedeutenden Verringerung des Arbeitsangebotes im Alter beigetragen haben. Mit den Rentenreformgesetzen in beiden Ländern zu Beginn der 70er Jahre wurde sowohl der Kreis der Versicherten ausgeweitet, die Leistungen an die Versicherten als auch die effektiven Beitragszahlungen über höhere Beitragssätze und steigende Beitragsbemessungsgrenzen angehoben. Entscheidend für den Einfluß des Alterssicherungssystems auf die Ruhestandsentscheidung ist allerdings, inwieweit die spezifischen Regelungen der Beitragszahlung und Leistungsgewährung die materiellen Anreize verändern und die Wirtschaftssubjekte veranlassen, die verfügbare Zeit neu auf Erwerbstätigkeit und Freizeit zu alloziieren.

### *b) Einfluß eines kollektiven Alterssicherungssytems auf die Ruhestandsentscheidung*

Die Auswirkungen eines nach dem Umlageverfahren finanzierten gesetzlichen Rentenversicherungssystem auf die private Ersparnisbildung lassen sich mithilfe eines erweiterten Lebenszyklusmodells darstellen. Sofern die exogen fixierte Ruhestandsgrenze des einfachen Modellansatzes durch ein endogenes altersspezifisches Arbeitsangebot ersetzt wird, kann ein so erweitertes Lebenszyklusmodell sowohl den Einfluß des „Vermögenssubstitutionseffektes" als auch des „Ruhestandseffektes" auf die private Spartätigkeit aufzeigen (Kotlikoff, 1979; Feldstein, 1977a; 1980). Da der Nutzen der Individuen sowohl von der Höhe und zeitlichen Verteilung des Konsums als auch vom Umfang und der zeitlichen Struktur der Freizeit bestimmt wird, übt das Alterssicherungssystem immer dann einen Einfluß auf die Wahl der Ruhestandsgrenze aus, wenn es die finanziellen Anreize so verändert, daß es für die Wirtschaftssubjekte nutzensteigernd ist, die individuell verfügbare Zeit neu auf den Erwerb von Einkommen und Freizeit zu alloziieren.

Ein Individuum plant sein altersspezifisches Arbeitsangebot und damit sein Ruhestandsalter so, daß der erwartete Nutzen aus den Konsum- und Freizeitströmen über die Lebenszeit hinweg maximiert wird. Dabei werden die individuellen Konsummöglichkeiten durch die Höhe der erwarteten Lebenseinkünfte beschränkt. Ein individuelles Optimum ist dann erreicht, wenn sich die auf das gesamte Leben bezogenen Nutzengewinne und -verluste eines zusätzlichen Arbeitsjahres entsprechen. Einerseits bringt eine Erwerbstätigkeit im Alter weitere (Netto-)Lohneinkünfte und erhöht auch im allgemeinen die zukünftigen Rentenzahlungen. Beide Effekte steigern ceteris paribus den erwarteten Lebensnutzen. Andererseits entgehen dem Arbeitnehmer aber für die Zeit der Erwerbstätigkeit sowohl die Rentenzahlungen des Alterssicherungssystems als auch die Nutzengewinne aus der Freizeit, die er wegen der Weiterarbeit nicht in Anspruch nehmen kann. Beide Faktoren verringern den individuellen Nutzen. Das Ruhestandsalter wird deshalb so gewählt, daß sich die Nutzengewinne und -verluste gerade aufwiegen.

Welche Faktoren können dazu beitragen, daß die Existenz eines kollektiven Alterssicherungssystems die individuelle Arbeitsangebotsentscheidung im Alter beeinflußt? Grundsätzlich tangieren alle Regelungen der gesetzlichen Rentenversicherung, die entweder die relativen Preise auf den Arbeits- und Kapitalmärkten verändern oder die Entscheidungsmöglichkeiten der Individuen einschränken, das altersspezifische Arbeitsangebot. Sofern allerdings die Individuen sichere Erwartungen über die individuelle Lebenszeit haben, die Kapitalmärkte keine Unvollkommenheiten aufweisen, die interne Verzinsung der Beitragszahlungen der einer Anlage der entsprechenden finanziellen Mittel auf den Kapitalmärkten entsprechen und die Berechnung der Rentenzahlungen nach versicherungsmathematischen Grundsätzen vorgenommen wird, schafft ein umlagefinanziertes, kollektives Alterssicherungssystem keine Anreize, vorzeitig aus dem Erwerbsleben auszuscheiden (Kotlikoff, 1979; Crawford/Lilien, 1981). Die individuelle Ruhestandsentscheidung wird in einem solchen Falle nicht beeinflußt.

Sind diese Bedingungen erfüllt, wird nur der „Vermögenssubstitutionseffekt" wirksam, der tendenziell die Vermögensakkumulation über die Bildung privater Ersparnisse vermindert (Abb. 11). Da in einer solchen Welt mit sicherer Lebenserwartung, vollkommenen Kapitalmärkten und beitragsäquivalenten Leistungen des Alterssicherungssystems das zwangsweise „Rentenversicherungssparen" einer privaten Ersparnisbildung äquivalent ist, werden private durch „öffentliche" Ersparnisse ersetzt. Das System einer zwangsweisen Alterssicherung übt demgegenüber einen Einfluß auf die individuelle Ruhestandsentscheidung aus, wenn es nicht beitragsäquivalent ist, die Kapitalmärkte unvollkommen sind oder die individuelle Lebenserwartung unsicher ist. Wir wollen deshalb im folgenden untersuchen, welche Auswirkungen eine gesetzliche Rentenversicherung auf die Entscheidung ausübt, aus dem Erwerbsleben auszuscheiden, wenn die genannten Bedingungen nicht erfüllt sind. Von besonderem Interesse sind dabei ein unzureichendes privates Vermögen, beschränkte individuelle Verschuldungsmöglichkeiten, eine nicht versicherungsgerechte Ausgestaltung des Rentenversicherungssystems und unsichere individuelle Lebenserwartungen.

### (1) Verschuldungsbeschränkungen der versicherten Arbeitnehmer

Bei einer versicherungsgerechten Ausgestaltung des Alterssicherungssystems und sicheren Lebenserwartungen der Individuen verhindern vollkommene Kapitalmärkte im allgemeinen, daß die Gesetzliche Rentenversicherung zu einer intertemporalen Allokation der Ressourcen führt, die nicht den individuellen Präferenzen entspricht. Wählt die Rentenversicherung demgegenüber den Beitragssatz so, daß die erzwungenen „öffentlichen" Ersparnisse während der Phase der Erwerbstätigkeit den individuellen Präferenzen widersprechen, ist bei unvollkommenen Kapitalmärkten eine suboptimale Allokation der Ressourcen die Folge. In einem solchen Falle wird auch die Ruhestandsentscheidung der versicherten Arbeitnehmer beeinflußt.

Haben die Individuen unbeschränkten Zugang zu den Finanzmärkten, ist es für sie im Rahmen ihrer intertemporalen Budgetbeschränkung möglich, den Umfang des gesamten Vermögens, das sich aus erzwungenen „öffentlichen" und freiwilligen privaten Ersparnissen zusammensetzt, den individuellen Präferenzen anzupassen. Übersteigen die erzwungenen Ersparnisse die erwünschten, besteht die Möglichkeit, sich auf den Kapitalmärkten im entsprechenden Umfang zu verschulden. Damit kann der nutzenoptimale Konsumstrom in der Phase der Erwerbstätigkeit aufrecht erhalten werden. Der für Konsumzwecke aufgenommene Kredit wird in der Altersphase aus den Rentenzahlungen zurückgezahlt, die den individuellen Konsumbedarf im Alter übersteigen. Sind umgekehrt den Individuen die „öffentlichen" Ersparnisse zu niedrig, haben sie die Möglichkeit, die private Sparquote während der Phase der Erwerbstätigkeit zu erhöhen und die zusätzlichen privaten Ersparnisse auf dem Kapitalmarkt anzulegen. Damit werden sie in die Lage versetzt, im Alter den erwünschten Lebensstandard zu verwirklichen.

Tatsächlich unterliegen die in der gesetzlichen Rentenversicherung versicherten Arbeitnehmer mehr oder weniger ausgeprägten Verschuldungsbeschränkungen. Mit zu diesen Beschränkungen trägt auch bei, daß die durch individuelle Beitragszahlungen erworbenen Ansprüche an die gesetzliche Rentenversicherung nicht als Sicherheit für eine Kreditnahme eingesetzt werden können (Feldstein, 1983). Die individuellen Konsummöglichkeiten beschränken sich somit im wesentlichen auf das während der Erwerbstätigkeit erzielte laufende Arbeitseinkommen. Wird dieses durch zwangsweise Beitragszahlungen an die Rentenversicherung verringert, bleibt die individuelle Ruhestandsentscheidung im allgemeinen nicht unbeeinflußt. Wir müssen in diesem Zusammenhang zwei Fälle unterscheiden: a) der individuell präferierte Konsumstrom übersteigt die tatsächlichen Konsummöglichkeiten, wie sie sich dem einzelnen Wirtschaftssubjekt darstellen, wenn er die Beiträge an die Rentenversicherung berücksichtigt; b) die um die Beitragszahlungen modifizierten effektiven Konsummöglichkeiten übersteigen die individuell präferierten.

Werden die effektiven Konsummöglichkeiten in der Phase der Erwerbstätigkeit nicht beschnitten, ist damit zu rechnen, daß sich die Höhe der Beitragszahlungen nicht auf die individuelle Ruhestandsentscheidung auswirkt. Die individuell präferierte Vermögensbildung für die Vorsorge im Alter übersteigt zwar die über die Rentenversicherung erzwungene Vermögensakkumulation. Die Wirtschaftssubjekte können aber die Differenz zwischen der präferierten persönlichen und der erzwungenen „öffentlichen" Ersparnisbildung über einen geringeren Konsum von Einkommensteilen während der Erwerbsphase ausgleichen und diese finanziellen Mittel auf den Kapitalmärkten anlegen.

Die individuelle Entscheidung über die Altersgrenze wird allerdings beeinflußt, wenn die über die Rentenversicherung erzwungenen „öffentlichen" Ersparnisse den Umfang der individuell präferierten persönlichen Bildung von Ersparnissen übersteigen. Dieser Fall ist um so wahrscheinlicher, je umfassender die Leistungen der Rentenversicherung sind und je höher damit die Beitragssätze festgelegt werden. Steigende Leistungen der Rentenversicherung verringern in einem nach dem Umlageverfahren finanzierten Alterssicherungssystem den Vorruhestandskonsum und erhöhen den Strom der „Ersparnisse" in der Rentenversicherung. Private Ersparnisse werden in diesem Falle nicht gebildet. Nach dem Austritt aus dem Erwerbsleben übersteigen allerdings die tatsächlichen Konsummöglichkeiten die präferierten, da die Versicherten während der Phase der Erwerbstätigkeit gezwungen wurden, mehr für ihr Alter zu sparen, als sie eigentlich wünschten. Sofern der Grenznutzen des Konsums mit steigenden Konsummöglichkeiten zurückgeht, substituieren die Versicherten einen Teil der erzwungenen Ersparnisse gegen zusätzliche Freizeit. Sind die Arbeitsstunden allerdings institutionell fixiert, bleibt den Arbeitnehmern nur die Möglichkeit, den Ruhestandsbeginn vorzuverlegen.

Die Entscheidung für einen vorgezogenen Beginn des Ruhestandes wird dadurch begünstigt, daß die entstandenen Ansprüche an die gesetzliche Rentenversicherung nicht als Sicherheit für eine private Kreditnahme verwandt werden können (Feldstein, 1983). Die Versicherten können nur auf die durch Beitragszahlungen erworbenen Ansprüche zurückgreifen, wenn sie in Rente gehen. Vor allem die Wirtschaftssubjekte, die über ein geringes privates Vermögen verfügen, aber — wie alle anderen Arbeitnehmer auch — mit steigendem Alter eine zunehmende Präferenz für Freizeit entwickeln, können deshalb veranlaßt werden, zum frühestmöglichen Zeitpunkt, zu dem sie zum Bezug von Rentenleistungen berechtigt sind, in Rente zu gehen.

Dieses Ergebnis muß modifiziert werden, wenn in der gesetzlichen Rentenversicherung Mindestaltersgrenzen existieren, ab denen der Bezug von Rente möglich wird. Die Altersgrenzen legen Mindestalter fest, ab denen die Versicherten berechtigt sind, Altersruhegeld zu beziehen, falls sie bestimmte Voraussetzungen erfüllen. Neben Mindestversicherungszeiten zählen dazu vorwiegend Regelungen, die aus sozialen Gründen eingeführt wurden. In der Bundesrepublik können die Versicherten der Arbeiter- und Angestelltenrentenversicherung im Rahmen des Systems der flexiblen Altersgrenze zwischen drei verschiedenen Altersgrenzen wählen. Zum frühestmöglichen Zeitpunkt mit 60 Jahren können Frauen, die in den letzten 20 Jahren überwiegend berufstätig waren, Arbeitslose, die in den 18 Monaten vor der Verrentung zumindest 52 Wochen ohne Beschäftigung waren und Schwerbehinderte und Personen, die zuvor Rente wegen Berufs- und Erwerbsunfähigkeit bezogen haben, in Rente gehen. Mit dem 63. Lebensjahr sind alle Versicherten berechtigt, in den Ruhestand zu treten, sofern sie nachweisen können, daß sie 35 Jahre versichert waren. Die allgemeine Altersgrenze liegt schließlich bei 65 Jahren. Sie ist an keinerlei Bedingungen geknüpft und gilt für alle Versicherten.

Die Versicherten, die schon vor der allgemeinen Altersgrenze in den Ruhestand gehen wollen aber entweder die Voraussetzungen für den Bezug von Rente im Rahmen der flexiblen Altersgrenzen nicht erfüllen oder eine Altersgrenze präferieren, die vor den flexiblen Altersgrenzen liegt, müssen den Konsum in der Zeit zwischen der von ihnen präferierten Ruhestandsgrenze und der Altersgrenze, bei der sie gegenüber der gesetzlichen Rentenversicherung anspruchsberechtigt sind, aus privaten Ersparnissen oder über eine Kreditnahme finanzieren. Dabei sind für den Fall, daß Verschuldungsbeschränkungen existieren, wiederum zwei Fälle denkbar: a) Die während der Zeit der Erwerbstätigkeit angesammelten privaten Ersparnisse reichen aus, den Konsum in diesem Zeitraum zu finanzieren; b) das „Rentenversicherungssparen" substituiert während der Erwerbstätigkeit die private Ersparnisbildung in einem Umfang, der zu einem Bestand an privatem Vermögen führt, der nicht ausreicht, den erforderlichen Konsum zu finanzieren. Während im ersten Fall die gesetzliche Rentenversicherung die Ruhestandsentscheidung trotz unzureichender Verschuldungsmöglichkeiten nicht tangiert, sind die Arbeitnehmer im zweiten Fall im allgemeinen weder in der Lage, das angestebte Konsumniveau noch die angestrebte Ruhestandsgrenze zu verwirklichen. Die Individuen passen den Beginn ihres Ruhestandes der jeweiligen Mindestaltersgrenze an (Crawford/Lilien, 1981, 513).

Diese „liquidity constraint"-Hypothese ist vor allem für die Individuen von Bedeutung, bei denen das „Rentenversicherungsvermögen" einen wesentlichen Bestandteil des gesamten Vermögens ausmacht. Bei nur geringen privaten Vermögensbeständen steigt die Wahrscheinlichkeit, daß die Wirtschaftssubjekte frühestens zu dem durch die Mindestaltersgrenze vorgegebenen Zeitpunkt in Rente gehen können. Einen ersten Anhaltspunkt über die potentiell von dieser Regelung betroffenen Arbeitnehmer erhält man, wenn man weiß, über welchen Bestand an privaten Vermögen die Wirtschaftssubjekte verfügen.

*Tabelle 6*

**Anteil der Individuen mit geringem Vermögen in den Einkommensdezilen (1966)**

| | Einkommensdezile | | | | | | | | | |
|---|---|---|---|---|---|---|---|---|---|---|
| Vermögen | 1 | 2 | 3 | 4 | 5 | 6 | 7 | 8 | 9 | 10 |
| < 0 | 16 | 15 | 11 | 5 | 7 | 4 | 5 | 2 | 3 | 1 |
| 0 — 100 | 34 | 22 | 16 | 11 | 5 | 11 | 6 | 4 | 1 | 0 |

Während für die Bundesrepublik noch keine empirischen Untersuchungen vorliegen, konnte die „liquidity constraint"-Hypothese für die Vereinigten Staaten weitgehend bestätigt werden (Hurd/Boskin, 1984). Ein großer Teil der in der gesetzlichen Rentenversichung versicherten Arbeitnehmer verfügt nur über ein geringes privates Nettovermögen. Im Jahre 1966 hatten beispielsweise 7,6 % der 45 — 59 Jahre alten Arbeitnehmer Nettoschulden. Weitere 12,1 % verfügten nur über ein positives Nettovermögen, das sich auf unter 1.000$ belief (Diamond/Hausman, 1984, 81f).

Dissaggregiert man das vorliegende Datenmaterial weiter, dann zeigt sich, daß vor allem die Wirtschaftssubjekte der unteren Einkommensschichten über geringe Bestände an privaten Nettovermögen verfügen (Diamond/Hausman, 1984, 82). Die Existenz von Mindestaltersgrenzen in der gesetzlichen Rentenversicherung nimmt in einer solchen Situation unzureichender privater Vermögensbestände den Arbeitnehmern mit vergleichsweise geringen Erwerbseinkommen weitgehend die Möglichkeit, vor diesen Ruhestandsgrenzen aus dem Erwerbsleben auszuscheiden.

Auch die empirischen Daten für das Jahr 1969 zeigen für den Kreis der 61jährigen in der Rentenversicherung versicherten amerikanischen Arbeitnehmer keine wesentliche Veränderung gegenüber den für 1966 gefundenen Ergebnisse. Danach verfügten 22 % über ein privates Nettovermögen von unter 12.000$. Für 31 % der Arbeitnehmer belief sich das „Rentenversicherungsvermögen" auf über 30.000$ (Hurd/Boskin, 1984, 771).

Ein großer Teil dieses privaten Vermögens bestand allerdings aus Wohnungseigentum. Obwohl die Wirtschaftssubjekte das Eigentum an Wohnungen grundsätzlich beleihen und damit den Konsum im Alter finanzieren können, wird es de facto kaum für Konsumzwecken verwandt. Rechnet man aber das Eigentum an Wohnungen aus dem privaten Nettovermögensbestand heraus, verfügten im Jahre 1966 über 30 % der 45 — 59jährigen Arbeitnehmer über kein positives Nettovermögen. Weitere 39 % hatten nur ein Vermögen, das sich auf unter 490$ belief. Insgesamt verfügten über die Hälfte der Arbeitnehmer in dieser Altersklasse über ein privates Vermögen, das unter 1.500$ lag (Diamond/Hausman, 1984, 82). Auch für das Jahr 1969 stellen sich die Verhältnisse für die 61jährigen Arbeitnehmer nicht gänzlich anders dar. So verfügten 22 % über ein

privates Vermögen unter 3.000$ belief, während 9% kein privates Vermögen besaßen (Hurd/Boskin, 1984, 771).

Diese Beispiele zeigen, daß ein großer Teil der Wirtschaftssubjekte gegen Ende des Erwerbslebens fast kein verfügbares privates Vermögen hat und auch nur in geringem Maße in der Lage ist, die erforderlichen Sicherheiten, beispielsweise in Form von Wohnungseigentum, für eine Kreditnahme im Alter zu stellen. Ob diese Ergebnisse auch für die Bundesrepublik von Bedeutung sind, bleibt zumindest zweifelhaft. Es ist zu vermuten, daß die liquiden privaten Vermögensbestände aufgrund der höheren Sparquote der privaten Haushalte größer sind und auch das Vermögen in Form von Wohnungseigentum einen wesentlich größeren Stellenwert als in den Vereinigten Staaten hat. Die Bedeutung der „liquidity constraint"-Hypothese scheint deshalb für die bundesrepublikanischen Verhältnisse gering. Allerdings kann erst eine empirische Untersuchung eine fundiertere Antwort auf diese Frage geben.

### (2) Umverteilungselemente in der Rentenversicherung

Die optimale intertemporale Allokation der individuell verfügbaren Zeit auf Arbeit und Freizeit kann trotz vollkommener Kapitalmärkte und sicherer Lebenserwartung durch ein umlagefinanziertes Alterssicherungssystem gestört werden, wenn bewußt vom Prinzip der Beitragsäquivalenz abgewichen wird. In den meisten, der nach dem Umlageverfahren finanzierten Alterssicherungssysteme wird versucht, neben intertemporalen — allokativen -auch interpersonelle und intergenerative distributive Ziele zu verwirklichen (Pellechio, 1979). Es ist zu vermuten, daß die diversen interpersonellen Umverteilungselemente in der Gesetzlichen Rentenversicherung die individuelle Ruhestandsentscheidung in starkem Maße beeinflussen.

Die interpersonellen Umverteilungsaktivitäten in der Gesetzlichen Rentenversicherung können danach unterschieden werden, ob sie „individuell" oder „marginal" beitragsäquivalent sind (Crawford/Lilien, 1981). Die individuelle Beitragsäquivalenz wird verletzt, wenn für bestimmte Versichertengruppen über den gesamten Versicherungsverlauf hinweg, bewußt vom Versicherungsprinzip abgewichen wird. Demgegenüber ist das Alterssicherungssystem „marginal" nicht beitragsäquivalent, wenn zu bestimmten Zeiten im Versichertenleben eine Diskrepanz zwischen der Höhe der Beitragszahlungen der Versicherten und der dadurch ausgelösten Veränderung der Rentenanwartschaften besteht. Die Rentenversicherung kann demnach zwar das Kriterium der individuellen Beitragsäquivalenz verletzen, weil bestimmte Versichertengruppen über die gesamte Versicherungszeit hinweg begünstigt oder benachteiligt werden, aber dennoch „marginal" beitragsäquivalent sein, weil jedes Jahr zusätzlicher Erwerbstätigkeit bei der Berechnung der Rentenleistungen versicherungsadäquat berücksichtigt wird. Für die individuelle Ruhestandsentscheidung sind beide Faktoren der interpersonellen Umverteilung wichtig. Bei der Entscheidung über den Beginn des Ruhestandes kommt aber der „marginalen" Beitragsäquivalenz in der kritischen Zeit vor dem Ruhestand besondere Bedeutung zu.

Für die Gesetzliche Rentenversicherung in der Bundesrepublik scheint weder das Kriterium der „individuellen" noch das der „marginalen" Beitragsäquivalenz erfüllt. In die Berechnung der individuellen Renten gehen eine Reihe von quantitativ bedeutsamen Umverteilungselementen ein, die in einem Konfliktverhältnis zur „individuellen" Beitragsäquivalenz stehen. Sie reichen von beitragslosen Zeiten, Kinderzuschüssen, Renten nach Mindesteinkommen, der Bewertung der ersten fünf Versicherungsjahre, Sachbezugszeiten, Berufs-, Erwerbsunfähigkeits- und Hinterbliebenenrenten als Folge des Krieges, bis zu der Bewertung freiwillig nachentrichteter Beiträge (Wagner, 1984). Alle diese Faktoren verändern das Verhältnis von individuellen Beitragsleistungen und Rentenzahlungen. Sie wirken wie Transferzahlungen und tragen grundsätzlich dazu bei, daß die Versicherten sowohl mehr Freizeit als auch mehr Konsumgüter nachfragen. Die Arbeitnehmer werden deshalb den Beginn des Ruhestandes vorziehen.

Der größte Einfluß geht allerdings von den interpersonellen Umverteilungselementen aus, durch die die „marginale" Beitragsäquivalenz verletzt wird. Diese Faktoren sind zumeist unmittelbar an die Ruhestandsentscheidung gekoppelt. Dazu zählen vor allem die Regelungen der Rentenberechnung bei der Inanspruchnahme der flexiblen Altersgrenze, der Anstieg der Rentenanwartschaften, wenn auch nach dem Erreichen der allgemeinen Altersgrenze noch gearbeitet wird und die Bestimmungen über die Höhe der Zuverdienstmöglichkeiten beim Bezug von Rente.

Die Verletzung der „individuellen" Beitragsäquivalenz in der gesetzlichen Rentenversicherung für einige Gruppen von Versicherten, beispielsweise zugunsten von Arbeitnehmern mit vergleichsweise geringen Erwerbseinkommen, schafft für diese Versicherten einen Anreiz, ihre individuelle Ruhestandsgrenze nach vorne zu verlegen. Die positiven monetären Umverteilungseffekte erhöhen die Transfereinkommen im Alter und reduzieren den Preis der Freizeit, sofern der Preis der Freizeit mit den um Umverteilungselemente verringerten Bruttolöhnen gleichgesetzt wird. Da sowohl der Einkommens- als auch der Substitutionseffekt in die gleiche Richtung gehen, tragen diese Umverteilungsaktivitäten dazu bei, daß sich das individuelle Ruhestandsalter der begünstigten Versicherten nach vorne verlagert. Die Rente nach Mindesteinkommen trägt beispielsweise dazu bei, daß die Arbeitnehmer mit geringerem Erwerbseinkommen eher zu einem früheren Ruhestand tendieren als die Arbeitnehmer mit höherem Einkommen.

Wenden wir uns nun der Frage zu, ob das System der flexiblen Altersgrenze in der Gesetzlichen Rentenversicherung versicherungsgerecht ausgestaltet ist, die GRV somit „marginal" beitragsäquivalent ist. Versicherungsmathematischen Grundsätzen wird entsprochen, wenn die Versichertengemeinschaft durch einen vorzeitigen Ruhestand eines Versicherten per saldo finanziell nicht tangiert wird. Die Versichertengemeinschaft wird sowohl wegen der fehlenden Beitragszahlungen in der Zeit zwischen vorgezogener und allgemeiner Altersgrenze als auch wegen der durchschnittlich längeren Zeit des Rentenbezugs finanziell belastet. Daneben muß die Versichertengemeinschaft selbst bei einer versicherungsgerechten Regelung zunächst die finanziellen Mittel für die vorzeitigen Rentenzahlungen aufbringen. Eine partielle Entlastung tritt insofern ein, als die Jahre der vorzeitigen Verrentung nicht in die Rentenberechnung eingehen und die Rentenhöhe zeitlebens geringer ausfällt. Berücksichtigt man alle diese Faktoren bei der Berechnung der Renten, müssten die Rentenbezüge pro Jahr unter den gegebenen Verhältnissen um rund 7% gekürzt werden (Berthold/Külp, 1984, 61ff).

Tatsächlich werden die jährlichen Rentenbezüge für die Arbeitnehmer, die vor der allgemeinen Altersgrenze in Ruhestand gehen, nur um die Höhe des Steigerungssatzes, der sich für das Altersruhegeld auf 1,5 % beläuft, verringert, sofern die persönliche Bemessungsgrundlage durch die Weiterarbeit nicht noch ansteigt und die Mindestbeitragszeit schon erreicht ist. Mit dem System der flexiblen Altersgrenze sind somit beträchtliche positive interpersonelle Umverteilungseffekte verbunden, die für die Arbeitnehmer einen starken Anreiz darstellen, den Ruhestand vorzuziehen.

Dieser Zusammenhang läßt sich mit dem Instrumentarium der traditionellen Wahlhandlungstheorie graphisch verdeutlichen. Sofern kein zwangsweises Alterssicherungssystem existiert, entspricht die Budgetbeschränkung eines Wirtschaftssubjektes, das vor der Entscheidung steht, in Ruhestand zu gehen oder weiterzuarbeiten, der Geraden (ABC), deren Steigung gleich dem Bruttolohnsatz (l) ist (Abb. 14). Dabei sind (AB) die Einkünfte aus privatem Vermögen ($V_0$), die dem Individuum auch dann zufließen, wenn es keiner erwerbswirtschaftlichen Tätigkeit nachgeht. Welchen Punkt ein Wirtschaftssubjekt auf der Budgetgeraden realisiert, hängt von der individuellen Präferenzstruktur ab.

Die Einführung eines umlagefinanzierten Alterssicherungssystems kann die individuelle Entscheidungssituation verändern. Sofern die periodischen Beiträge (b) zur Rentenversicherung von den Arbeitnehmern als Zwangsabgaben angesehen werden, verringert sich das verfügbare Einkommen im Ausmaß der Beiträge. Der Preis der Freizeit sinkt. Die Budgetgerade (BC) dreht sich um den Punkt (B) entgegen dem Uhrzeigersinn, beispielsweise auf (BC'). Die Beitragszahlungen lösen neben einem Substitutions- auch einen Einkommenseffekt aus. Sofern Freizeit ein normales Gut ist, überwiegt der Substitutionseffekt. Damit wird tendenziell mehr Freizeit nachgefragt ($FZ_1$) und weniger Arbeit angeboten. Ist die Arbeitszeit institutionell fixiert, entscheiden sich die Arbeitnehmer, zu einem früheren Zeitpunkt in Rente zu gehen.

Entsprechen die meritorisch festgelegten „Ersparnisse“ in der Rentenversicherung den individuellen Präferenzen oder existieren für die Arbeitnehmer keine Verschuldungsbeschränkungen, wird der Substitutionseffekt nicht wirk-

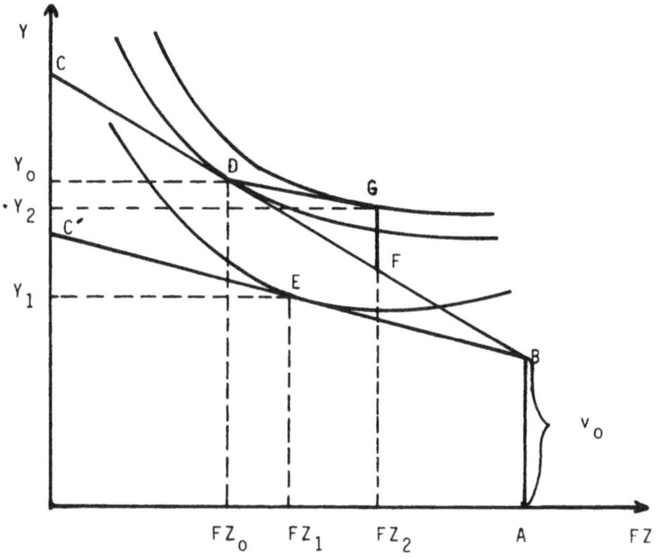


Abb. 14. Einfluß des Alterssicherungssystems auf die Ruhestandsentscheidung

sam, da die relativen Preise durch die Existenz einer gesetzlichen Rentenversicherung nicht verändert werden. Dem negativen Einkommenseffekt der Beitragszahlungen, der tendenziell ein steigendes Arbeitsangebot induziert, steht mit den Rentenzahlungen ein positiver Einkommenseffekt gegenüber. Durch die Beitragszahlungen erwirbt der Arbeitnehmer Ansprüche an die Rentenversicherung. Sofern die Rentenleistungen versicherungsgerecht festgelegt werden, entspricht der negative Einkommenseffekt der Beitragszahlungen dem positiven der Rentenleistungen. Die Lage und Gestalt der intertemporalen Budgetgerade (BC) ändert sich somit nicht, wenn ein kollektives Alterssicherungssystem eingeführt wird, das nach versicherungsmathematischen Grundsätzen konzipiert ist. Bei gegebener Präferenzstruktur der Arbeitnehmer bleibt das Arbeitsangebot unverändert. Es wird weiterhin Punkt (D) auf der Budgetgeraden (BC) verwirklicht.

Das System der flexiblen Altersgrenze in der Bundesrepublik ist allerdings nicht so ausgestaltet, daß ein vorzeitiger Ruhestand mit versicherungsadäquaten Abschlägen einhergeht. Wer vorzeitig aus dem Erwerbsleben ausscheidet, hat mit Abschlägen zu rechnen, die weit unterhalb der versicherungsadäquaten bleiben. Die positiven, mit den interpersonellen Umverteilungseffekten der flexiblen Altersgrenze verbundenen Einkommenseffekte tragen aber dazu bei, daß die Budgetgerade (BC) in dem Zeitraum zwischen dem frühestmöglichen Zeitpunkt, zu dem die Versicherten in Rente gehen können und der allgemeinen Altersgrenze, eine Buckel aufweist. Da die Versicherten bei der neuen intertemporalen Budgetbeschränkung (BFGDC) in Punkt (G) ein höheres Nutzenniveau realisieren können, werden sie mehr Freizeit ($FZ_2$) nachfragen und sich deshalb für einen vorzeitigen Beginn des Ruhestandes entscheiden.

Welcher Einfluß von der Verletzung der „individuellen" und „marginalen" Beitragsäquivalenz auf die individuelle Ruhestandsentscheidung ausgeht, ist empirisch umstritten. Da für die Situation in der Bundesrepublik noch keine empirischen Untersuchungen vorliegen, sind wir auf entsprechende Studien für die Vereinigten Staaten angewiesen. Diese Untersuchungen kommen allerdings zu unterschiedlichen Ergebnissen. Während die einen den Veränderungen des gesetzlichen Alterssicherungssystem einen hohen Erklärungswert bei der Entwicklung der Erwerbsbeteiligung älterer Arbeitnehmer zuschreiben (Boskin, 1977; Boskin/Hurd, 1978; Hurd/Boskin, 1984), kommen andere zu dem Ergebnis, daß die gesetzliche Rentenversicherung keinen Einfluß auf die Ruhestandsentscheidung ausübt (Blinder/Gordon/Wise, 1980; Gordon /Blinder, 1980).

Die unterschiedlichen institutionellen Regelungen, die beträchtlichen Meinungsverschiedenheiten über das Ausmaß der Abweichungen von der „marginalen" Beitragsäquivalenz und die Vorbehalte gegenüber den angewandten Untersuchungsmethoden tragen dazu bei, daß die Ergebnisse der empirischen Untersuchungen in den Vereinigten Staaten nur von vergleichsweise geringer Relevanz für die bundesrepublikanischen Verhältnisse sind. Erforderlich sind entsprechende empirische Untersuchungen über den Einfluß des gesetzlichen Alterssicherungssystems in der Bundesrepublik auf das individuelle Arbeitsangebot im Alter.

### (3) Unsicherheiten über die individuelle Lebenserwartung

Ein gesetzliches Alterssicherungssystem kann die individuelle Ruhestandsentscheidung auch dann beeinflussen, wenn zwar die Leistungen der Rentenversicherung versicherungsäquivalent festgelegt werden und die Kapitalmärkte vollkommen sind, die Wirtschaftssubjekte ihre individuelle Lebensdauer aber nicht genau kennen.

Sind die Individuen über die Dauer ihres Lebens nur unvollständig informiert und verfügen sie im Alter nicht über Einkünfte aus einer gesetzlichen Rentenversicherung oder über andere lebenszeitlich fixierte Renteneinkünfte, können sie einen Wohlfahrtseinbruch im Alter nur vermeiden, wenn sie sich über entsprechend hohe private Ersparnisse während der Zeit der Erwerbstätigkeit gegen das „Risiko" einer ungewöhnlich langen Lebensdauer absichern. Es reicht nicht aus, für das Alter Ersparnisse zu bilden, die sich an der erwarteten Lebensdauer orientieren. Die Individuen müssen zum erwarteten Zeitpunkt ihres Todes über ein positives privates Vermögen verfügen, um sich gegen die materiellen Folgen dieses Risikos zu schützen, länger als erwartet zu leben. Als Folge des Risikos „langes Leben" verzögert sich der Zeitpunkt, zu dem die Arbeitnehmer entscheiden, die Erwerbstätigkeit aufzugeben, im Vergleich zu einer Situation, in der die Individuen vollständig über ihre Lebensdauer informiert sind.

Die Ruhestandsgrenze, die die Individuen bei Unsicherheit über die individuelle Lebensdauer wählen, wenn sie versuchen, sich über die Bildung privater Ersparnisse gegen das Risiko „langes Leben“ abzusichern, kann nur dann als Referenzrahmen benutzt werden, wenn für die Arbeitnehmer keine Möglichkeit besteht, sich gegen dieses Risiko auf privaten Versicherungsmärkten abzusichern. Es erscheint allerdings naheliegend, daß in Marktwirtschaften Versicherungsinstitutionen existieren, die den Wirtschaftssubjekten einen wirksamen Schutz gegen die materiellen Folgen dieses Risikotatbestands anbieten. Auf funktionierenden Versicherungsmärkten würden bei Leistungen der Versicherungen, die ein bestimmtes, individuell angestrebtes lebenszeitliches Wohlfahrtsniveau garantieren, die erforderlichen Prämienzahlungen wesentlich geringer ausfallen als der Umfang privater Ersparnisse, der erforderlich ist, wenn sich die Individuen über die Kapitalmärkte absichern. Mit dem geringeren Vermögensbedarf im Alter würde sich die individuelle Ruhestandsgrenze tendenziell nach vorne verlagern. Der Einfluß eines kollektiven Alterssicherungssystems auf die individuelle Ruhestandsentscheidung hätte sich an der Ruhestandsgrenze auszurichten, die gewählt wird, wenn sich die Individuen auf funktionierenden Versicherungsmärkten gegen das Risiko „langes Leben“ absichern können.

Tatsächlich existieren aber nur bedingt private Versicherungseinrichtungen, die in vergleichbar versicherungsgerechter Form wie die gesetzliche Rentenversicherung, konstante reale Erträge über die gesamte Dauer des Alters garantieren. Private Lebensversicherungen bieten oft nur bestimmte, zumeist nominelle Vermögenssummen an, die zu einem bestimmten Zeitpunkt an die Versicherten ausgezahlt werden. Ein wirksamer Schutz gegen das Risiko „langes Leben“ wird zumindest nicht zu den Bedingungen der gesetzlichen Alterssicherung angeboten (Crawford/Lilien, 1981, 518). Über die Gründe für das Versagen des marktlichen Koordinationsmechanismus in diesem Bereich kann allerdings nur spekuliert werden.

Die Gesetzliche Rentenversicherung gewährt den Versicherten unabhängig von der tatsächlichen Lebensdauer eine lebenszeitlich festgelegte Rente. Dadurch verringert sich die Notwendigkeit der Individuen, größere private Ersparnisse für diesen Risikotatbestand anzusammeln. Unter den Annahmen, daß die Arbeitnehmer neben dem Versicherungsschutz der gesetzlichen Rentenversicherung keine vergleichbare Absicherung gegen das Risiko „langes Leben“ erwerben können, die Leistungen des Alterssicherungssystems beitragsäquivalent sind und die Arbeitnehmer nicht in der Lage sind, sich zu Lasten zukünftiger Einkommen und Erträge zu verschulden, ist aber der Einfluß eines kollektiven Alterssicherungssystems auf die individuelle Ruhestandsentscheidung theoretisch nicht eindeutig (Crawford/Lilien, 1981, 518ff).

Die Garantie eines stetigen, lebenszeitlichen Einkommensstromes trägt dazu bei, daß sowohl die Nachfrage nach Konsumgütern und Freizeit ansteigt. Dieser

„Einkommenseffekt" verstärkt den Wunsch der Individuen, die Ruhestandsgrenze vorzuverlegen. Daneben existiert aber in dem Modell von Crawford und Lilien auch ein „Substitutionseffekt", der dem „Einkommenseffekt" entgegenwirkt und die Ruhestandsgrenze hinausschiebt. Da in diesem Ansatz die Leistungen der Rentenversicherung nur dann vollständig realisiert werden können, wenn die Arbeitnehmer länger arbeiten, besteht ein Anreiz, die Entscheidung über die individuelle Altersgrenze hinauszuschieben. Sofern der Grenznutzen des Konsums schnell genug sinkt, überwiegt der „Einkommens-" den „Substitutionseffekt" und die Individuen wählen einen früheren Ruhestandsbeginn. Im anderen Falle verzögert sich der Übergang in die Altersphase. Existieren allerdings alternative Absicherungsmöglichkeiten gegen das Risiko „langes Leben", verringern sich beide Effekte. Der Einfluß auf die individuelle Ruhestandsentscheidung fällt geringer aus. Demnach wird man im allgemeinen davon ausgehen können, daß der „Einkommenseffekt" dominiert und der Ruhestandsbeginn vorverlegt wird.

Fassen wir zusammen: Die Einführung eines kollektiven Alterssicherungssystems beeinflußt die individuelle Ruhestandsentscheidung nur dann nicht, wenn für die Individuen keine Verschuldungsbeschränkungen existieren, die Leistungen der Rentenversicherung äquivalenztheoretischen Grundsätzen entsprechen und die Individuen vollständig über ihre Lebenserwartung informiert sind. Tatsächlich tragen Verschuldungsbeschränkungen, umverteilungspolitische Elemente in der Leistungsbemessung und unsichere Lebenserwartungen dazu bei, daß sich die Entscheidungsgrundlage der individuellen Ruhestandsentscheidung durch eine kollektive Alterssicherung verändern. Die Gegebenheiten und Regelungen der gesetzlichen Rentenversicherung in der Bundesrepublik legen nahe, daß sich die Arbeitnehmer tendenziell für einen früheren Ruhestand entscheiden.

### c) *Einfluß des Ruhestandseffekts auf die private Ersparnisbildung*

Sofern ein kollektives Alterssicherungssystem zu einer vorzeitigen Verrentung beiträgt, bleibt davon auch die private Ersparnisbildung nicht unberührt. Der Einfluß eines möglichen „induced retirement"-Effektes auf die private Ersparnisbildung läßt sich in seinen Grundzügen graphisch verdeutlichen (Feldstein, 1974). Wir wollen zu diesem Zweck auf die Überlegungen zurückgreifen, die der Abb. 11 zugrunde liegen und annehmen, daß die gesetzliche Rentenversicherung dazu beiträgt, die individuelle Ruhestandsentscheidung an die durch das Alterssicherungssystem festgelegte Altersgrenze anzupassen. Um die Darstellung möglichst einfach zu halten, wollen wir annehmen, daß die Einführung einer kollektiven Alterssicherung nicht mit Einkommenseffekten verbunden ist. Der Gegenwartswert der Beitragszahlungen in der Phase der Erwerbstätigkeit soll dem der Rentenzahlungen entsprechen.

Wir hatten an früherer Stelle gezeigt, daß die Einführung einer kollektiven Alterssicherung, die private Ersparnisbildung um (A-D) verringert, sofern die

Ruhestandsregelung den individuellen Präferenzen entspricht und sie beitragsäquivalent ist. Betrachten wir ein Individuum, das ohne die Existenz einer gesetzlichen Rentenversicherung plant, in beiden Perioden zu arbeiten. Während es in der ersten Periode ein Erwerbseinkommen in Höhe von (OA) erzielt, beläuft sich das Einkommen in der zweiten Periode auf (OF). Entsprechend seiner Präferenzstruktur wählt es den Punkt (G) auf der nach rechts verschobenen intertemporalen Budgetgeraden. Die privaten Ersparnisse aus dem Erwerbseinkommen belaufen sich demnach auf (A-H).

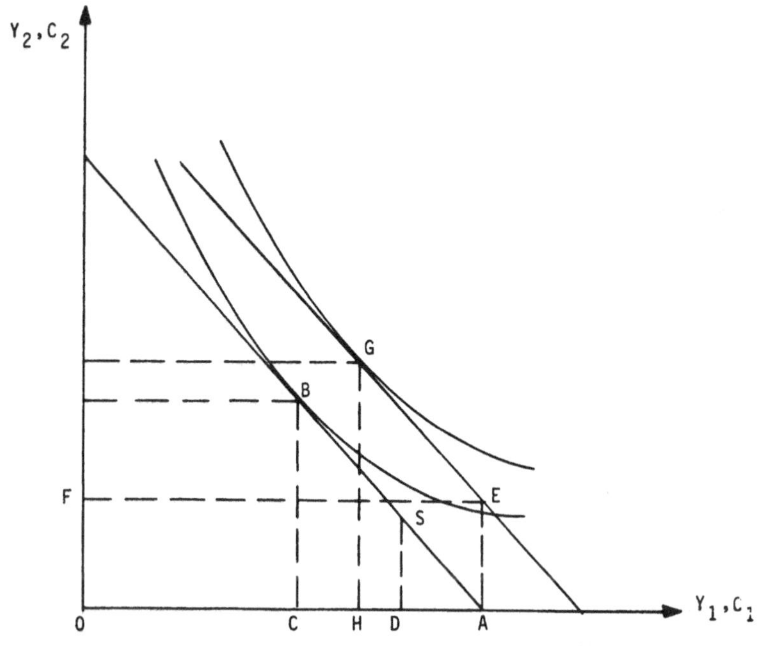


Abb. 15. Einfluß von Vermögenssubstitutions- und Ruhestandseffekt auf das individuelle Sparverhalten

Die Einführung einer kollektiven Alterssicherung soll das Individuum veranlassen, seine individuelle Ruhestandsentscheidung der festgelegten Altersgrenze des Alterssicherungssystems anzupassen. Es wird in der zweiten Periode nicht mehr arbeiten. Die intertemporale Budgetgerade verlagert sich nach links. Sofern es das Arbeitsangebot der ersten Periode beibehält und sich die Beitragszahlungen auf (A-D) belaufen, verläuft die neue Budgetgerade durch den Punkt (S). Der neue nutzenoptimale Konsumpunkt liegt auf dieser Geraden im Punkt (B). Die erforderliche private Ersparnisbildung während der Phase der Erwerbstätigkeit beläuft sich nun auf (D-C).

Die gesetzliche Rentenversicherung verändert unter den gemachten Annahmen die private Ersparnisbildung um (A-H) — (D-C). Damit wird offensichtlich, daß nicht gesagt werden kann, ob sich die privaten Ersparnisse erhöhen oder verringern. Der Ausdruck (A-H) — (D-C) stellt die gemeinsamen Auswirkungen des Vermögenssubstitutions- und Ruhestandseffektes dar. Das Vorzeichen und die Höhe der Differenz hängen von der Präferenzstruktur der Individuen ab und ist a priori nicht zu bestimmen (Feldstein, 1974, 910).

## 5. Intergenerative Transfers

Ein umlagefinanziertes Alterssicherungssystem kann sowohl die private Vermögensbildung der Wirtschaftssubjekte zugunsten von „Rentenversicherungsvermögen" einschränken als auch die individuelle Ruhestandsentscheidung beeinflussen. Es hängt von der Stärke der beiden gegenläufig wirkenden Effekte ab, wie sich die private Ersparnisbildung verändert. Eine Analyse des individuellen Sparverhaltens, die als Entscheidungsgrundlage das erwartete lebenszeitliche Einkommen eines Individuums wählt, greift aber möglicherweise zu kurz, da sie die Transfers zwischen den Generationen außer acht läßt. In einer Gesellschaft sind die verschiedenen Generationen über vielfältige freiwillige intergenerative Transfers miteinander verbunden. Die beiden wichtigsten sind die Erbschaften und die direkten intrafamilialen Transfers. Es wird behauptet, daß die negativen Auswirkungen eines umlagefinanzierten Alterssicherungssystems auf die private Ersparnisbildung durch diese beiden Transfermechanismen weitgehend kompensiert werden.

### *a) Die Barro-Feldstein-Kontroverse*

Die von Feldstein aufgestellte These, nach der ein umlagefinanziertes Alterssicherungssystem über den Vermögenssubstitutionseffekt zu einer beträchtlichen Verringerung der privaten Ersparnisbildung beitrage, wurde vor allem von Barro in Zweifel gezogen (Barro, 1974; 1978). Ausgangspunkt seiner Überlegungen sind die freiwilligen privaten Transfers, über die die verschiedenen Generationen einer Gesellschaft miteinander verbunden sind: Die Eltern wenden finanzielle Mittel für die Erziehung und Ausbildung ihrer Kinder auf; die ältere Generation hinterläßt der erwerbstätigen oder jungen Generation Erbschaften; die Kinder unterstützen ihre Eltern im Alter (Barro, 1974; 1978, 3). Diese freiwilligen intergenerativen Transfers deuten darauf hin, daß der individuelle Nutzen nicht nur von der eigenen ökonomischen Situation, sondern auch von der wirtschaftlichen Lage anderer Generationen beeinflußt wird. Die verschiedenen Generationen sind über interdependente Nutzenfunktionen miteinander verbunden (Barro, 1974, 1100).

Nach den Vorstellungen von Barro existieren in einer Gesellschaft mit den „erbschaftsinduzierten" intergenerativen Transfers und den direkten intrafamilialen Unterstützungszahlungen der Kinder an ihre Eltern zwei gewichtige intergenerative Transfermechanismen auf freiwilliger Basis. Dabei werden „Erbschaften“ als effektive Transfer von Ressourcen zwischen Generationen definiert (Barro, 1978). Neben den Erbschaften im engeren Sinn, zählen dazu auch die Aufwendungen der Eltern für die Erziehung und Ausbildung ihrer Kinder. Beide Transfermechanismen können dazu beitragen, daß der negative Vermögenssubstitutionseffekt einer nach dem Umlageverfahren organisierten Alterssicherung entweder weitgehend durch zusätzliche private Ersparnisse der älteren Generation kompensiert wird oder erst gar nicht entsteht.

Der intergenerative Transfermechanismus über das Erbschaftssparen könne von Bedeutung sein, wenn die Individuen über interdependente Nutzenfunktionen miteinander verbunden seien und die Eltern unabhängig von der Art der Alterssicherung planten, ihren Kindern einen ganz bestimmten Betrag als Erbe zu hinterlassen. Auch wenn keine kollektive Alterssicherung existiere, sondern die Vorsorge für das Alter auf freiwilliger Basis über private Versicherungsmärkte erfolge, könne die alte Generation planen, den Erwerbstätigen eine positive Erbschaft zu hinterlassen. Wird ein umlagefinanziertes Alterssicherungssystem eingeführt, würden die Kinder zu einem Einkommenstransfer zu Gunsten der Eltern gezwungen. Dies bringe allerdings die Erbschaftspläne der älteren Generation durcheinander und sei mit Nutzenverlusten für die Eltern verbunden. Die ursprünglich von den Eltern an die Kinder geplante effektive Erbschaft würde um den Betrag verringert, den die inzwischen erwerbstätig gewordenen Kinder über das umlagefinanzierte Alterssicherungssystem an die ältere Generation entrichten müssten. Die Eltern seien deshalb bestrebt, die geringeren Netto- durch höhere Bruttoerbschaften auszugleichen. Sofern die Individuen von vornherein planten, den Kindern eine Erbschaft zu hinterlassen, die Familien der unterschiedlichen Generationen sich weder in ihrer Größe, ihren Präferenzstrukturen, ihren Anfangsausstattungen, ihrem Rentenversicherungsvermögen noch in ihren steuerlichen Belastungen unterschieden und sowohl über ihre Lebenserwartung als auch die Einkommensentwicklung vollständig sicher seien, würden sie die privaten Ersparnisse genau um den Betrag der Rentenleistungen aus dem kollektiven Alterssicherungssystems erhöhen (Barro, 1974, 1103; 1976; 1978). Selbst wenn die Kinder ihre private Ersparnisbildung bei einem umlagefinanzierten Alterssicherungssystem um den vollen Betrag der Beitragszahlungen an die Rentenversicherung verringerten, würden diese geringeren privaten Ersparnisse vollständig durch die gestiegenen Ersparnisse der Eltern zum Zwecke der Erbschaft kompensiert.

Neben den kompensierenden intergenerativen Transfers über veränderte Erbschaften sei auch noch ein zweiter Mechanismus denkbar, der dazu beitragen könne, daß die bei einem umlagefinanzierten Alterssicherungssystem geringere private Ersparnis weitgehend ausgeglichen werde (Barro, 1978). Die Sicherheit im Alter könne beim Fehlen einer kollektiven Alterssicherung nicht nur über individuelle Sparprozesse, sondern auch über direkte Zahlungen der Kinder an ihre Eltern garantiert werden. Bei einer solchen intrafamilialen

Lösung des Alterssicherungsproblems finanziere die ältere Generation ihren Konsum im Alter nicht über die Auflösung privater Ersparnisse, sondern über direkte finanzielle Zuwendungen ihrer Kinder. Bei diesem Versorgungsmechanismus erwarteten die Kinder selbst wiederum, im Alter von ihren eigenen Kindern über direkte Zahlungen unterstützt zu werden. Funktioniere der intrafamiliale Transfermechanismus zwischen den Generationen, bestehe für die erwerbstätige Generation kein Anreiz, für das Alter zu sparen. Wird eine zwangsweise Alterssicherung eingeführt, die nach dem Umlageverfahren finanziert wird, verringere die erwerbstätige Generation nur die direkten Zahlungen an ihre Eltern. Die private Ersparnisbildung für das Alter blieben davon unberührt. Eine umlagefinanzierte Alterssicherung trüge nur dazu bei, daß eine Alterssicherung, die über ein privatwirtschaftliches „Umlageverfahren" organisiert war, durch ein öffentliches ersetzt werde.

Wenn diese Überlegungen von Barro zuträfen, würde die Existenz eines umlagefinanzierten Alterssicherungssystems im Vergleich zu einer kapitalfundierten Lösung die individuellen privaten Ersparnisse nicht verändern. Sofern die Absicherung im Alter vor der Einführung einer kollektiven Lösung auf familialer Ebene stattfand, war die private Ersparnisbildung für das Alter Null. Ein umlagefinanziertes Alterssicherungssystem würde in diesem Falle die private Ersparnisbildung nicht verändern. Wurde das Alterssicherungsproblem vorher über private Sparprozesse gelöst, würden die durch den Vermögenssubstitutionseffekt induzierten geringeren privaten Ersparnisse der erwerbstätigen Generation durch erbschaftsinduzierte vermehrte private Ersparnisse der Rentnergeneration ausgeglichen. Die Existenz einer Rentenversicherung, die nach dem Umlageverfahren finanziert ist, würde die private Ersparnisbildung nicht beeinflußen.

Sowohl gegen den Erbschafts- als auch intrafamilialen Transfermechanismus wurden eine Reihe von Einwänden vorgebracht. Vor allem Feldstein hat sich kritisch mit dem von Barro postulierten Erbschaftsmechanismus auseinandergesetzt und seine Kritik im wesentlichen an vier Punkten festgemacht. Er stellt zum einen in Frage, ob es wegen der Anforderungen an die Planungsfähigkeit und Voraussicht der Individuen sinnvoll sei, solche Modellansätze zu verwenden. Daneben weist er darauf hin, daß positive Erbschaften nur unter ganz bestimmten Bedingungen möglich seien, die in der Realität nicht erfüllt seien. Drittens wirke der von Barro postulierte Erbschaftsmechanismus dem Vermögenssubstitutionseffekt nicht entgegen, da eine kollektive Alterssicherung es erst ermögliche, „negative" Erbschaften zu hinterlassen. Schließlich zeichne sich der empirisch relevante Fall dadurch aus, daß die Individuen weder positive noch „negative" Erbschaften planten (Feldstein, 1976b; 1978b; 1983). Daneben ist auch der intrafamiliale Transfermechanismus der Kritik ausgesetzt. Nach den Vorstellungen der Kritiker sei die Bedeutung dieses Mechanismus in hochentwickelten Volkswirtschaften vernachlässigbar gering. Wenden wir uns zuächst dem Erbschaftsmechanismus zu.

Nach den Vorstellungen von Feldstein ist der von Barro verwandte Modellansatz deshalb nicht geeignet, weil er zu hohe Anforderungen an die Planungsfähigkeit und die Voraussicht der Individuen stellt (Feldstein, 1978b, 39; 1980, 8). Diese Kritik trifft allerdings grundsätzlich auch die von Feldstein für seine Analyse verwandten Lebenszyklusmodelle und erscheint nur gerechtfertigt, wenn man numerisch exakte Ergebnisse als Referenzrahmen wählt. Verfolgt man demgegenüber die weniger anspruchsvolle Absicht, bei Parameteränderungen nur Aussagen über die Wirkungsrichtung zu machen, erscheint es sinnvoll, generationenübergreifende Nutzenvorstellungen zu berücksichtigen. Die Existenz von positiven Erbschaften weist im übrigen darauf hin, daß die Individuen solche intergenerativen Überlegungen anstellen.

Auch wenn man den Modellansatz von Barro grundsätzlich akzeptiert und unterstellt, daß die ältere Generation die Konsummöglichkeiten ihrer Kinder in der eigenen Nutzenfunktion berücksichtigt, ist damit noch nicht sichergestellt, daß die Eltern ihren Kindern eine positive Erbschaft hinterlassen. Es ist erforderlich, daß der Grenznutzen der Eltern, den sie aus den durch die zwangsweisen intergenerativen Transfers erhöhten eigenen Konsummöglichkeiten ziehen, geringer ist als der indirekte Grenznutzen aus dem Konsum der Kinder. In einer wachsenden Wirtschaft stellt sich jede Generation im Durchschnitt besser als die vergangene. Eine positive Erbschaft verbessert grundsätzlich die Vermögenssituation der Kinder im Vergleich zu der ihrer Eltern. Da im allgemeinen der Grenznutzen mit steigenden Konsummöglichkeiten zurückgeht, tragen die Wohlstandssteigerungen in einer wachsenden Wirtschaft dazu bei, daß die direkten Grenznutzen der Konsummöglichkeiten der Eltern weniger stark zurückgehen als die indirekten Grenznutzen des Konsums der Kinder. Es sei deshalb unwahrscheinlich, daß in wachsenden Volkswirtschaften der indirekte den direkten Grenznutzen übersteige (Feldstein, 1978b). Gegen diese Betrachtungsweise kann allerdings eingewandt werden, daß es bei einer gemeinsamen Nutzenmaximierung der beiden Generationen für die ältere Generation durchaus rational sein kann, wenn sie auf Konsum verzichtet, um ihren Kinder ein höheres Konsumniveau zu ermöglichen (Darby, 1979).

Da die Kinder in wachsenden Gesellschaften im Durchschnitt wohlhabender als ihre Eltern seien, steigt nach Ansicht von Feldstein die Wahrscheinlichkeit, daß die ältere Generation der Meinung sei, daß die jüngere Generation sie im Alter unterstützen solle. In einem solchen Falle könne eine umlagefinanzierte Rentenversicherung einen erheblichen Einfluß auf das individuelle private Sparverhalten ausüben. Ohne ein kollektives Alterssicherungssystem könne die ältere Generation ihre Präferenzen für eine „negative“ Erbschaft nicht durchsetzen, da die Kinder berechtigt seien, eine solche Erbschaft auszuschlagen. Die Eltern würden deshalb nur ein „beschränktes Optimum“ realisieren, indem sie einerseits während der Phase der Erwerbstätigkeit vermehrt Ersparnisse bilden, um im Alter einen bestimmten Lebensstandard realisieren zu können und andererseits die Allokation des Lebenseinkommens so steuerten, daß sie der jüngeren Generation keine Erbschaft hinterlassen. Die Einführung einer kollektiven Alterssicherung könne erst dazu beitragen, daß die ältere Generation in die Lage versetzt werde, eine negative Erbschaft zu vermachen. Die nichtmehr erwerbstätigen Eltern würden deshalb bei der Einführung eines umlagefinanzierten Alterssicherungssystems ihre privaten Ersparnisse nicht erhöhen (Feldstein, 1978b, 39f; 1976).

Die von der jüngeren Generation zwangsweise finanzierten Rentenzahlungen an die ältere Generation erhöhten das Lebenseinkommen der Eltern und verringerten den erreichbaren Gegenwartsnutzen der Kinder. Die ältere Generation werde die Rentenleistungen solange für eigene Konsumzwecke verwenden, als sie den Anstieg des direkten Konsumnutzens höher einschätze als die Verringerung des indirekten Nutzens durch die geringeren Konsummöglichkeiten ihrer Kinder. Nur wenn die Rentenleistungen hoch genug ausfielen und das Gesamtenutzenniveau der älteren Generation wegen des sinkenden Grenznutzens des Konsums sinke, werde die ältere Generation für eine positive Erbschaft sparen. Dies werde vor allem für die Individuen von Bedeutung sein, die über eine vergleichsweise hohe Rente verfügten. Für die Versicherten mit einem relativ geringen Renteneinkommen sei eher zu erwarten, daß sie die gesamte Rente für eigene Konsumzwecke verwendeten, da sie eine Erhöhung des direkten Konsumnutzens höher einschätzten als die Verringerung des erreichbaren Nutzens ihrer Kinder. Trotz der Rentenleistungen könne die ältere Generation somit immer noch eine negative Erbschaft zu hinterlassen wünschen.

Die Einführung einer gesetzlichen Rentenversicherung würde in diesem Falle bewirken, daß sich sowohl die Konsumstruktur der jüngeren als auch die der älteren Generation verändert. Die erzwungenen intergenerativen Transfers würden nicht oder nur teilweise durch private Transfers ausgeglichen. Die dadurch eintretenden Veränderungen im privaten Sparverhalten der Individuen könnten mit dem „Vermögenssubstitutionseffekt" beschrieben werden. Die Auswirkungen eines kollektiven Alterssicherungssystems auf das private Sparverhalten hänge somit wesentlich davon ab, ob die Individuen eine positive Erbschaft zu hinterlassen wünschten oder nicht.

Dieser „negative" Erbschaftseffekt kann bei einer Umstellung von einer privaten Versicherungslösung auf ein umlagefinanziertes Alterssicherungssystem nur auftreten, wenn bei der kollektiven Alterssicherung vom Prinzip der Beitragsäquivalenz abgewichen wird. Werden die Rentenleistungen demgegenüber so berechnet, daß sie den Beitragszahlungen entsprechen, ist auch bei einem umlagefinanzierten Alterssicherungssystem eine „negative" Erbschaft nicht möglich. Eine höhere Rentenleistung im Alter erfordert höhere Beitragszahlungen während der Zeit der Erwerbstätigkeit. Eine „negative" Erbschaft ist nicht möglich.

Sofern allerdings die Rentenleistungen bei einer umlagefinanzierten Alterssicherung nicht beitragsäquivalent festgelegt werden, ist zumindest in der

Einführungsphase dieses Systems mit einer Belastung der erwerbstätigen Generation in Höhe des Umverteilungsvolumens zu rechnen. Werden diese Abweichungen von der Beitragsäquivalenz konsequent beibehalten, kommen allerdings die nachfolgenden Generationen ebenfalls in den „Genuß" dieser Vergünstigungen. Die umverteilungspolitisch induzierten Belastungen und Begünstigungen sind weniger inter- als vielmehr intragenerativ. Längerfristig können deshalb keine „negativen" Erbschaften vermacht werden.

Schließlich könne sowohl die alte als auch die erwerbstätige Generation planen, keinerlei finanzielle Ressourcen an andere Generationen zu transferieren, weil sie entweder die Konsummöglichkeiten der anderen Generation nicht berücksichtige oder eine optimale intertemporale Allokation nur bei einer Null-Erbschaft realisieren könne. Die Einführung eines umlagefinanzierten Alterssicherungssystems könne die intertemporale Allokation der Ressourcen bei dieser Präferenzstruktur nicht berühren. Das individuelle Konsum- und Sparverhalten könne weitgehend korrekt mithilfe eines erweiterten Ansatzes der Lebenszyklustheorie beschrieben werden (Feldstein, 1976b; 1978b).

Die Kritik von Feldstein an dem erbschaftsinduzierten Transfermechanismus bewegt sich im wesentlichen innerhalb des von Barro benutzen Modellrahmens. Eine weitergehende Kritik setzt an dem gewählten Rahmen selbst an. So kann bezweifelt werden, ob der Übergang von einer privaten Versicherungslösung zu einem umlagefinanzierten Alterssicherungssystem tatsächlich den von Barro beschriebenen Erbschaftseffekt auslöst. Um dies aufzuzeigen, wollen wir zunächst untersuchen, welcher Zusammenhang zwischen der Art der Finanzierung der Alterssicherung und dem Ausmaß der geplanten Erbschaften besteht.

Sichern sich die Individuen auf freiwilliger Basis über die Bildung privaten Vermögens gegen die materiellen Risikenfolgen des Alters ab, stehen sie vor dem Problem, daß sie nur unvollkommen über die Länge ihres Lebens, den Gesundheitszustand im Alter etc. informiert sind. Eine materielle Absicherung im Alter ist nur möglich, wenn sie während der Zeit der Erwerbstätigkeit private Ersparnisse bilden, die auch dann ausreichen, wenn sie ein Alter erreichen, das weit über der durchschnittlich erwarteten Lebensdauer liegt. Die Erbschaften der älteren Generation sind unter diesen informatorischen Unvollkommenheiten keine planbaren Größen. Sie ergeben sich vielmehr als zufällige Restgröße des privaten Vermögens am Lebensende. Die Bildung von Ersparnissen zum Zwecke der Erbschaft ist eng mit dem Vorsichtsmotiv verknüpft. Das Erbschaftssparen kann deshalb auch als Kuppelprodukt der privaten Vorsorge für das Alter angesehen werden (Darby, 1979). Damit treten aber auch die für eine Kuppelproduktion typischen Probleme auf. Wegen der Unsicherheit über das Lebensende wächst die Wahrscheinlichkeit, daß keine optimale Aufteilung der finanziellen Ressourcen auf die eigenen Konsummöglichkeiten und die nachfolgender Generationen realisiert werden kann.

In hochentwickelten Volkswirtschaften kann man allerdings davon ausgehen, daß die individuelle Vermögenslösung empirisch von geringer Relevanz sein dürfte. Die freiwillige Absicherung gegen die materiellen Folgen des Altersrisikos erfolgt vielmehr auf privaten Versicherungsmärkten. Sind die Versicherungsmärkte vollkommen, gelingt es durch den Übergang von einer privaten Vermögens- zu einer Versicherungslösung, Erbschafts- und Vorsorgemotiv für das Alter zu entkoppeln. Da die Individuen in einem solchen Falle die durchschnittliche Lebenserwartung bei ihren Konsum- und Sparplanungen zugrunde legen können, werden auch die Erbschaften an nachfolgende Generationen planbar. Da nun eine vergleichsweise geringere private Ersparnisbildung für das Alter erforderlich ist, können die geplanten Erbschaften ansteigen. Ob die geplanten Erbschaften bei einer privaten Versicherungslösung die faktischen Erbschaften bei einer privaten Vermögenslösung übersteigen, hängt von den Präferenzen der Individuen ab.

Bei einem Übergang von einer privaten Versicherungslösung zu einem umlagefinanzierten Alterssicherungssystem, findet eine vollständige Entkoppelung von Erbschaftssparen und der Bildung von Ersparnissen zum Zwecke der Vorsorge für das Alter statt. Die kollektive Alterssicherung garantiert einen lebenszeitlichen Anspruch auf Transferzahlungen im Alter. Damit können die Individuen bei einer versicherungsgerechten Ausgestaltung und vollkommenen Kapitalmärkten nicht nur eine nutzenoptimale Aufteilung ihrer finanziellen Ressourcen auf Gegenwarts- und Zukunftskonsum, sondern auch auf die eigenen Konsummöglichkeiten und die nachfolgender Generationen vornehmen. Die Bildung privater Ersparnisse für das Alter nimmt zwar ab. Ob die gesamte private Ersparnisbildung zurückgeht, hängt von den Plänen der Individuen ab, in welchem Umfang sie Erbschaften an nachfolgende Generationen zu hinterlassen wünschen.

Es muß allerdings bezweifelt werden, ob auch dann, wenn die Individuen planen, positive Erbschaften zu hinterlassen, damit gerechnet werden kann, daß ein permanenter den Vermögenssubstitutionseffekt kompensierender Erbschaftseffekt existiert. Betrachten wir zunächst die Phase, in der eine umlagefinanzierte Alterssicherung an die Stelle der bisher freiwilligen Absicherung auf privaten Versicherungsmärkten tritt. Mit der Einführung eines solchen Systems werden unmittelbar finanzielle Ressourcen von der Generation der gerade Erwerbstätigen an ihre Eltern transferiert. Sofern die Leistungen des umlagefinanzierten Alterssicherungssystems beitragsäquivalent festgelegt werden und die Leistungen der kollektiven Alterssicherung denen einer privaten Versicherungslösung entsprechen, wird die erwerbstätige Generation in dieser Phase der Einführung nicht zusätzlich belastet. Was sie bisher an Prämien für die private Altersvorsorge aufwandte, entrichtet sie nun als Beitragszahlungen an ein kollektives Alterssicherungssystem. Eine zusätzliche Belastung tritt für die erwerbstätige Generation in dieser Einführungsphase nicht ein.

Werden allerdings die Leistungen in der umlagefinanzierten Alterssicherung nicht beitragsäquivalent festgelegt, weil man auch interpersonelle umverteilungspolitische Ziele verfolgt, wird die erste Generation von Rentnern im

Durchschnitt begünstigt, während die Beitragszahler als Gruppe in der Umstellungsphase benachteiligt werden. Sehen die Rentner der Einführungsphase diese verteilungspolitisch bedingten Zusammenhänge und berücksichtigen sie den Nutzen der nachfolgenden Generation in ihren Nutzenvorstellungen, könnten sie versucht sein, diese Belastungen der erwerbstätigen Generation auszugleichen. Dagegen spricht allerdings, daß in der Rentenversicherung vorwiegend bestimmte, materiell weniger gut gestellte Versicherungsgruppen verteilungspolitisch begünstigt werden. Bei diesen Gruppen kann aber der direkte Grenznutzen der eigenen Konsummöglichkeiten den indirekten Grenznutzen, den sie aus den Konsummöglichkeiten ihrer Kinder ziehen, übersteigen. Ein Ausgleich der verteilungspolitisch bedingten Lasten findet nicht statt.

Einen empirischen Hinweis auf diesen theoretisch abgeleiteten Zusammenhang erhält man, wenn man die Entwicklung der privaten Ersparnisbildung der Rentnergeneration unmittelbar nach der Einführung der umlagefinanzierten Alterssicherungssysteme in Deutschland und den Vereinigten Staaten betrachtet. In beiden Fällen stiegen die privaten Ersparnisse der begünstigten Generation der Rentner nicht unmittelbar an. Da die Mitglieder dieser Rentnergeneration einen vergleichsweise geringen Lebensstandard aufwiesen und zunächst bestrebt waren, ihre Grundbedürfnisse zu decken, haben sie die Leistungen der Rentenversicherung konsumiert und nicht gespart.

Ganz im Gegensatz zu den Vorstellungen von Barro ist ein kompensierender freiwilliger Transfer auch in den folgenden Perioden nicht zu erwarten. Das kollektive Alterssicherungssystem hat in der Einführungsphase dazu beigetragen, daß die Rentenleistungen an die gerade alte Generation durch die gerade Erwerbstätigen finanziert werden. Diese Erwerbstätigen müssen sich allerdings nicht verpflichtet fühlen, für ihre Kinder zu sparen und ihnen ein Erbe zu hinterlassen, um die zwangsweisen Rentenzahlungen ihrer Kinder an sie auszugleichen. Die Erwerbstätigen der Einführungsgeneration können bei einer nicht- beitragsäquivalenten Ausgestaltung der Rentenleistungen viel eher der Meinung sein, daß die Rentenzahlungen ihrer Kinder an sie nur eine Rückzahlung der von ihnen an die erste Rentnergeneration nach der Einführung des Systems geleisteten Zahlungen darstellt (Ferrara, 1980, 92). Auch wenn das Prinzip der Beitragsäquivalenz in der kollektiven Alterssicherung verletzt wird, besteht für die Rentnergeneration in der Beharrungsphase bei unveränderter Umverteilungsstruktur und -volumen kein Anlaß, diese Begünstigungen auszugleichen, da sie während ihrer Zeit der Erwerbstätigkeit über erhöhte Beitragszahlungen für diese umverteilungspolitischen Begünstigungen der damals alten Generation aufgekommen sind. Der von Barro beschriebene Erbschaftsmechanismus erweist sich somit als wenig wirksam, dem Vermögenssubstitutionseffekt effektiv entgegenzuwirken.

Wenden wir uns schließlich der Kritik an dem von Barro angeführten intrafamilialen Transfermechanismus zu, nach dem ein umlagefinanziertes Alterssicherungssystem nur ein privates System von umlagefinanzierten Transfers ersetze und der einzige Effekt der Einführung eines solchen Systems darin bestehe, daß es die direkten Zahlungen der Kinder an ihre nicht-mehr erwerbstätigen Eltern verringere. Die private Ersparnisbildung würde von einem umlagefinanzierten Alterssicherungssystem nicht negativ beeinflußt. Der Zusammenhang zwischen einer kollektiven Alterssicherung und der Bedeutung des Familienverbandes für die Sicherheit im Alter scheint allerdings von umgekehrter Kausalität zu sein, als von Barro unterstellt. Nicht die Einführung einer umlagefinanzierten Alterssicherung hat die Alterssicherung über den Familienverband ersetzt, vielmehr hat die zunehmende Arbeitsteilung in entwickelten Volkswirtschaften dazu beigetragen, daß die Lösung des Alterssicherungsproblems über den Familienverband zusehens an Bedeutung verlor. Die Individuen sind heute wesentlich unabhängiger von der Familie, fühlen sich eher für ihre eigene Alterssicherung und weniger für die anderer Familienmitglieder verantwortlich. Die große Mehrheit der Eltern lebt im Alter von ihren Kindern getrennt. Der Familienverband wird auch deshalb stark gelockert, weil sich das Heirats- und Scheidungsverhalten verändert hat. Verheiratete lassen sich öfter scheiden und heiraten wieder. All dies spricht eher dafür, daß einem privaten intrafamilialen Transfersystem auf Umlagebasis in einer Gesellschaft wie der Bundesrepublik eine vergleichsweise geringe Bedeutung zukommt. Es stellt somit auch keine ernsthafte Alternative zu einem umlagefinanzierten Alterssicherungssystem dar.

Fassen wir zusammen: Der von Barro aufgezeigte kompensierende Transfermechanismus über positive Erbschaften kann nur von temporärer Bedeutung sein, wenn die Leistungen in der Rentenversicherung nicht beitragsäquivalent festgelegt werden. Ein permanenter den Vermögenssubstitutionseffekt kompensierender Effekt ist allerdings nicht zu erwarten. Auch dem intrafamilialen Transfermechanismus scheint in hochentwickelten Volkswirtschaften nicht die von Barro zugemessene Bedeutung zuzukommen. Damit ist auch die These fragwürdig, nach der eine umlagefinanzierte Alterssicherung nur die freiwilligen intrafamilialen Transfers ersetzt.

### *b) Empirische Relevanz freiwilliger intergenerativer Transfers*

In der theoretischen Diskussion um die Bedeutung von intergenerativen Transfers wurde auch erörtert, daß die in einem umlagefinanzierten Alterssicherungssystem erzwungenen intergenerativen Transfers durch freiwillige private Transaktionen zwischen den Generationen ersetzt werden können. Der Einfluß des Erbschaftssparens auf die gesamte private Ersparnisbildung hängt allerdings entscheidend davon ab, inwieweit die Individuen die erwartete Nutzensituation nachfolgender Generationen berücksichtigen und positive Erbschaften zu hinterlassen wünschen. Die quantitative Bedeutung des Erbschaftseffektes für die private Ersparnisbildung läßt sich somit nur mithilfe empirischer Untersuchungen ermitteln. Dabei entsteht allerdings die Schwierigkeit, daß sich die intrafamilialen Transfers wegen der nicht-marktmäßigen und auch teilweise nicht-pekuniären Transaktionen nur sehr schwer direkt messen lassen. Die vorliegenden empirischen Untersuchungen greifen dann auch wegen dieser Datenlücke auf Hilfsgrößen zurück, die bestenfalls Hinweise auf die Bedeutung des Erbschaftssparens geben können.

Aus der Entwicklung der individuellen Vermögensbestände im Zeitablauf kann man erste Hinweise für die Bedeutung des Erbensparens erhalten. Sofern die Lebenszyklushypothese zuträfe, müßte sich der während der Phase der Erwerbstätigkeit angesparte private Vermögensbestand mit fortschreitendem Alter der Individuen verringern. Die privaten Wirtschaftssubjekte würden ihre Spar- und Konsumentscheidungen nur an ihren eigenen Konsummöglichkeiten ausrichten, berücksichtigten die erwarteten Nutzenlage nachfolgender Generationen nicht und planten, keine positiven Erbschaften zu hinterlassen. Sie wären vielmehr bestrebt, ihr Einkommen so über die Lebenszeit zu verteilen, daß am Lebensende das individuelle Vermögen weitgehend aufgebraucht ist. Man kann somit die Bedeutung des Erbschaftsmotiv für die private Ersparnisbildung auch dadurch messen, indem man die Lebenszyklushypothese des Sparens empirisch überprüft. Wenn mit ihr ein Großteil der privaten Ersparnisbildung erklärt werden kann, ist zu vermuten, daß dem Erbensparen nur eine geringe Bedeutung zukommt. Je weniger demgegenüber die Lebenszyklushypothese bestätigt werden kann, desto größere Bedeutung kommt dem Erbschaftssparen zu.

Die Lebenszyklushypothese konnte bisher zumindest für die Vereinigten Staaten empirisch nicht bestätigt werden. Die Ergebnisse eines Großteils der empirischen Untersuchungen legen es vielmehr nahe zu vermuten, daß weniger das Lebenszyklus- als vielmehr das Erbschaftsparen die private Vermögensbildung determiniert (Kotlikoff/Summers, 1980). Die Lebenszyklushypothese wird auch dann nicht bestätigt, wenn man die Entwicklung der privaten Vermögensbestände in Abhängigkeit vom Alter der Individuen betrachtet. Die Vermögensbestände blieben mit zunehmendem Alter entweder weitgehend konstant (Mirer, 1980) oder stiegen sogar mit dem Alter der Individuen an, sofern man berücksichtigt, daß die Kohorten beim Eintritt in den Ruhestand über unterschiedliche hohe Vermögensbestände verfügen (Mirer, 1979, 442). Auch die historische Entwicklung der Sparquote kann nicht für eine Bestätigung der Lebenszyklushypothese herangezogen werden. Obwohl das Verhältniss der erwarteten Jahre des Ruhestandes zur erwarteten Lebensdauer zwischen 1890 und 1930 um 67% anstieg, erhöhte sich die aggregierte Sparquote in dieser Zeit nicht, wie dies nach der Lebenszyklustheorie zu erwarten gewesen wäre. Die Sparquote war während dieses Zeitraumes drei- bis viermal höher, als es die Lebenszyklushypothese prognostizieren würde (Darby, 1979, 22ff). Dies alles spricht eher dafür, daß das Erbschaftsmotiv einen nicht zu vernachlässigenden Einfluß auf die private Ersparnisbildung ausübt.

Eine neuere Aufbereitung statistischer Daten — allerdings wiederum nur für die Verhältnisse der USA — scheint zu bestätigen, daß sich der Bestand an privatem Vermögen mit zunehmendem Alter der Individuen kaum verändert.

Dies gilt sowohl dann, wenn man die finanziellen Nettovermögensbestände, die realen Nettovermögenswerte, wie Immobilienbesitz, oder auch die individuellen Ansprüche an private Lebensversicherungen berücksichtigt. Die privaten Nettovermögensbestände verringern sich mit zunehmendem Alter erst dann merklich, wenn man neben den monetären und realen Vermögensbeständen auch eine Humankapitalkomponente berücksichtigt, die den Gegenwartswert zukünftiger Erwerbseinkommen beinhaltet (Blinder/Gordon/Wise, 1983). Diese Zusammenhänge deuten darauf hin, daß die Individuen während der Zeit der Erwerbstätigkeit nicht nur Ersparnisse bilden, um für ihr Alter vorzusorgen, sondern auch für nachfolgende Generationen sparen. Eine fundierte ökonometrische Aufbereitung und Analyse dieser statistischen Daten bestätigt zwar diesen ersten Eindruck. Allerdings sind die erzielten Ergebnisse statistisch nicht signifikant (Blinder/Gordon/Wise, 1983).

Einen weiteren Hinweis auf die Bedeutung des Erbschaftsmotives könnte die Entwicklung des Vermögensbestandes der Haushalte in Abhängigkeit von der Anzahl der Kinder liefern. Sofern die ältere Generation plant, ihren Kindern positive Erbschaften zu hinterlassen, ist zunächst zu vermuten, daß der

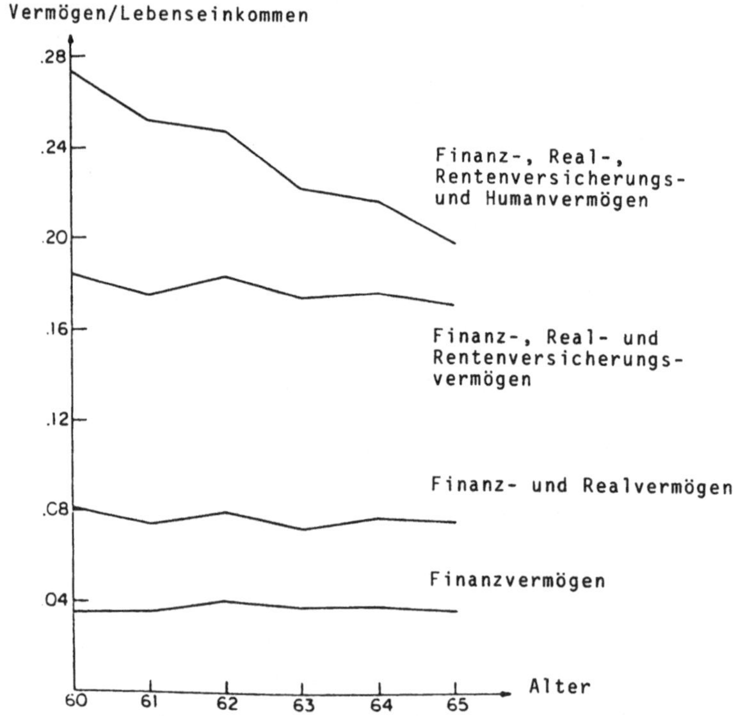


Abb. 16. Entwicklung des privaten Vermögens in Abhängigkeit vom Lebensalter

Vermögensbestand der Familien mit mehr Kindern zu jedem Zeitpunkt im Alter höher liegt als der von Familien mit weniger Kindern. Ein vorläufiger Indikator für diesen Zusammenhang kann die Entwicklung der Relation von Vermögensbestand zu Lebenseinkommen eines Haushaltes in Abhängigkeit von der Anzahl der Kinder sein. Für die Verhältnisse in den Vereinigten Staaten gilt allerdings, daß die privaten Vermögenswerte der Haushalte mit der Kinderzahl abnehmen. Dies gilt unabhängig davon, welche Definition des Vermögens der Eltern gewählt wird (Blinder/Gordon/Wise, 1983).

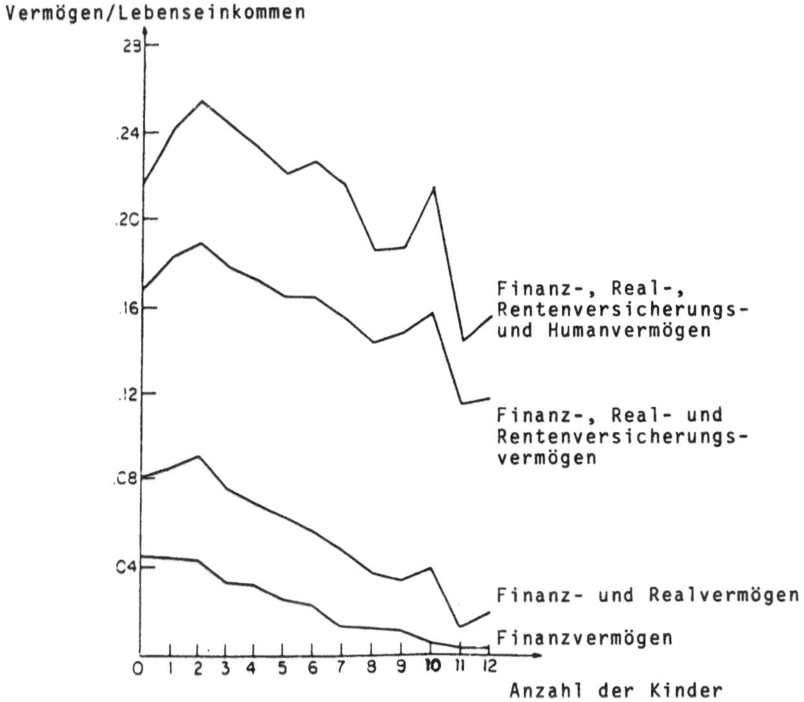


Abb. 17. Entwicklung des privaten Vermögens in Abhängigkeit von der Anzahl der Kinder

Dieser einfache statistische Zusammenhang zwischen der Entwicklung des Vermögensbestandes der privaten Haushalte und der Anzahl der Kinder unterschätzt die Bedeutung freiwilliger intergenerativer Transfers aus zweierlei Gründen. Zunächst einmal sind bei dieser Betrachtungsweise alle anderen Faktoren, die auf diesen Zusammenhang einen Einfluß ausüben können, nicht aus der Betrachtung ausgeschlossen. Solange keine fundierte ökonometrische Analyse vorliegt, bei der die Einflüsse dieser Faktoren separiert werden, kann nur gesagt werden, daß diese Einflüsse auf die private Ersparnisbildung stärker sind als das Erbschaftsmotiv. Daneben müsste eine umfassende Analyse nicht nur die materiellen Vermögensbestände umfassen, sondern auch die intergenerativen Transfers der Eltern in Form von Investitionen in das Humankapital der Kinder berücksichtigen. Ein geringes materielles Erbe ist noch kein Indiz für eine geringe Bedeutung des Erbschaftsmotives, da die ältere Generation ihren Kindern auch eine positive Erbschaft in Form von spezifischem Humankapital hinterlassen kann.

Fassen wir zusammen: Die bisher vorliegenden empirischen Untersuchungen können nicht klären, welche Bedeutung den freiwilligen intergenerativen Transfers zukommt. Damit bleibt weiterhin ungewiß, welcher Einfluß von einem umlagefinanzierten Alterssicherungssystem auf die individuelle Entscheidung über die Aufteilung der finanziellen Ressourcen und damit auf die private Ersparnisbildung ausgeht.

## II. Eine Analyse der makroökonomischen Zusammenhänge

Die bisherigen, mikroökonomisch fundierten Überlegungen, die wir angestellt haben, um den Einfluß einer kollektiven Alterssicherung auf die private Ersparnisbildung zu untersuchen, haben ergeben, daß eine umlagefinanzierte Rentenversicherung dazu beitragen kann, die Neigung der erwerbstätigen Generation, private Ersparnisse zu bilden, zu verändern. Die individuelle private Sparneigung kann sowohl über induzierte Vermögenssubstitutions-, Ruhestands- als auch Zinseffekte allerdings weniger über freiwillige intergenerative Transfers beeinflußt werden. Die verschiedenen, sich teilweise kompensierenden Effekte verhindern, daß auf theoretischer Ebene entschieden werden kann, ob ein umlagefinanziertes Alterssicherungssystem die individuelle private Sparneigung verringert. Die bisher zu diesem Problemkreis vorliegenden empirischen Untersuchungen können diese Frage nicht eindeutig beantworten (Jafari-Samimi, 1984).

Auch wenn ein umlagefinanziertes Alterssicherungssystem im Vergleich zu einer zwangsweisen, kapitalfundierten Versicherungslösung die Neigung der Individuen verringern sollte, private Ersparnisse zum Zwecke der Vorsorge für das Alter zu bilden, ist nicht sichergestellt, daß das gesamtwirtschaftlich relevante Sparvolumen negativ beeinflußt wird. Dies ist nur dann zu erwarten, wenn sich die periodischen Nettoersparnisse einer Volkswirtschaft verringern. Der Umfang der gesamtwirtschaftlichen Nettoersparnisse wird nicht allein von der Entwicklung der Er-, sondern auch Entsparnisse in einer Volkswirtschaft bestimmt (Schmähl, 1980, 392). Damit üben neben den individuellen Sparneigungen auch makroökonomische Faktoren, wie demographische Schwankungen und die Entwicklung der pro-Kopf-Einkommen einen Einfluß auf die gesamtwirtschaftliche private Nettoersparnisbildung aus. Nur wenn ein umlagefinanziertes Rentenversicherungssystem unter den verschiedenen makroökonomischen Konstellationen im Hinblick auf die private Nettoersparnisbildung schlechter abschneidet als eine kapitalfundierte Lösung des Alterssicherungsproblems, kann man davon ausgehen, daß eine kollektive Alterssicherung das Wachstum einer Volkswirtschaft grundsätzlich negativ beeinflußt.

### 1. Der Zusammenhang zwischen Alterssicherungssystem und privater gesamtwirtschaftlicher Nettoersparnis

Die Wachstumsmöglichkeiten einer Volkswirtschaft werden ebenso wie deren Schockabsorptionsfähigkeit primär weniger von der privaten Ersparnisbildung, sondern vielmehr von der Entwicklung der Nettoersparnisse in einer Volkswirtschaft bestimmt. Der vielfach behauptete negative Einfluß eines umlagefinanzierten Alterssicherungssystems auf die Anpassungsfähigkeit von Marktwirtschaften und das wirtschaftliche Wachstum kann nur eintreten, wenn die Höhe der gesamtwirtschaftlichen Nettoersparnisse von der Wahl des Alterssicherungssystems abhängt.

Der Einfluß einer kollektiven, nach dem Umlageverfahren organisierten Rentenversicherung auf die Nettoersparnisbildung in einer Volkswirtschaft läßt sich nur ermitteln, wenn man die Nettoersparnisse, die sich bei einer umlagefinanzierten Alterssicherung einstellen, mit denen einer anderen organisatorischen Lösung des Alterssicherungsproblems vergleicht. Man benötigt somit einen Maßstab, an dem man die Entwicklung der Nettoersparnisse bei einer umlagefinanzierten Alterssicherung messen kann. Als Referenzrahmen können verschiedene Lösungen des Alterssicherungsproblems in Frage kommen. Die Vorsorge für das Alter kann grundsätzlich entweder auf freiwilliger Basis oder zwangsweise erfolgen. Bei einer Lösung ohne staatlichen Zwang können sich die Individuen gegen die materiellen Folgen des Altersrisikos absichern, indem sie entweder privates Vermögen bilden oder auf private Versicherungsmärkte zurückgreifen. Da in entwickelten Volkswirtschaften funktionsfähige Versicherungsmärkte existieren, ist eine private Vermögenslösung kein sinnvoller Vergleichsmaßstab, wohl aber eine private Versicherungslösung. Bei einer zwangsweisen Lösung des Alterssicherungsproblems kann zwischen einer Versicherungspflicht und einer Zwangsversicherung unterschieden werden. In der öffentlichen Diskussion steht allerdings die Möglichkeit, ob die Individuen gezwungen werden sollten, in einem bestimmten Umfang auf privaten Versicherungsmärkten für das Alter vorzusorgen, weniger im Mittelpunkt. Vielmehr wird diskutiert, welche Form eine staatlich organisierte Zwangsversicherung annehmen soll, ob sie nach dem Umlage- oder dem Kapitaldeckungsverfahren organisiert sein sollte. Es liegt deshalb nahe, die gesamtwirtschaftlichen privaten Nettoersparnisse, die sich bei einem umlagefinanzierten Alterssicherungssystem einstellen, mit den Nettoersparnissen zu vergleichen, die sich bei einem kapitalfundierten System ergeben würden, wenn man das Alterssicherungsproblem entweder auf freiwilliger Basis über private Versicherungsmärkte oder zwangsweise im Rahmen eines staatlich organisierten Kapitaldeckungsverfahrens löste. Zwischen diesen beiden kapitalfundierten Lösungsmöglichkeiten bestehen keine Unterschiede, wenn entweder die Höhe der zwangsweisen

Ersparnisbildung beim Kapitaldeckungsverfahren den Präferenzen der Individuen im Hinblick auf die Altersvorsorge entspricht oder vollkommene Kapitalmärkte vorliegen.

Bei einer Lösung des Alterssicherungsproblems über eine kapitalfundierte Zwangsversicherung sorgen die Individuen für das Alter vor, indem sie wie bei einem Umlageverfahren während der Zeit der Erwerbstätigkeit Beiträge entrichten. Die Beitragszahlungen der augenblicklich Erwerbstätigen werden allerdings im Gegensatz zu einem umlagefinanzierten System nicht für die Rentenleistungen an die jetzt alte Generation verwandt. Es wird vielmehr für jeden Versicherten während der Zeit der Erwerbstätigkeit ein Kapitalstock aufgebaut, der zusammen mit den erwarteten Zinserträgen ausreicht, dem Arbeitnehmer nach dem Ausscheiden aus dem Erwerbsleben eine lebenszeitliche Renten zu zahlen.

Berücksichtigen wir nur Sparprozesse, die in einem unmittelbaren Zusammenhang mit der Vorsorge der Individuen für das Alter stehen, entsprechen die altersbedingten gesamtwirtschaftlichen Nettoersparnisse (NS) einer Periode der Differenz zwischen der Summe der privaten Ersparnisse (S) für das Alter und dem Ausmaß der altersbedingten Entsparnisse (ES) der jeweiligen Periode

$$(1)\ NS = (S - ES).$$

Bei einer kapitalfundierten Alterssicherung werden die privaten Ersparnisse (S) zum Zwecke der Vorsorge für das Alter, die auch die Beitragszahlungen an das Alterssicherungssystem einschließen, neben der durchschnittlichen Sparneigung ($s_a$) der jetzt erwerbstätigen Generation auch durch das gegenwärtige pro-Kopf-Einkommen $(Y/A)_a$ und die Anzahl der Erwerbstätigen (A) determiniert. Die Zahl der Erwerbstätigen hängt neben der durchschnittlichen Jahrgangsstärke der jeweiligen erwerbstätigen Alterskohorten ($J_a$) auch von der augenblicklichen durchschnittlichen Dauer der Erwerbstätigkeit $(t_a)_a$ ab.

$$(2)\ S = s_a * (Y/A)_a * (t_a)_a * J_a$$

Die Erwerbstätigen planen die Sparquote ($s_a$) so, daß sie eine optimale Aufteilung der Konsummöglichkeiten über die Lebenszeit hinweg realisieren. Die erwartete Entwicklung der Erwerbseinkommen und der Rendite der angesparten Mittel sowie die individuellen Vorstellungen über den Lebensstandard im Alter beeinflussen die Wahl der Sparneigung. Die Zahl der Ersparnisse bildenden Erwerbstätigen hängt neben demographischen Faktoren auch von den individuellen Ruhestandsentscheidungen ab. Demographische Schwankungen, die durch ein verändertes Geburtenverhalten, Wanderungsbewegungen oder veränderte Sterblichkeiten während der Zeit der Erwerbstätigkeit ausgelöst werden, verändern über die Jahrgangsstärken ($J_a$) die Zahl der Erwerbstätigen.

Daneben verändert die Entscheidung der Individuen über den Ruhestandsbeginn die Größe von $(t_a)_a$ und mit ihr die Zahl der Individuen, die private Ersparnisse für das Alter bilden.

Bei einem kapitalfundierten Alterssicherungssystem wird der Umfang der altersbedingten Entsparnisse (ES) von den während der Erwerbstätigkeit zum Zwecke der Vorsorge für das Alter angesammelten Ersparnissen pro Rentner, der durchschnittlichen Rentenbezugsdauer $(t_r)$ und den Besetzungszahlen der Altersjahrgänge der Rentner $(J_r)$ bestimmt. Die Entsparsumme pro Rentner hängt von der Sparneigung $(s_r)$ und dem pro-Kopf-Einkommen $(Y/A)_r$ während der Zeit der Erwerbstätigkeit sowie der Dauer der Erwerbstätigkeit $(t_a)_r$ der jetzigen Rentnergeneration ab. Diese Überlegungen gelten nur, wenn wir davon ausgehen, daß die ältere Generation keine Ersparnisse bildet, sondern die Transfereinkommen im Alter vollständig konsumieren. Sie erhöht sich um einen Faktor (z), wenn man berücksichtigt, daß sich die Ersparnisse mit einem positiven Zinssatz verzinsen.

$$(3)\ ES = ((s_r * (Y/A)_r * (t_a)_r * z)/t_r) * (t_r * J_r).$$

Die Zahl der aus Altersgründen entsparenden Wirtschaftssubjekte kann neben demographischen Veränderungen auch von der individuellen Entscheidung der Erwerbstätigen über den Beginn des Ruhestandes beeinflußt werden. Die Besetzungszahlen der Rentnerjahrgänge $(J_r)$ werden sowohl von Schwankungen in den Geburtenhäufigkeiten und Wanderungsbewegungen als auch von veränderten Sterblichkeiten der älteren Generation bestimmt. Die Zahl der Altersjahrgänge $(t_r)$ hängt primär von der individuellen Ruhestandsentscheidung der Erwerbstätigen ab.

Die altersbedingten Nettoersparnissen in einer Volkswirtschaft, in der die Altersversorgung mithilfe eines Kapitaldeckungsverfahrens organisiert wird, ergibt sich aus dem Zusammenspiel von periodischer altersbedingter Ersparnis- und Entsparnisbildung.

$$\begin{aligned}(4)\ NS = {} & s_a * (Y/A)_a * (t_a)_a * J_a \\ & - ((s_r * (Y/A)_r * (t_a)_r * z)/t_r) * (t_r * J_r)\end{aligned}$$

Hieraus kann man erkennen, daß eine kapitalfundierte Alterssicherung immer dann zu positiven gesamtwirtschaftlichen Nettoersparnissen führt, wenn sich im Zeitablauf die Sparneigungen, die pro-Kopf-Einkommens-Entwicklung, die individuellen Ruhestandsentscheidungen und die demographischen Faktoren so entwickeln, daß

$$(5)\ (s_a/s_r)*((Y/A)_a/(Y/A)_r)*((t_a)_a/(t_a)_r)*(J_a/J_r) > z$$

Zwischen dem pro-Kopf-Einkommen der gegenwärtig Erwerbstätigen $(Y/A)_a$ und dem pro-Kopf-Einkommen der Rentner $(Y/A)_r$ während deren Erwerbstätigkeit besteht folgende logische Beziehung

$$(6)\ (Y/A)_a = q^*(Y/A)_r$$

Dabei stellt (q) einen Lohnwachstumsfaktor dar, mit dem die pro-Kopf-Einkommen seit der Erwerbstätigkeit der Rentner angestiegen sind. Berücksichtigt man diesen Zusammenhang, erhält man

$$(5a)\ (s_a/s_r)^*((t_a)_a/(t_a)_r)^*(J_a/J_r) > z/_q$$

Sofern die pro-Kopf-Einkommen (Y/A) der erwerbstätigen Generation mit derselben Rate wie die Zinseinkommen wachsen, die Lohnsteigerungsraten somit den Zinssätzen entsprechen, erhält man

$$(5b)\ (s_a/s_r)^*((t_a)_a/(t_a)_r)^*(J_a/J_r) > 1$$

Diese Zusammenhänge zeigen, daß das Ausmaß der Nettoersparnisse in einer Volkswirtschaft bei einem kapitalfundierten Alterssicherungssystem nicht nur von der individuellen Sparneigung, sondern auch von der Entscheidung der Erwerbstätigen über den Ruhestandsbeginn sowie von makroökonomischen Größen, wie demographischen Schwankungen, der Entwicklung der Produktivitäten der Produktionsfaktoren und der Lohn- und Zinsentwicklung beeinflußt wird.

Vergleicht man die private Ersparnisbildung bei einem kapitalfundierten Alterssicherungssystem mit der bei einem umlagefinanzierten, dann ist die Neigung der Individuen bei einer nach dem Umlageverfahren arbeitenden Rentenversicherung, zusätzliche private Ersparnisse zum Zwecke der Vorsorge für das Alter zu bilden, nur unter ganz bestimmten Bedingungen Null. Dies ist immer dann der Fall, wenn die Leistungen beitragsäquivalent festgelegt werden, die zwangsweisen Beitragszahlungen den Zeitpräferenzen der Individuen entsprechen und die interne Verzinsung der Beiträge sich von einer Anlage der finanziellen Mittel auf den Kapitalmärkten nicht unterscheidet. Sind diese Bedingungen erfüllt, unterscheidet sich die individuelle Allokation der Zeit auf Arbeit und Freizeit und die Aufteilung der Erwerbseinkommen auf Gegenwarts- und Zukunftskonsum bei einem umlagefinanzierten Alterssicherungssystem nicht von der bei einem kapitalfundierten.

Aus einer Reihe von Gründen ist allerdings auch bei einem umlagefinanzierten Alterssicherungssystem trotzdem damit zu rechnen, daß die Individuen zusätzliche private Ersparnisse für das Alter bilden. Sofern ein Teil der

Individuen grundsätzlich ihre zukünftigen Bedürfnisse unterschätzen, kann zwar eine umlagefinanzierte Alterssicherung im Vergleich zu einer Regelung auf freiwilliger Basis — nicht bei einem Kapitaldeckungsverfahren — dazu beitragen, daß die private Ersparnisbildung ansteigt. Die entsprechende meritorische Entscheidung hat in einem umlagefinanzierten System allerdings nicht unmittelbar diese ersparnissteigernde Wirkung. Allenfalls über einen „Erkenntniseffekt" scheint ein partieller Anstieg der privaten Ersparnisbildung möglich.

Mit einer nach dem Umlageverfahren organisierten Alterssicherung werden aber nicht nur allokative, sondern auch verteilungspolitische Absichten verfolgt. Die umlagefinanzierten Alterssicherungssysteme zeichnen sich im allgemeinen durch eine Vielzahl von umverteilungspolitischen Maßnahmen aus. Dabei spielen vor allem die Regelungen der Altersgrenze eine besondere Rolle. Obwohl in den Vereinigten Staaten umstritten ist, ob damit vom Prinzip der Beitragsäquivalenz abgewichen wird, erscheint zumindest für die gesetzliche Rentenversicherung in der Bundesrepublik unbestritten, daß die Regelungen der flexiblen Altersgrenze die Ruhestandsentscheidung stark beeinflussen. Die nicht versicherungsgerechten Abschläge bei einem vorgezogenen Ruhestand tragen mit dazu bei, daß ein Anreiz besteht, die Zeit der Erwerbstätigkeit zu verkürzen. Mit der individuellen Entscheidung für eine kürzere Erwerbs- und eine längere Zeit als Rentner ist notwendigerweise eine höhere private Ersparnisbildung während der Zeit der Erwerbstätigkeit verbunden. Gesellschaftlich erwünschte, interpersonelle umverteilungspolitische Aktivitäten in der Rentenversicherung tragen mit dazu bei, daß die private Sparneigung der Individuen positiv ist.

Schließlich können auch unterschiedliche Entwicklungen von Lohn- und Zinseinkommen die individuelle Neigung, private Ersparnisse zu bilden, beeinflussen. Wir werden an späterer Stelle zeigen, daß die relativen Preise von gesamtwirtschaftlichen Faktoren, wie demographischen Schwankungen oder veränderten Produktivitäten der Produktionsfaktoren determiniert werden. Während beispielsweise rückläufige Wachstumsraten der Bevölkerung die individuellen privaten Sparneigungen tendenziell erhöhen, gilt bei wachsenden Bevölkerungen der umgekehrte Zusammenhang. Damit ist vor allem bei schrumpfenden Bevölkerungen keineswegs sicher, daß die Neigung der Individuen, private Ersparnisse zu bilden, bei einem kapitalfundierten Alterssicherungssystem wesentlich höher als bei einem umlagefinanzierten ist.

Fassen wir zusammen: Auch bei einer makroökonomischen Betrachtung des Zusammenhangs zwischen kollektiver Alterssicherung und der Entwicklung der gesamtwirtschaftlichen privaten Nettoersparnisse, kehren die bei der mikroökonomischen Analyse gefundenen Vermögenssubstitutions-, Ruhestands- und Zinseffekte wieder. Eine konkrete Aussage über den Einfluß eines umlagefinanzierten Alterssicherungssystems auf die private Nettoersparnisbildung ist allerdings erst möglich, wenn man den Einfluß sich ändernder makroökonomischer Rahmenbedingungen berücksichtigt.

### 2. Veränderte makroökonomische Rahmenbedingungen und gesamtwirtschaftliche private Nettoersparnisbildung

Die Entwicklung der privaten Nettoersparnisse in einer Volkswirtschaft wird sowohl bei einem kapitalfundierten als auch bei einem umlagefinanzierten Alterssicherungssystem von Schwankungen in der demographischen Entwicklung, der Entwicklung der Produktivitäten der Produktionsfaktoren und der Sparneigung beeinflußt. Es wird allerdings vermutet, daß sich die gesamtwirtschaftlichen Nettoersparnisse in Abhängigkeit von der Wahl des Finanzierungsverfahrens der kollektiven Alterssicherung bei veränderten makroökonomischen Rahmenbedingungen unterschiedlich entwickeln.

#### *a) Schwankungen in der demographischen Entwicklung*

Die Ursachen demographischer Schwankungen in einer Gesellschaft können sowohl in einem veränderten Geburtenverhalten oder in veränderten Wanderungsbewegungen als auch in veränderten Sterblichkeiten liegen. Alle diese Faktoren beeinflußen die Jahrgangsstärken der Alterskohorten. Obwohl von der Veränderung der verschiedenen Komponenten demographischer Schwankungen temporär unterschiedliche Einflüsse auf die private Ersparnisbildung ausgehen können, wollen wir uns wegen der quantitativen Bedeutung auf das generative Verhalten beschränken.

Neben diesen echten demographischen Veränderungen, wird das Verhältnis von Rentnern zu Erwerbstätigen auch in starkem Maße von der individuellen Ruhestandsentscheidung beeinflußt. Bevor wir uns deshalb mit dem Einfluß eines veränderten Geburtenverhaltens auf die private Nettoersparnisbildung in einer Volkswirtschaft beschäftigen, wollen wir uns kurz überlegen, wie sich eine vorzeitige oder verzögerte Verrentung auf die Nettoersparnisbildung in einem kapital- und einem umlagefinanzierten Alterssicherungssystem auswirkt. Entschließen sich die Erwerbstätigen bei einem Kapitaldeckungsverfahren im Durchschnitt früher in Rente zu gehen, steigen während einer Übergangszeit die Bruttoersparnisse der Erwerbstätigen für die Vorsorge im Alter an. Die Entscheidung für eine vorgezogene Verrentung bedeutet für den Erwerbstätigen bei einer kapitalfundierten Alterssicherung, daß er vermehrt Ersparnisse während der Zeit der Erwerbstätigkeit bilden muß, um beim Ausscheiden aus dem Erwerbsleben keinen Wohlfahrtseinbruch zu erleiden. Diesen vermehrten Ersparnissen stehen in dieser Zeit keine gestiegenen Entsparnisse gegenüber. Der ersparnissteigernde Effekt hält solange an, bis die ersten Erwerbstätigen, die sich entschieden haben, früher in Rente zu gehen, aus dem Erwerbsleben ausscheiden. Ab diesem Zeitpunkt entsprechen sich die marginal höheren Er- und Entsparnisse wieder. Die umgekehrten Zusammenhänge gelten bei einer Entscheidung für eine längere Erwerbstätigkeit.

Bei einem umlagefinanzierten Alterssicherungssystem bewirkt die Entscheidung für einen früheren Ruhestandsbeginn, daß sich das zahlenmäßige

Verhältnis von Erwerbstätigen zu Rentnern verschlechtert. Wie wir an späterer Stelle bei einer rückläufigen Bevölkerungsentwicklung noch zeigen werden, verringert sich in einem solchen Falle die Rendite der Beitragszahlungen an die Rentenversicherung und löst einen eher positiven Effekt auf die zusätzliche Bildung privater Ersparnisse und damit die gesamtwirtschaftlichen Nettoersparnisse aus. Eine vergleichsweise geringere Rendite in der gesetzlichen Rentenversicherung würde normalerweise die Individuen veranlassen, die „Ersparnisse“ in der Rentenversicherung zu verringern und vermehrt private Ersparnisse zu bilden, da diese eine höhere Rendite erbringen. Diese Substitutionsmöglichkeit zwischen privater und „öffentlicher“ Ersparnis besteht allerdings nicht. Sofern die Individuen planen, einen bestimmten Betrag für die Vorsorge im Alter anzusparen, werden sie während der Zeit der Erwerbstätigkeit vermehrt auf Konsum verzichten, um dieses Sparziel zu realisieren. Die Folge ist eine verstärkte Bildung privater Ersparnisse. Bei einer Entscheidung für eine längere Zeit der Erwerbstätigkeit sind demgegenüber eher negative Einflüsse zu erwarten.

Entscheiden sich die Individuen im Durchschnitt für eine kürzere Dauer der Erwerbstätigkeit, ist somit ein kapitalfundiertes einem umlagefinanzierten Rentenversicherungssystem nur in der Übergangsphase überlegen. Bei einer längerfristigen Betrachtung kehren sich die komparativen Vorteile um. Schieben die Erwerbstätigen demgegenüber ihre Ruhestandsentscheidung hinaus, kehren sich die relativen Vorteile der beiden Finanzierungsverfahren um.

### (1) Stationäre Bevölkerungsentwicklung

Man kann typischerweise drei demographischen Szenarien unterscheiden: stagnierende Bevölkerungen und Bevölkerungen, die mit einer konstanten Rate wachsen oder schrumpfen. Bei einer stationären Bevölkerungsentwicklung mit gegebenen Sterblichkeiten verändert sich die Altersstruktur der Bevölkerung nicht mehr. Die Jahrgangsstärken der Alterskohorten und die Altersstruktur bleiben konstant. Gleichbleibend positive Wachstumsraten der Bevölkerung tragen dazu bei, daß sich die Altersstruktur der Bevölkerung laufend verbessert. Die Altersstruktur verschlechtert sich demgegenüber fortwährend, wenn die Bevölkerung mit einer konstanten Rate schrumpft. Die faktisch relevanten demographischen Entwicklungen werden allerdings durch diese idealtypischen Fällen nicht beschrieben; sie liegen irgendwo dazwischen. Bevölkerungen verändern sich temporär mit positiven, negativen oder Null-Wachstumsraten. Das für die hochentwickelten Volkswirtschaften im Augenblick relevante Bevölkerungsszenario sind die seit zwei Jahrzehnten rückläufigen Bevölkerungswachstumsraten.

Wir wollen zunächst untersuchen, wie sich die Nettoersparnisse bei einer stationären Bevölkerung entwickeln, wenn die Gesellschaft entweder eine kapitalfundierte oder eine umlagefinanzierte Alterssicherung wählt. Um den

Einfluß demographischer Schwankungen auf die gesamtwirtschaftliche private Nettoersparnisbildung zu isolieren, wollen wir annehmen, daß die Höhe der pro-Kopf-Einkommen vorgegeben sei und sich im Zeitablauf nicht ändere, die Ruhestandsentscheidung der Individuen von der demographischen Entwicklung unbeeinflußt bleibe und die Sparquote der erwerbstätigen Generation vorgegeben sei und keinen Veränderungen unterliege.

Geht man von der Existenz einer umlagefinanzierten Alterssicherung aus und führt unter diesen demographischen Gegebenheiten eine kapitalfundierte Alterssicherung ein, sind zwei Phasen zu unterscheiden: die Phase der Einführung und die des Beharrungszustandes. In der Anlaufphase des Systems sind die altersbedingten periodischen Nettoersparnisse solange positiv, bis die ersten Erwerbstätigen, die einen eigenen kapitalfundierten Rentenanspruch erworben haben, aus dem Erwerbsleben ausscheiden. Sofern allerdings ein umlagefinanziertes durch ein kapitalfundiertes Rentenversicherungssystem abgelöst werden soll, ist nicht mehr sichergestellt, daß in dieser Übergangsphase die Nettoersparnisse positiv ausfallen. Die erwerbstätige Generation hat in diesem Falle nicht nur Beiträge zu entrichten, um im kapitalfundierten System einen eigenen Rentenanspruch aufzubauen, sie muß faktisch über höhere Beiträge oder Steuern auch für die Rentenzahlungen an die ältere Generation aufkommen, die noch unter den Bedingungen eines umlagefinanzierten Alterssicherungssystems erwerbstätig war. Das geringere verfügbare Einkommen trägt dazu bei, daß sich bei normalen Einkommenselastizitäten sowohl die Nachfrage nach Gegenwarts- als auch Zukunftsgütern verringert. Die privaten Ersparnisse, die aus anderen Gründen als der Vorsorge für das Alter angesammelt werden, verringern sich. Dies zeigt, daß ein Übergang von einem umlagefinanzierten zu einem kapitalfundierten Alterssicherungssystem in der Phase der Einführung nicht unbedingt zu den erwarteten positiven Auswirkungen auf die private Nettoersparnisbildung führen muß, sofern man ein bestehendes Alterssicherungssystem, das nach dem Umlageverfahren finanziert wird, durch ein kapitalfundiertes ersetzt.

Wie entwickeln sich die periodischen Nettoersparnisse, sofern ein kapitalfundiertes Alterssicherungssystem diese Anlaufphase überwunden hat? Ist in einem solchen Falle mit periodisch positiven Nettoersparnissen zu rechnen? Unter den gemachten Annahmen — Konstanz der Produktivität der Produktionsfaktoren, Gleichheit von Lohn- und Zinssatz und konstante Dauer der Erwerbstätigkeit — übersteigen die periodischen Ersparnisse die Entsparnisse, wenn

$$(5c)\quad s_a/s_r > (t_a)_r{*}J_r/(t_a)_a{*}J_a$$

Sofern sich die Sparneigung zum Zwecke der Vorsorge für das Alter während der Zeit der Erwerbstätigkeit der jungen und alten Generation nicht verändert hat und die Sterblichkeit unverändert geblieben ist, entsprechen sich die periodische Er- und Entsparnis. Der Quotient $(s_a/s_r)$ entspricht gerade dem Quotienten $((t_a)_r{*}J_r/(t_a)_a{*}J_a)$.

Wenn bei einem Nullwachstum der Bevölkerung von einem kapitalfundierten Alterssicherungssystem kein positiver Einfluß auf die Nettoersparnisbildung in einer Volkswirtschaft ausgeht, bleibt zu fragen, wie sich die Nettoersparnisse bei einem umlagefinanzierten Alterssicherungssystem entwickeln. Eine kollektive Alterssicherung, die nach dem Umlageverfahren organisiert ist, verwendet im allgemeinen die periodischen Beitragszahlungen für die anfallenden Rentenausgaben der jeweiligen Periode. Wenn keine sonstigen Einflüsse bestehen, ist die Nettoersparnis gleich Null. Bei einem Nullwachstum der Bevölkerung ist nicht zu erwarten, daß von der demographischen Seite irgendwelche Einflüsse auf die individuelle Ruhestandsentwicklung oder die interne Verzinsung der Beitragszahlungen in der gesetzlichen Rentenversicherung ausgehen. Bei einer langfristig stabilen stationären Bevölkerung wird die Rendite der Beitragszahlungen von der fortschrittsinduzierten Wachstumsrate des pro-Kopf-Einkommens determiniert, die im „steady state" dem Zinssatz entspricht. Damit sind auch von dieser Seite keine zusätzlichen Einflüsse auf die Entwicklung der privaten Ersparnisbildung zu erwarten.

Fassen wir zusammen: Bei einer stationären Bevölkerungsentwicklung sind die Nettoersparnisse Null, wenn das Alterssicherungssystem nach dem Umlageverfahren organisiert ist. Dieses Ergebnis ändert sich nicht grundlegend, wenn man eine kapitalfundierte Lösung des Alterssicherungsproblems wählt. In der Beharrungsphase entsprechen sich die periodischen Er- und Entsparnisse. Ein positiver Einfluß auf die gesamtwirtschaftliche Nettoersparnis kann sich in der Phase der Einführung einstellen. Die Doppelbelastung der Erwerbstätigen in dieser Phase des Übergangs von einem Umlage- zu einem Kapitaldeckungsverfahren läßt es allerdings zweifelhaft erscheinen, ob die Nettoersparnisse stark ansteigen.

### (2) Wachsende Bevölkerungen

Wenn wir den Einfluß eines kapitalfundierten Alterssicherungssystems auf die Nettoersparnisbildung in einer wachsenden Bevölkerung untersuchen, müssen wir wiederum zwischen der Phase der Einführung eines solchen Systems und der Reifephase unterscheiden. Im Gegensatz zu den Ergebnissen, die wir bei einer stagnierenden Bevölkerung erhielten, ist davon auszugehen, daß die positiven Bevölkerungswachstumsraten in der Phase der Einführung dazu beitragen, daß die Nettoersparnisse ansteigen. Die sich ständig verbessernde Altersstruktur erhöht zum einen wegen der zunehmenden Besetzungszahlen der erwerbstätigen Jahrgänge die zwangsweise Ersparnisbildung in einem kapitalfundierten Alterssicherungssystem und trägt zum anderen zu vergleichsweise geringen Beitragszahlungen an eine etwaige bestehende umlagefinanzierte Rentenversicherung bei. Insgesamt ist somit in Abhängigkeit vom Niveau der Bevölkerungswachstumsraten mit positiven Nettoersparnissen zu rechnen.

Im Gegensatz zu einer stationären Bevölkerung, ist bei positiven Wachstumsraten der Bevölkerung auch in der Reifephase des kapitalfundierten Alterssicherungssystems mit einer positiven Entwicklung der Nettoersparnisse zu rechnen. Da sich die Altersstruktur bei einer wachsenden Bevölkerung permanent verbessert, werden die positiven Einflüsse auf die Nettoersparnisbildung der Einführungsphase eines solchen Systems faktisch permanent prolongiert. Die altersbedingten positiven Nettoersparnisse steigen in Abhängigkeit von der Wachstumsrate der Bevölkerung stetig an.

Positive Wachstumsraten der Bevölkerung sind allerdings keine Garantie für unmittelbar positive Nettoersparnisse in einer Volkswirtschaft. In Gesellschaften mit einer wachsenden Bevölkerung, die über Jahrzehnte hinweg negative Wachstumsraten der Bevölkerung aufwiesen oder stagnierten, ist erst mit einer Zeitverzögerung von einer, möglicherweise sogar zwei Generation damit zu rechnen, daß sich die Nettoersparnisse positiv entwickeln. Erst wenn die geburtenstärkeren Jahrgänge in das Erwerbsleben eintreten und das umlagefinanzierte System ausgelaufen ist, verbessert sich das Verhältnis von Erwerbstätigen zu Rentnern und mit ihr die privaten Nettoersparnisse.

Während in wachsenden Bevölkerungen kapitalfundierte Alterssicherungssysteme die private Nettoersparnisbildung positiv beeinflussen, kann ein umlagefinanziertes Rentenversicherungssystem umgekehrt auf diese Entwicklung reagieren. Wachsende Bevölkerungen tragen dazu bei, daß sich die Rendite der Beitragszahlungen in ein Alterssicherungssystem, das nach dem Umlageverfahren organisiert ist, erhöht. Eine steigende interne Verzinsung der Beitragszahlungen an die Rentenversicherung verstärkt normalerweise die Bereitschaft der Individuen, vermehrt „öffentliche" Ersparnisse zu bilden. Da die durchschnittliche Verzinsung der privaten und „öffentlichen" Ersparnisbildung ansteigt, besteht für die Individuen ein Anreiz, vermehrt Ersparnisse zu bilden. Wenn dies in der Rentenversicherung nicht möglich ist, werden die Individuen eher vermehrt zusätzliche private Ersparnisse bilden. Kommt dem Zwecksparen bei der Ersparnisbildung für das Alter keine Bedeutung zu, würde eine wachsende Bevölkerung auch bei einem umlagefinanzierten Alterssicherungssystem einen positiven Einfluß auf die private Zusatzersparnis ausüben.

Die Ersparnisbildung für das Alter wird allerdings oft auch als typisches Beispiel für das Zwecksparen angesehen. Die Individuen planen, eine ganz bestimmte Summe für das Alter anzusparen. Bei steigender interner Verzinsung der Beiträge in der Rentenversicherung kann das Sparziel auch mit einer geringeren periodischen Ersparnisbildung verwirklicht werden. Da eine Verringerung der „öffentlichen" Ersparnisse nicht möglich ist, werden sie die zusätzliche private Ersparnisbildung verringern. Überwiegt bei der Ersparnisbildung für das Alter das Zwecksparen, wirkt sich die veränderte interne Verzinsung in der Rentenversicherung bei wachsenden Bevölkerungen negativ auf die gesamtwirtschaftliche Nettoersparnisbildung aus.

Die interne Verzinsung der zwangsweisen Beitragszahlungen in eine umlagefinanzierte Alterssicherung wird neben der Entwicklung des Lohneinkommens auch von der Altersstruktur einer Bevölkerung beeinflußt. Man erhält einen groben Anhaltspunkt über die Rendite der Beitragszahlungen, wenn man die während der Erwerbszeit eingezahlten Beiträge den erwarteten Rentenleistungen gegenüberstellt. Die individuellen Beitragszahlungen (B) entsprechen

$$(6)\ B = b * Y_e^d * t_v.$$

Dabei ist (b) der Beitragssatz, ($Y_e^d$ das durchschnittliche versicherungspflichtige Arbeitseinkommen während der Zeit der Erwerbstätigkeit und ($t_v$) die Dauer der Erwerbstätigkeit. Da der Beitragssatz immer so festgesetzt wird, daß die Rentenversicherung finanziell im Gleichgewicht ist, gilt

$$(7)\ b = (R/A) * a.$$

Der Beitragssatz (b) entspricht dem Produkt aus Rentnerquotient (R/A) und Rentensatz (a), dem Verhältnis von durchschnittlicher Rentenhöhe (r) und durchschnittlichem Erwerbseinkommen ($Y_r^d$) zum Zeitpunkt der Rentenzahlung. Damit lassen sich die Beitragszahlungen auch ausdrücken als

$$(6a)\ S = a * (R/A) * Y_e^d * t_v.$$

Die Rentenleistungen stellen die Erträge (E) aus der Rentenversicherung dar. Sie ergeben sich als Produkt aus der durchschnittlichen Rentenhöhe (r) und der erwarteten Rentenbezugszeit ($t_r$)

$$(8)\ E = r * t_r.$$

Die Rentenhöhe selbst läßt sich als Produkt aus Rentensatz (a) und durchschnittlichem versicherungspflichtigen Erwerbseinkommen zum Zeitpunkt der Rentenberechnung darstellen. Berücksichtigt man, daß das durchschnittliche Einkommen während der Erwerbsphase der Erwerbstätigen ($Y_e^d$) mit dem Einkommen ($Y_r^d$), das der Rentenberechnung zugrunde liegt, über den Lohnwachstumsfaktor (q) verbunden ist, gilt

$$(8a)\ E = a * Y_e^d * q * t_r.$$

Die interne Verzinsung der Beitragszahlungen in die Rentenversicherung ($i_{RV}$) erhält man, indem die erwarteten Rentenleistungen den Beitragszahlungen gegenübergestellt werden.

$$(9)\ i_{RV} = E/B = (A/R) * (t_r/t_v) * q$$

Damit wird offensichtlich, daß die interne Verzinsung der zwangsweisen Beitragszahlungen in die gesetzliche Rentenversicherung neben der Wachstumsrate des pro-Kopf-Einkommens auch von demographischen Entwicklungen beeinflußt wird. Vernachlässigt man den möglichen Einfluß einer wachsenden Bevölkerung auf die Wachstumsrate des Lohneinkommens, erhöht sich in einer wachsenden Bevölkerung mit dem Quotienten (A/R) auch die Rendite der Beitragsleistungen.

In einer wachsenden Gesellschaft ist allerdings im „steady state" nicht damit zu rechnen, daß sich die Rendite auf den Kapitalmärkten von der in einem umlagefinanzierten Alterssicherungssystem unterscheidet. Im langfristigen Wachstumsgleichgewicht entspricht der Zinssatz der Summe aus der Wachstumsrate der Bevölkerung und der Wachstumsrate des pro-Kopf-Einkommens. Damit besteht langfristig bei einem Alterssicherungssystem, das nach dem Umlageverfahren organisiert ist, kein zinsbedingter Anreiz, die private Ersparnisbildung zu verringern. Allerdings ist in der Übergangsphase von einem gleichgewichtigen Zustand zu einem anderen die Wahrscheinlichkeit groß, daß sich die Zinsentwicklung auf den Kapitalmärkten erst mit einiger Verzögerung an die Entwicklung der Bevölkerung und damit an die interne Verzinsung der Beitragszahlungen in einem umlagefinanzierten Rentenversicherungssystem anpasst.

Fassen wir zusammen: Während bei einem kapitalfundierten Alterssicherungssystem positive Bevölkerungswachstumsraten dazu beitragen, daß die periodischen altersbedingten privaten Ersparnisse die Entsparnisse übersteigen, kann bei einer umlagefinanzierten Rentenversicherung ein zinsbedingter Anreiz entstehen, die private Ersparnisbildung zum Zwecke der Vorsorge für das Alter zu verringern.

### (3) Schrumpfende Bevölkerungen

Die Zusammenhänge kehren sich um, wenn die Wachstumsraten der Bevölkerung anhaltend negativ sind. Die Existenz eines kapitalfundierten Alterssicherungssystem garantiert nicht mehr, daß die altersbedingten Nettoersparnisse in einer Volkswirtschaft positiv ausfallen. Die relativen Vorteile eines umlagefinanzierten Systems steigen unter diesen demographischen Konstellationen an.

Der positive Einfluß eines kapitalfundierten Alterssicherungssystems auf die altersbedingten Nettoersparnisse in der Einführungsphase eines solchen Systems wird im Vergleich zu einer stationären Bevölkerungsentwicklung weiter geschmälert. Zum einen nimmt die Zahl der ersparnisbildenden Erwerbstätigen laufend ab, zum anderen steigen die Belastungen bei einer noch bestehenden umlagefinanzierten Rentenversicherung an. Beide Faktoren tragen eher zu einer Nettoersparnis von Null bei. Befindet sich demgegenüber ein solches System im Reifezustand, ist mit negativen Nettoersparnissen zu rechnen. Die sich permanent verschlechternde Altersstruktur trägt dazu bei, daß der angesammelte Kapitalstock aufgelöst wird, da die periodischen Entsparnisse die Ersparnisse übersteigen. Bei negativen Bevölkerungswachstumsraten werden somit die privaten Nettoersparnisse in einer Volkswirtschaft negativ, sofern die Alterssicherung kapitalfundiert ist.

Etwas anders stellt sich die Situation dar, wenn das Alterssicherungsproblem mithilfe einer umlagefinanzierten Rentenversicherung gelöst wird. Die permanente Verschlechterung der Altersstruktur trägt dazu bei, daß die Beitragszahlungen, die erforderlich sind, um in der Rentenversicherung finanzielles Gleichgewicht zu garantieren, ansteigen. Dadurch verringert sich die Rendite in der Rentenversicherung. Sofern der Kapitalmarktzins nur mit einer gewissen Verzögerung auf die demographische Entwicklung reagiert oder institutionelle Schranken eine entsprechende Reaktion verhindern, übersteigt die Rendite auf den Kapitalmärkten die interne Verzinsung der Beitragszahlungen in der umlagefinanzierten Rentenversicherung. Der negative Vermögenseffekt verstärkt den Anreiz, zusätzliche private Ersparnisse zum Zwecke der Vorsorge für das Alter zu bilden.

Fassen wir zusammen: Die relative Vorteilhaftigkeit eines kapitalfundierten im Vergleich zu einem umlagefinanzierten Alterssicherungssystem im Hinblick auf die Entwicklung der gesamtwirtschaftlichen Nettoersparnisse kehrt sich mit rückläufigen Wachstumsraten der Bevölkerung um. Während bei einer wachsenden Bevölkerung ein kapitalfundiertes System die Nettoersparnisse positiv beeinflußt, geht dieser Vorteil bei einer stagnierenden oder rückläufigen Bevölkerung verloren. In diesen Situationen sind eher von einem umlagefinanzierten Alterssicherungsystem positive Einflüsse auf die private Nettoersparnisbildung in einer Volkswirtschaft zu erwarten.

### *b) Fortschrittsinduzierte Veränderungen des pro-Kopf-Einkommens*

Neben demographischen Schwankungen können auch Veränderungen in den pro-Kopf-Einkommen der Arbeitnehmer die Entwicklung der privaten Nettoersparnisse in Abhängigkeit vom gewählten Alterssicherungssystem beeinflussen. Wir wollen deshalb im folgenden untersuchen, welche Einflüsse von fortschrittsinduzierten autonomen Veränderungen in der Arbeitsproduktivitäten auf die Nettoersparnisbildung bei einem kapitalfundierten und einem umlagefinanzierten Alterssicherungssystem ausgehen.

Den Einfluß von Schwankungen im pro-Kopf-Einkommen der Erwerbstätigen auf die gesamtwirtschaftlichen privaten Ersparnisse kann man am besten ermitteln, wenn man die anderen Faktoren, wie die Sparneigungen, die Dauer der Erwerbstätigkeit, die demographische Entwicklung, konstant hält und annimmt, daß sich Lohn- und Zinsentwicklung entsprechen. Wir wollen zunächst die arbeitsproduktivitätsbedingte Entwicklung der privaten Nettoersparnisse in einer Volkswirtschaft bei einem kollektiven Rentenversicherungssystem untersuchen, das nach dem Kapitaldeckungsverfahren arbeitet und diese Ergebnisse mit denen vergleichen, die sich einstellen, wenn die Alterssicherung nach dem Umlageverfahren finanziert wird.

Die arbeitsproduktivitätsbedingte Entwicklung der privaten Nettoersparnisse bei einer Rentenversicherung, die nach dem Kapitaldeckungsverfahren organisiert ist, kann man anhand von Gleichung (5d) erkennen. Die privaten Nettoersparnisse in einer Volkswirtschaft sind immer dann positiv, wenn

$$(5d)\ (s_a/s_r) > ((Y/A)_r/(Y/A)_a).$$

Betrachten wir zunächst den Fall einer stagnierenden Volkswirtschaft mit einer Wachstumsrate der pro-Kopf-Einkommen von Null. Bei einem Übergang von einem umlagefinanzierten zu einem kapitalfundierten Alterssicherungssystem steigen in der Anlaufphase des neuen Systems die zwangsweise gebildeten privaten Ersparnisse an. Da ihnen zunächst keine Entsparnisse entgegenstehen, kommt es über diesen Kanal in dieser Phase zu periodisch positiven Nettoersparnissen. Ob die Nettoersparnisse in dieser Phase auch gesamtwirtschaftlich positiv ausfallen, hängt — wie an anderer Stelle erörtet wurde — davon ab, wie die Erwerbstätigen auf die verringerten verfügbaren Einkommen reagieren, die dadurch entstehen, daß sie auch für die Rentenzahlungen an die Rentner aufkommen müssen, die noch nach dem umlagefinanzierten Rentenversicherungssystem abgewickelt werden. Hat das kapitalfundierte System allerdings den Beharrungszustand erreicht, entsprechen sich die altersbedingten periodischen Er- und Entsparnisse. Die gesamtwirtschaftlichen privaten Nettoersparnisse sind somit ebenfalls Null.

Damit wird offensichtlich, daß sich eine kapitalfundierte Alterssicherung im Hinblick auf die periodische private Nettoersparnisbildung in einer Volkswirtschaft im günstigsten Falle während der Einführungsphase von einem umlagefinanzierten unterscheidet. Nur in dieser Phase sind die privaten Nettoersparnisse möglicherweise positiv. Demgegenüber unterscheiden sich beide Systeme nicht mehr, wenn das kapitalfundierte den Beharrungszustand erreicht hat. Dann gehen von der Art der Lösung des Alterssicherungsproblems keine Einflüsse auf die Nettoersparnisbildung aus.

Bei konstant positiven Einkommenszuwächsen scheint ein Kapitaldeckungsverfahren sowohl in der Einführungs- als auch in der Beharrungsphase zu positiven privaten Nettoersparnissen beizutragen. In der Phase der Einführung eines solchen Systems wirken die durch die pro-Kopf-Einkommenssteigerungen induzierten Steigerungen der periodischen privaten Ersparnisse den möglichen negativen Auswirkungen eines geringeren privat verfügbaren Einkommens der Erwerbstätigen entgegen. Es ist deshalb davon auszugehen, daß auch in der Einführungsphase eines kapitalfundierten Systems die Nettoersparnisse positiv ausfallen.

Diese positive Entwicklung der Nettoersparnisse hält in der Beharrungsphase des Systems an. Da die Ersparnisbildung von der gegenwärtigen und die Auflösung von Ersparnissen von der vergangenen Entwicklung des pro-Kopf-Einkommens abhängt, übersteigen die periodischen Ersparnisse die Entsparnisse. Dieser Effekt wird möglicherweise verstärkt, wenn man berücksichtigt, daß die Sparneigung während der Zeit der Erwerbstätigkeit von der Entwicklung der pro-Kopf-Einkommen nicht unabhängig ist. Sofern die Nutzenzuwächse aus dem Konsum von Gütern mit steigendem Konsum abnehmen, steigt die marginale Sparneigung der Individuen mit steigendem pro-Kopf-Einkommen an. Mit einem wachsenden pro-Kopf-Einkommen ist daneben auch ein steigender Lebensstandard verbunden, der den Wunsch nach einem entsprechend höheren Wohlfahrtsniveau in der Rentenphase ansteigen läßt. Um diesen Lebensstandard auch im Alter realisieren zu können, sind steigende Ersparnisse in der Phase der Erwerbstätigkeit notwendig. Beide Faktoren tragen dazu bei, daß die private Sparneigung mit steigendem pro-Kopf-Einkommen ebenfalls ansteigt.

Diese positiven Einflüsse einer Produktivitätssteigerung auf die private Nettoersparnisbildung sind demgegenüber nur temporär, wenn das pro-Kopf-Einkommen nur vorübergehend eine bestimmte positive Wachstumsrate aufweist, um danach mit einer geringeren Rate zu wachsen. Die altersbedingten periodischen Ersparnisse übersteigen die Entsparnisse nur während einer Übergangszeit. Der positive Effekt auf die gesamtwirtschaftliche Nettoersparnis hält nur solange an, bis die Erwerbstätigen mit der durchschnittlich höheren Sparneigung aus dem Erwerbsleben ausscheiden. Danach entsprechen sich die produktivitätsbedingten Mehrer- und -entsparnisse wieder.

Die durchweg positiven Auswirkungen einer Steigerung des pro-Kopf-Einkommens auf die private Nettoersparnisbildung bei einem kapitalfundierten Alterssicherungssystem stehen in einem starken Gegensatz zu der Entwicklung der Nettoersparnisse bei einer umlagefinanzierten Rentenversicherung. Da sowohl die Beitragszahlungen als auch die Rentenleistungen unmittelbar an die aktuelle pro-Kopf-Einkommensentwicklung gekoppelt sind, entwickeln sich die Er- und Entsparnisbildung bei Veränderungen in der Produktivität gleichgerichtet. Die Nettoersparnisbildung wird von Schwankungen im pro-Kopf-Einkommen nicht beeinflußt.

Die relative Vorteilhaftigkeit eines Altersicherungssystems, das nach dem Kapitaldeckungsverfahren finanziert wird, verringert sich, wenn wir negative pro-Kopf-Einkommensentwicklungen unterstellen. In einer solchen, langfristig unrealistischen Situation, werden in der Einführungsphase die möglichen positiven Effekte weiter verringert, während im Beharrungszustand des Systems die Nettoersparnisse negativ ausfallen. Durch die Kopplung von „Er-“ und „Entsparnissen“ an die aktuelle Entwicklung der pro-Kopf-Einkommen sind die Nettoersparnisse in einem umlagefinanzierten Alterssicherungssystem gleich Null. Bezogen auf die private Nettoersparnisbildung ist ein Umlage- dem Kapitaldeckungsverfahren überlegen, wenn die pro-Kopf-Einkommen sinken.

Fassen wir zusammen: Ein kapitalfundiertes Alterssicherungssystem ist einem umlagefinanzierten im Hinblick auf die private Nettoersparnisbildung immer dann überlegen, wenn die Wachstumsraten der pro-Kopf-Einkommen positiv sind. Dieser Vorteil verringert sich mit sinkenden positiven Wachstumsraten und kehrt sich bei negativen Raten sogar um.

### 3. Sekundärwirkungen eines umlagefinanzierten Alterssicherungssystems

Bei den bisherigen Überlegungen haben wir untersucht, wie sich die privaten Nettoersparnisse in einer Volkswirtschaft entwickeln, wenn sich makroökonomische Größen verändern und die zwangsweise Alterssicherung entweder nach dem Kapitaldeckungs- oder dem Umlageverfahren finanziert wird. Dabei wurde angenommen, daß sich die realen Zins- und Lohnsätze trotz schwankender privater Nettoersparnisse nicht verändern. Davon kann im allgemeinen aber nicht ausgegangen werden. Die induzierten Veränderungen in den relativen Preise auf Arbeits-, Güter- und Kapitalmärkten können sowohl einen Einfluß auf die individuelle Neigung der Individuen ausüben, für das Alter zu sparen, als auch über eine Veränderung der funktionellen Einkommensverteilung, die gesamtwirtschaftliche private Nettoersparnisbildung beeinflussen. Es soll deshalb kurz der Frage nachgegangen werden, ob die Feldstein-Hypothese verstärkt oder abgeschwächt wird, wenn man diese „second order"-Effekte berücksichtigt (Darby, 1979, 19).

Sofern ein umlagefinanziertes Alterssicherungssystem die privaten Nettoersparnisse verringert, wirkt sich dies über veränderte Lohn- und Zinssätze auch auf die intertemporale Allokationsentscheidung der Individuen aus. Die vergleichsweise geringere Nettoersparnisbildung führt zu einer relativen Knappheit des Produktionsfaktors Kapital. Der dadurch ausgelöste Rückgang im Lohn-Zins-Verhältnis trägt zu einer rückläufigen Kapitalintensität bei (Rosen, 1978, 94f). Mit dem veränderten Verhältnis der relativen Preise sind zwei Effekte auf die private Ersparnisbildung verbunden. Zunächst verringert sich das erwartete Arbeitseinkommen der Arbeitnehmer. Ein Einkommensrückgang trägt bei normalen Gütern dazu bei, daß sowohl die Nachfrage nach Konsumgütern als auch Ersparnissen zurückgeht. Diesem „Einkommenseffekt" veränderter relativer Preise wirkt ein „Substitutionseffekt" entgegen. Durch den Rückgang des Lohn-Zins-Verhältnisses erhöhen sich die Opportunitätskosten des Konsums in der Gegenwart. Dies veranlaßt die Individuen in der Gegenwart mehr zu sparen, so daß über eine veränderte Lohn-Zins-Relation die Neigung ansteigt, private Ersparnisse zu bilden. Welcher der beiden gegenläufigen Effekte überwiegt, hängt von den Einkommens- und Preiselastizitäten ab. Sofern sowohl die Gegenwarts- als auch Zukunftskonsumgüter normale Güter sind, kann man davon ausgehen, daß der Substitutions- den Einkommenseffekt überwiegt. Die Neigung der Individuen private Ersparnisse zu bilden, würde in einem solchen Falle ansteigen.

Neben diesem Einfluß veränderter relativer Preise auf die intertemporale Allokationsentscheidung der Individuen, kann eine möglicherweise geringere

Nettoersparnisbildung bei einem umlagefinanzierten Alterssicherungssystem auch über Veränderungen in der funktionellen Einkommensverteilung die gesamtwirtschaftlichen privaten Nettoersparnisse beeinflussen. Dieser Zusammenhang läßt sich sowohl mithilfe keynesianischer als auch neoklassischer Theorien der Einkommensverteilung erklären. Folgt man der neoklassischen Sichtweise, führt die rückläufige private Nettoersparnisbildung zu einer Senkung der Kapitalintensität. Die zunehmende relative Knappheit des Produktionsfaktors Kapital im.Verhältnis zum Produktionsfaktor Arbeit verringert das Lohn-Zins-Verhältnis. Damit steigt im allgemeinen die Gewinnquote in einer Volkswirtschaft an. Übersteigen die Sparquoten der Gewinneinkommensempfänger im Durchschnitt die marginale Sparneigung der Empfänger von Lohneinkommen, trägt eine ansteigende Gewinn- und rückläufige Lohnquote dazu bei, daß die private Ersparnisbildung in einer Volkswirtschaft ansteigt. Ein etwaiger negativer Einfluß des umlagefinanzierten Alterssicherungssystems auf die private Nettoersparnisbildung in einer Volkswirtschaft wird über den Zusammenhang einer veränderten Einkommensverteilung verringert.

Dieses Ergebnis erhalten wir auch bei einer keynesianischen Betrachtungsweise. Der durch das Alterssicherungssystem induzierte Rückgang in der gesamtwirtschaftlichen privaten Nettoersparnisbildung führt zu einem Ungleichgewicht auf dem Kapitalmarkt. Die Nachfrage nach Investitionsgütern übersteigt das Angebot an privaten Sparmitteln. Die Folge ist ein Anstieg des allgemeinen Preisniveaus, das zu einer Steigerung der Gewinne der Unternehmungen beiträgt. Der dadurch ausgelöste Anstieg der Gewinnquote erhöht bei einer Sparquote der Unternehmerhaushalte, die über der der Arbeitnehmerhaushalte liegt, die private Nettoersparnisbildung in einer Volkswirtschaft.

Fassen wir zusammen: Berücksichtigt man die möglichen Einflüsse eines nach dem Umlageverfahren organisierten Alterssicherungssystems auf die funktionelle Einkommensverteilung, kann man davon ausgehen, daß die ursprüngliche nettoersparnismindernde Wirkung weiter verringert wird.

### 4. Ein keynesianischer Einwand

Die bisherigen Überlegungen haben ergeben, daß sowohl auf mikro- als auch makroökonomischer Ebene eine Reihe von Faktoren dem von Feldstein aufgezeigten Vermögenssubstitutionseffekt entgegenwirken. Der ersparnismindernde und wachstumsreduzierende Effekt eines umlagefinanzierten Alterssicherungssystems erscheint von wesentlich geringerer Bedeutung als ursprünglich von Feldstein postuliert.

Keynesianisch denkende Ökonomen gehen in ihrer Kritik noch einen Schritt weiter. Ihrer Meinung nach ist die Investitionstätigkeit der Unternehmungen die allein entscheidende Größe für das wirtschaftliche Wachstum in einer Volkswirtschaft. Die privaten Ersparnisse passen sich an das gegebene Investitionsvolumen über eine veränderte Einkommensverteilung an. Ein rentenversicherungsinduzierter Rückgang in der privaten Ersparnisbildung hat deshalb keinerlei negative Rückwirkungen auf die Wachstumsmöglichkeiten einer Volkswirtschaft.

Bei einer etwas differenzierteren Betrachtungsweise ist zu erkennen, daß im allgemeinen nicht sichergestellt ist, daß die Bedingungen erfüllt sind, unter denen diese Zusammenhänge in der behaupteten Form zutreffen. Zwar trägt ein Rückgang in der geplanten privaten Ersparnisbildung der in der Rentenversicherung Versicherten bei zunächst unverändertem Investitionsvolumen wegen der induzierten Nachfrageüberhänge auf den Gütermärkten zu einem steigenden allgemeinen Preisniveau und einer Umverteilung zugunsten der Empfänger von Gewinneinkommen bei. Berücksichtigt man allerdings, daß die Gewerkschaften in den Tarifverhandlungen nicht nur vergangene, sondern auch erwartete zukünftige Preisniveausteigerungen in die Lohnforderungen einfließen lassen und auch durchsetzen, erscheint es fraglich, ob der Umverteilungsprozeß zugunsten der Gewinneinkommen in dem behaupteten Umfang zustande kommt. Funktioniert der Umverteilungsmechanismus nur unvollständig, wird der Rückgang der privaten Ersparnisbildung der rentenversicherungspflichtigen Arbeitnehmer über verstärkte Ersparnisbildung der Empfänger von Gewinneinkommen nicht vollständig kompensiert. Damit werden aber der faktische Umfang der Investitionen in einer Volkswirtschaft und mit ihm die Wachstumsmöglichkeiten eingeschränkt, weil die Nachfrage nach Investitionsgütern entweder wegen steigender Kapitalkosten oder einer Rationierung der Kredite zurückgeht.

Fassen wir zusammen: Auch bei einer typisch keynesianischen Betrachtung, die den neoklassischen Zusammenhang zwischen Sparen und Investieren in Frage stellt, sind von einer rentenversicherungsinduzierten Verringerung der geplanten privaten Ersparnisse negative Rückwirkungen auf die Investitionstätigkeit und die Wachstumsmöglichkeiten einer Volkswirtschaft zu erwarten.

## C. Schlußbemerkungen

Die kritische Analyse des von Feldstein behaupteten negativen Zusammenhangs zwischen der Entwicklung umlagefinanzierter Alterssicherungssysteme und der gesamtwirtschaftlichen privaten Ersparnisbildung hat zu Zweifeln an der generellen Gültigkeit dieser These geführt. Auf mikroökonomischer Ebene können grundsätzlich vorgezogene Ruhestandsentscheidungen und freiwillige intergenerative Transfers dem Vermögenssubstitutionseffekt entgegenwirken. Da die Bedeutung des Ruhestandseffekts primär vom Umfang der interpersonellen Umverteilungsaktivitäten in der Rentenversicherung abhängt, stellt er zumindest in der gesetzlichen Rentenversicherung der Bundesrepublik eine quantitativ bedeutende Größe dar. Demgegenüber sind die freiwilligen intergenerativen Transfers weder in der Phase der Einführung eines umlagefinanzierten Systems noch in der Beharrungsphase von Bedeutung.

Von größerem Gewicht können bei bestimmten gesamtwirtschaftlichen Konstellationen die Zinseffekte sein. Die Wirkungsrichtung dieses Einflusses auf die individuelle private Ersparnisbildung hängt von der Entwicklung der Kapitalmarktrendite und der internen Verzinsung der Beiträge zur Rentenversicherung ab. Damit üben vor allem gesamtwirtschaftliche Größen, wie demographische Schwankungen und veränderte Wachstumsraten der Arbeitsproduktivität einen gewichtigen Einfluß auf die individuelle Sparentscheidung aus. Während rückläufige Wachstumsraten der Bevölkerung und der pro-Kopf-Einkommen der Arbeitnehmer die Beitragsrendite verringern und die individuelle private Ersparnisbildung erhöhen, reduzieren wachsende Bevölkerungen und Fortschritte in der Arbeitsproduktivität die Neigung der Individuen, private Ersparnisse zum Zwecke der Vorsorge für das Alter zu bilden. Es erscheint deshalb wahrscheinlich, daß die Existenz einer umlagefinanzierten Alterssicherung seit der Rentenreform von 1957 wegen der hohen Wachstumsraten der Bevölkerung und der Arbeitproduktivität die interne Verzinsung in der Rentenversicherung positiv beeinflusst und die private Ersparnisbildung vergleichsweise vermindert haben. Dieser Zusammenhang kann sich allerdings in der Zukunft bei rückläufiger Bevölkerungswachstumsrate und geringeren Zuwachsraten der Arbeitsproduktivität umkehren.

Die These von der ersparnismindernden Wirkung eines umlagefinanzierten Alterssicherungssystems ist auch auf gesamtwirtschaftlicher Ebene nicht generell gültig. Nur bei positiven Wachstumsraten der Bevölkerung und des pro-Kopf-Einkommens kann man davon ausgehen, daß eine kapitalfundierte Lösung des Alterssicherungsproblems komparative Vorteile gegenüber einem Rentenversicherungssystem aufweist, das nach dem Umlageverfahren finanziert wird. Bei diesen gesamtwirtschaftlichen Konstellationen ist damit zu rechnen, daß eine kapitalfundierte Alterssicherung die Nettoersparnisbildung in einer Volkswirtschaft positiv beeinflußt, während bei einem Umlageverfahren die Nettoersparnisse Null sind. Die Vorteile kehren sich um, wenn die Bevölkerung schrumpft und die Wachstumsraten des pro-Kopf-Einkommens rückläufig sind. Grundsätzlich gilt, daß kapitalfundierte Lösungen des Alterssicherungsproblems in wachsenden Gesellschaften von Vorteil sind, während sich diese Vorteile in stagnierenden oder schrumpfenden Gesellschaften verringern oder sogar in das Gegenteil verkehren.

In der politischen Diskussion sollte man bei der Frage, ob die umlagefinanzierte Alterssicherung durch eine kapitalfundierte ersetzt werden soll, berücksichtigen, daß der Übergang zu einer kapitalfundierten Lösung möglicherweise weder unmittelbar noch längerfristig mit einem Anstieg der Nettoersparnisse verbunden ist. Wie wir gesehen haben, ist es keinesfalls sicher, daß der Übergang zu einer kapitalfundierten Alterssicherung in der Phase der Einführung zu einem steigenden Kapitalstock in einer Volkswirtschaft führt. Bei einer schrumpfenden

Bevölkerung und vergleichsweise geringen Wachstumsraten der pro-Kopf-Einkommen ist auch nach der Phase der Einführung nicht damit zu rechnen, daß sich durch einen Systemwechsel die gesamtwirtschaftliche Nettoersparnis wesentlich erhöht.

Selbst wenn ein solcher Wechsel im Alterssicherungssystem einen positiven Einfluß auf die private Ersparnisbildung ausüben würde, ist ein Übergang von einem umlagefinanzierten zu einem kapitalfundierten Alterssicherungssystem erst angezeigt, wenn dadurch die Wohlfahrt einer Gesellschaft gesteigert werden kann. Die Nutzensteigerungen können sowohl aus überlegenen Allokations- als auch gesellschaftlich erwünschteren Verteilungslösungen resultieren. Unter allokativen Gesichtspunkten wäre zweierlei zu untersuchen: a) ist der geringere Kapitalstock positiv oder negativ zu bewerten? b) ist ein Systemwechsel in der Alterssicherung der sinnvollste Weg, diese Unzulänglichkeiten zu beseitigen, wenn man die erste Frage negativ beantwortet? Eine Antwort auf die erste Frage ist nur möglich, wenn man weiß, ob der gesamtwirtschaftliche Kapitalstock von einer optimalen Größe abweicht. Nur wenn er zu klein ist, könnte die Umstellung auf ein kapitalfundiertes Alterssicherungssystem einen positiven Einfluß auf die Wohlfahrt einer Gesellschaft haben. Ist er demgegenüber zu groß, wäre ein Systemwechsel bei der Alterssicherung unter Wohlfahrtsgesichtspunkten negativ zu beurteilen. Die Häufung von Datenänderungen, die vergleichsweise starre Reaktion von Lohneinkommensempfängern und Fremdkapitalgebern auf veränderte nationale und internationale ökonomische Rahmenbedingungen und die Eigenkapitalschwäche der Unternehmungen deuten allerdings darauf hin, daß ein größerer Kapitalstock für eine Volkswirtschaft eher von Vor- als von Nachteil ist.

Es bleibt allerdings zu bedenken, daß ein Übergang zu einem zwangsweise organisierten, kapitalfundierten Alterssicherungssystem zu einer beträchtlichen Konzentration von Vermögenswerten bei der Rentenversicherung führen würde (Schmähl, 1980, 393). Schätzungsweise würden die Träger der Rentenversicherung über zwei Drittel des Vermögensbestandes einer Volkswirtschaft verfügen. Berücksichtigt man, daß die Rentenversicherungsträger bei der Anlage der Sparmittel weniger risikoreiche risikobehafteteren Anlagen vorziehen, ist ein möglicher Anstieg der privaten Ersparnisbildung über Rentenversicherungsvermögen wesentlich weniger positiv einzuschätzen. Das gegenwärtige Problem eines unzureichenden Umfangs an Risikokapital würde dadurch wahrscheinlich nicht gelöst.

Auch wenn man der Meinung ist, daß die Wohlfahrt einer Volkswirtschaft mit steigender privater Spartätigkeit ansteigt, bleibt zu untersuchen, ob es nicht effizientere Möglichkeiten als einen Systemwechsel in der Alterssicherung gibt, die gesamtwirtschaftliche private Ersparnisbildung zu fördern. Die zu erwartende Unsicherheit der Individuen über die materielle Sicherheit im Alter und die Ungewißheit über den Erfolg einer Systemänderung, lassen dieses „Instrument der Sparförderung" als vergleichsweise untauglich erscheinen.

Die Wohlfahrt einer Gesellschaft könnte sich grundsätzlich auch dann erhöhen, wenn mit dem Übergang zu einer kapitalfundierten Alterssicherung die individuelle Freiheit bei der Entscheidung über den Umfang der Vorsorge für das Alter ausgeweitet würde. Schränkt die umlagefinanzierte Alterssicherung die individuelle Entscheidungsfreiheit ein, kann eine kapitalfundierte Lösung zu einer Wohlfahrtssteigerung beitragen, wenn diese Beschränkungen der Entscheidungsfreiheit aufgehoben werden. Bei einer weiterhin zwangsweisen Absicherung ist allerdings nicht mit einer Nutzensteigerung zu rechnen. Daraus kann man erkennen, daß für die Nutzenhöhe nicht so sehr die Höhe der erzwungenen Ersparnisbildung entscheidend ist, sondern die der freiwilligen Entscheidung zur Bildung von Ersparnissen zur Vorsorge für das Alter. Diese Aussage gilt allerdings nur, wenn die Entscheidungsfähigkeit der Individuen nicht eingeschränkt und die Informationsdefizite akzeptabel erscheinen, meritorische Eingriffsgründe also nicht vorliegen.

Bei den Wohlfahrtseffekten eines umlagefinanzierten Alterssicherungssystems darf man schließlich das Augenmerk nicht allein auf die allokativen Aspekte richten. Es bleibt zu berücksichtigen, daß die Wohlfahrt einer Gesellschaft auch von verteilungspolitischen Gegebenheiten beeinflußt wird. Deshalb werden mit der gesetzlichen Rentenversicherung auch verteilungspolitische Ziele angestrebt. Zwischen der allokativen und distributiven Zielsetzung besteht allerdings im allgemeinen eine Konfliktbeziehung, so auch in der Rentenversicherung. Sofern die verteilungspolitischen Ziele ausschließlich in einem Alterssicherungssystem, das nach dem Umlageverfahren finanziert wird, und nur mithilfe des traditionellen umverteilungspolitischen Instrumentariums realisiert werden könnten, wäre der möglicherweise geringere Kapitalstock bei einem umlagefinanzierten Alterssicherungssystem der Preis, den die Gesellschaft zu entrichten bereit ist, die verteilungspolitischen Ziele zu realisieren. Ein Systemwechsel in der Alterssicherung, der dazu beiträgt, daß die verteilungspolitischen Ziele nicht mehr verwirklicht werden können, trägt deshalb nicht notwendigerweise zu einer Steigerung der Wohlfahrt bei. Dies gilt immer dann, wenn die Nutzensteigerungen einer besseren Allokation die Nutzenverluste einer ungünstigeren Einkommensverteilung nicht aufwiegen.

Es wird allerdings bezweifelt, ob eine Verteilungspolitik, die über veränderte relative Preise betrieben wird, effizient sein kann. Die umverteilungspolitischen Aktivitäten in der gesetzlichen Rentenversicherung basieren aber auf einer solchen Preispolitik. Das Prinzip der Beitragsäquivalenz wird bewußt außer Kraft gesetzt, um verteilungspolitische Ziele zu verwirklichen. Dabei wird allerdings die intertemporale Allokation der finanziellen Ressourcen empfindlich gestört. Die Folge einer solchen suboptimalen Allokation der finanziellen Ressourcen auf Gegenwarts- und Zukunftskonsum sind u.a. veränderte Arbeitangebotsentscheidungen der Individuen. Der Zielkonflikt zwischen allokativer und distributiver Zielsetzung könnte entschärft werden, wenn man die interpersonellen umverteilungspolitischen Aktivitäten aus der Rentenversicherung ausgliedern und einer gesonderten Umverteilungsinstanz zuweisen würde. Damit würden auch die Wohlfahrtsverluste beseitigt, die bei der gegenwärtigen Regelung der Alterssicherung eintreten, weil ein Anreiz besteht, die Ruhestandsentscheidung zu verändern.

# Literatur


Akerlof, G.A. und Miyazaki, H. (1980), The Implicit Contract Theory of Unemployment meets the Wage Bill Argument, in: Review of Economic Studies, Vol. 97 (1980), S. 321 — 338

Azariadis, C. (1975), Implicit Contracts and Underemployment Equilibria, in: Journal of Political Economy, Vol. 83 (1975), S. 1183 — 1202

Azariadis, C. und Stiglitz, J.E. (1983), Implicit Contracts and Fixed Price Equilibria, in: Quarterly Journal of Economics, Vol. 98 (1983), S. 1 — 22

Baily, M.N. (1974), Wages and Employment Under Uncertain Demand, in: Review of Economic Studies, Vol. 41 (1974), S. 37 — 50

Baily, M.N. (1977), On the Theory of Layoffs and Unemployment, in: Econometrica, Vol. 45 (1977), S. 1043 — 1063

Baily, M.N. (1977), Unemployment Insurance as Insurance for Workers, in: Industrial and Labor Relations Review, Vol. 30 (1977), S. 495 — 504

Baily, M.N. (1978), Some Aspects of Optimal Unemployment Insurance, in: Journal of Public Economics, Vol. 10 (1978), S. 379 — 402

Bandi, T. (1982), Sozialversicherung in der Schweiz, Diessenhofen 1982

Barfield, R. und Morgan, J. (1969), Early Retirement. The Decision and the Experience, Ann Arbor 1969

Barro, R.J. (1974), Are Government Bonds Net Wealth?, in: Journal of Political Economy, Vol. 82 (1974), S. 1095 — 1117

Barro, R.J. (1976),Reply to Feldstein und Buchanan, in: Journal of Political Economy, Vol. 84 (1976), S. 343 — 349

Barro, R.J. (1978), The Impact of Social Security on Private Saving: Evidence from the U.S. Time Series, Washington D.C. 1978

Berthold, N. (1986), Lohninflexibilitäten und Arbeitsmarktungleichgewichte. Habilitationsschrift. Freiburg 1986

Berthold, N. und Külp, B. (1984), Regelgebundene Rentenanpassung als Mittel zur langfristigen Sanierung der Gesetzlichen Rentenversicherung, Berlin 1984

Blinder, A.S., Gordon, R.H. und Wise, D.E. (1980), Reconsidering the Work Disincentive Effects of Social Security, in: National Tax Journal, Vol. 32 (1980), S. 431 — 442

Blinder, A.S., Gordon, R.H. und Wise, D.E., Social Security, Bequests and the Life Cycle Theory of Saving: Cross-sectional Tests, in: F. Modigliani und R. Hemming, The Determinants of National Saving and Wealth, London und Basingstoke 1983, S. 89 — 122

Borner, S. und Bandi, T. (1976), Die Soziale Sicherung in ökonomischer Sicht: Versuch einer Standortbestimmung, in: Schweizerische Zeitschrift für Volkswirtschaft und Statistik, 112. Jg. (1976), S. 299 — 309

Boskin, M.J. (1977), Social Security and Retirement Decisions, in: Economic Inquiry, Vol. 15 (1977), S. 1 — 25

Boskin, M.J. und Hurd, M.D. (1978), The Effect of Social Security on Early Retirement, in: Journal of Public Economics, Vol. 10 (1978), S. 361 — 377

Brechling, F. (1977), Unemployment Insurance Taxes and Labor Turnover: Summary of Theoretical Findings, in: Industrial and Labor Relations Review, Vol. 30 (1977), S. 483 — 492

Brechling, F. (1981), Layoffs and Unemployment Insurance, in: S. Rosen (Hrsg.), Studies in Labor Markets, Chicago 1981, S. 187 — 207

Cagan, Ph. (1965), The Effect of Pension Plans on Aggregate Saving: Evidence from a Sample Survey, New York 1965

Clark, K.B. und Freeman, R.B. (1980), How Elastic is the Demand for Labor?, in: Review of Economic and Statistics, Vol. 62 (1980), S. 509 — 518

Coase, R. (1937), The Nature of the Firm, in: Economica, Vol. 4 (1937), S. 386 — 405

Corden, W.M. (1978), Keynes and the Others: Wage and Price Rigidities in Macroeconomic Models, in: Oxford Economic Papers, Vol. 30 (1978), S. 159 — 180

Corden, W.M. (1981), Taxation, Real Wage Rigidity and Employment, in: Economic Journal, Vol. 91, S. 309 — 330

Crawford, V.P. und Lilien, D.M. (1981), Social Security and the Retirement Decision, in:

Quarterly Journal of Economics, Vol. 96 (1981), S. 505 — 529

Darby, M.R. (1979), The Effects of Social Security on Income and the Capital Stock, Washington D.C. 1979

Diamond, P.A. und Hausman, J.A. (1984), Individual Retirement and Savings Behavior, in: Journal of Public Economics, Vol. 23 (1984), S. 81 — 114

Dolde, W. und Tobin, J. (1983), Mandatory Retirement Saving and Capital Formation, in: F. Modigliani und R. Hemming (Hrsg.), The Determinants of National Saving and Wealth, London und Basingstoke 1983, S. 56 — 88

Dorfman, R. und Steiner, P. (1959), The Economic Status of the Aged, Berkeley 1959

Dunlop, J.T. (1944), Wage Determination under Trade Unions, New York 1944

Engels, W. (1984), Arbeitslosigkeit. Woher sie kommt und wie man sie beheben kann. Stuttgart 1984, S. 217 — 288

Feldstein, M. (1974), Social Security, Induced Retirement, and Aggregate Capital Accumulation, in: Journal of Political Economy, Vol. 82 (1974), S. 905 — 926

Feldstein, M. (1976a), Temporary Layoffs in the Theory of Unemployment, in: Journal of Political Economy, Vol. 84 (1976), S. 937 — 957

Feldstein, M. (1976b), Perceived Wealth in Bonds and Social Security: A Comment, in: Journal of Political Economy, Vol. 84 (1976), S. 331 — 336

Feldstein, M. (1977a), Social Security and Private Savings: International Evidence in an Extended Life-Cycle Model, in: M. Feldstein und R. Inman (Hrsg.), The Economics of Public Services, London 1977, S. 174 — 205

Feldstein, M. (1977b), Does the United States Save Too Little?, in: American Economic Review, Papers and Proceedings, Vol. 67 (1977), S. 116 — 121

Feldstein, M. (1978a), The effect of unemployment insurance on temporary layoff unemployment, in: American Economic Review, Vol. 68 (1978), S. 834 — 846

Feldstein, M. (1978b), Reply, in: R.J. Barro, The Impact of Social Security on Private Saving. Evidence from the U.S. Time Series, Washington D.C. 1978, S. 37 — 47

Feldstein, M. (1980), The Effect of Social Security on Saving, in: The Geneva Papers on Risk and Insurance, No. 15, Februar 1980, S. 4 — 17

Feldstein, M. (1983), Social Security Benefits and the Accumulation of Pre-retirement Wealth, in: F. Modigliani und R. Hemming (Hrsg.), The Determinants of National Saving and Wealth, London und Basingstoke 1983, S. 3 — 23

Feldstein, M. und Poterba, J. (1984), Unemployment Insurance and Reservation Wages, in: Journal of Public Economics, Vol. 23 (1984), S. 141 — 167

Ferrara, P.J. (1980), Social Security. The Inherent Contradiction, San Francisco 1980

Fisher, I. (1907), The rate of interest, New York 1907

Fitzroy, F.R. (1981), Work-Sharing and Insurance Policy. A Cure for Stagflation, in: Kyklos, Vol. 34 (1981), S. 432 — 447

Flemming, J.S. (1978), Aspects of Optimal Unemployment Insurance. Search, Leisure, Savings and Capital Market Imperfections, in: Journal of Public Economics, Vol. 10 (1978), S. 403 — 425

Franz, W. (1977), Unemployment insurance, international factor mobility and the labour market: The German case. Paper presented to the ISPE Conference on Social Insurance, Japan, May 1977, mimeo.

Franz, W. (1982), Der Beitrag einiger neuerer mikroökonomischer Arbeitsmarkttheorien zur Erklärung der Arbeitslosigkeit, in: Jahrbücher für Nationalökonomie und Statistik, Vol. 197 (1982), S. 43 — 59

Gastwirth, J.L. (1976), Probabilistic Models of Consumer Search, in: Quarterly Journal of Economics, Vol. 90 (1976), S. 38 — 50

Gordon, D.F. (1973), A Neo-Classical Theory of Keynesian Unemployment, in: Economic Inquiry, Vol. 12 (1974), S. 431 — 459

Gordon, R.H. und Blinder, A.S. (1980), Market Wages, Reservation Wages, and Retirement Decisions, in: Journal of Public Economics, Vol. 14 (1980), S. 277 — 308

Gronau, R. (1971), Information and Frictional Unemployment, in: American Economic Review, Vol. 61 (1971), S. 290 — 301

Grubel, H.G. und Maki, D.R. (1976), The Effects of Unemployment Benefits on U.S. Unemployment Rates, in: Weltwirtschaftliches Archiv, Bd. 112 (1976), S. 274 — 299

Gylfason, T. und Lindbeck, A. (1984), Union Rivalry and Wages: An Oligopolistic Approach, in: Economica, Vol. 51 (1984), S. 129 — 139

Hall, R.E. (1975), The Rigidity of Wages and the Persistance of Unemployment, in: Brooking Papers on Economic Activity, H.2 (1975), S. 301 — 335

Hamermesh, D.S. (1977), Jobless Pay and the Economy, Baltimore 1977

Hamermesh, D.S. (1979), Entitlement Effects, Unemployment Insurance, and Employment Decions, in: Economic Inquiry, Vol. 17 (1979), S. 317 — 322

Hankel, W. und Zweig, S. (1957), Die Alterssicherung in der sozialen Marktwirtschaft, in: Ordo, 9. Bd. (1957), S. 157 — 174

Harberger, A. (1959), Using the Resources at Hand More Effectively, in: American Economic Review, Vol. 49 (1959), S. 134 -147

Hart, R.A. (1982), Unemployment Insurance and the Firms Employment Strategy: A European and United States Comparison, in: Kyklos, Vol. 35 (1982), S. 648 — 672

Holt, C.C. (1970), Job Search, Phillips Wage Relation, and Union Influence: Theory and Evidence, in: E.S. Phelps u.a. (Hrsg.), Microeconomic Foundations of Employment and Inflation Theory. New York 1970, S. 53 — 123

Hurd, M.D. und Boskin, M.J. (1984), The Effect of Social Security on Retirement in the Early 1970s, in: Quarterly Journal of Economics, Vol. 99 (1984), S. 767 — 790

Hurler, P. u.a. (1984), Die Ausweitung des Systems der Sozialen Sicherung und ihre Auswirkungen auf die Ersparnisbildung, in: Volkswirtschaftliche Diskussionsreihe, Institut für Volkswirtschaftslehre der Universität Augsburg, Beitrag Nr. 22, Augsburg 1984

Hymans, S.H. (1981), Saving, Investment, and Social Security, in: National Tax Journal, Vol. 34 (1981), S. 1 -8

Jafari-Samini, A. (1984), Social Security and Private Savings: Empirical Analysis, in: Public Finance, Bd. 39 (1984), S. 226 — 245

Katona, G. (1965), Private Pensions and Individual Saving, Ann Arbour 1965

Keyfitz, N. (1977), Applied Mathematical Demography, New York u.a. 1977

Kotlikoff, L.J. (1979), Testing the Theory of Social Security and Life Cycle Accumulation, in: American Economic Review, Vol. 69 (1979), S. 396 — 410

Külp, B. (1983), Freizeitökonomie, München 1983

König, H. (1979), Job-Search-Theorien, in: G. Bombach u.a. (Hrsg.), Neuere Entwicklungen in der Beschäftigungstheorie und -politik. Tübingen 1979, S. 63 — 116

Lazear, E.P. (1979), Why Is There Mandatory Retirement?, in: Journal of Political Economy, Vol. 87 (1979), S. 1261 — 1284

Leontief, W. (1946), The Pure Theory of the Guaranteed Annual Wage Contract, in: Journal of Political Economy, Vol. 54 (1946), S. 76 — 79

Lippman, St. A. und McCall, J.J. (1976), The Economics of Job Search: A Survey, in: Economic Inquiry, Vol. 14 (1976), S. 155 — 189 und 347 — 368

Lippman, St.A. und McCall, J.J., Search Unemployment. Mismatches, Layoffs and Unemployment Insurance, in: Scandinavian Journal of Economics, Vol. 82 (1980), S. 253 — 272

Mackenroth, G. (1952), Die Reform der Sozialpolitik durch einen deutschen Sozialplan, in: Schriften des Vereins für Socialpolitik, N.F. Bd. 4, Berlin 1952, S. 39 — 76

McDonald, I.M. und Solow, R.M. (1981), Wage Bargaining and Employment, in: American Economic Review, Vol. 71 (1981), S. 896 — 908

Medoff, J.L. (1979), Layoffs and Alternatives Under Trade Unions in United States Manufacturing, in: American Economic Review, Vol. 69 (1979), S. 380 — 395

Medoff, J.L. und Abraham, K.G. (1980), Experience, Performance, and Earnings, in: Quarterly Journal of Economics, Vol. 95 (1980), S. 703 — 736

Mirer, T.W. (1979), The Wealth-Age Relation among the Aged, in: American Economic Review, Vol. 69 (1979), S. 435 — 443

Modigliani, F. (1966), The Life Cycle Hypothesis of Saving, the Demand for Wealth, and the Supply of Capital, in: Social Research, Vol. 33 (1966), S. 160 — 217

Modigliani, F. (1970), The Life Cycle Hypothesis of Saving and Intercountry Differences in the Saving Ratio, in: W.A. Eltis u.a. (Hrsg.), Induction, Growth and Trade. Essays in Honour of Sir Roy Harrod, Oxford 1970, S. 197 — 225

Modigliani, F. und Brumberg, R. (1954), Utility Analysis and the Consumption Function: An Interpretation of Cross-Section Data, in: K.E. Kurihara (Hrsg.), Post Keynesian Economics, New Brunswick, N.J. 1954, S. 388 — 436

Modigliani, F. und Sterling, A. (1983), Determinants of Private Saving with Special Reference to the Role of Social Security — Cross-country Tests, in: F. Modigliani und R. Hemming (Hrsg.), The Determinants of National Saving and Wealth, London und Basingstoke 1983, S. 24 — 55

Mortensen, D.T. (1970), Job search, the duration of unemployment and the Phillips curve, in: American Economic Review, Vol. 60 (1970), S. 847 — 862

Mortensen, D.T. (1977), Unemployment insurance and jobsearch decisions, in: Industrial and Labor Relations Review, Vol. 30 (1977), S. 505 — 517

Munell, A. (1974), The Effect of Social Security on Personal Saving, Cambridge, Mass. 1974

Nash, J.F. (1950), The Bargaining Problem, in: Econometrica, Vol. 18 (1950), S. 155 — 162

Oi, W. (1962), Labor as a Quasi-Fixed Factor, in: Journal of Political Economy, Vol. 70 (1962), S. 538 — 555

Okun, A.M. (1981), Prices and Quantities. A Macroeconomic Analysis, Oxford 1981

Oswald, A.J. (1982a), The Microeconomic Theory of the Trade Union, in: The Economic Journal, Vol. 92 (1982), S. 576 — 595

Oswald, A.J. (1982b), Trade Unions, Wages and Unemployment: What can Simple Models Tells Us?, in: Oxford Economic Papers, Vol. 34 (1982), S. 526 — 545

Pechman, J.A., Aaron, H.J. und Taussig, M.K. (1968), Social Security: Perspectives for Reform, Washington D.C. 1968

Pellechio, A.J. (1979), Social Security Financing and Retirement Behavior, in: American Economic Review, Vol. 69 (1979), S. 284 — 287

Pen, J. (1959), The Wage Rate under Collective Bargaining, Cambridge/Mass. 1959

Phelps, E.S. (1966), An Essay in Dynamical Efficiency, in: E.S. Phelps, Golden Rules of Economic Growth, New York 1966

Phelps, E.S. (1972), Inflation Policy and Unemployment Theory, New York 1972

Pissarides, Ch. A. (1983), Efficiency Aspects of the Financing of Unemployment Insurance and Other Government Expenditure, in: Review of Economic Studies, Vol. 50, S. 57 — 69

Pütz, P. und Willgerodt, H. (1984), Mehr Beteiligungskapital. Vorschläge zur Reform von Unternehmensrecht und Kapitalmarkt. Stuttgart 1984, S. 105 — 138

Raiffa, H. (1953), Arbitration Schemes for Generalized Two- Person Games, in: H.W. Kuhn und A.W. Tucker (Hrsg.), Contributions to the Theory of Gammes II, Princeton 1953, S. 361 — 387

Risch, B. (1980), Arbeitslosenversicherung, Gewerkschaften und Beschäftigungsgrad, in: Die Weltwirtschaft, H. 2 (1980), S. 49 — 57

Risch, B. (1981), Gewerkschaftseigene Arbeitslosenversicherung vor 1914, in: Weltwirtschaftliches Archiv, Bd. 117 (1981), S. 513 — 545

Rosen, S. (1977), Comment, in: Industrial and Labor Review, Vol. 30 (1977), S. 518 — 520

Rosen, S. (1978), Social Security and the Economy, in: M.J. Boskin (Hrsg.), The Crisis in Social Security. Problems and Prospects, San Francisco 1978, S. 87 — 106

Ross, A.M. (1948), Trade Union Wage Policy, Chicago 1948

Rothschild, K.W. (1979), Unvollkommene Information und Arbeitslosigkeit. Suchtheorie der Arbeitslosigkeit, in: Wirtschaftswissenschaftliches Studium, 8. Jg. (1979), S. 518 — 523

Sant, D.T. (1977), Reservation Wage Rules and Learning Behavior, in: Review of Economics and Statistics, Vol. 59 (1977), S. 43 — 49

Schmähl, W. (1980), Vermögensansammlung für das Alter im Interesse wirtschafts- und sozialpolitischer Ziele, in: K. Schenke u.a. (Hrsg.), Alterssicherung als Aufgabe für Wissenschaft und Politik, Stuttgart u.a. 1980, S. 379 — 406

Schönbäck, W. (1980), Subjektive Unsicherheit als Gegenstand staatlicher Intervention, Frankfurt u.a. 1980

Shavell, St. und Weiss, L. (1979), The Optimal Payment of Unemployment Insurance Benefits Over Time, in: Journal of Political Economy, Vol. 87 (1979), S. 1347 — 1362

Sheshinsky, E. und Weiss, Y. (1981), Uncertainty and Optimal Social Security Systems, in: Quarterly Journal of Economics, Vol. 96 (1981), S. 189 — 206

Solow, R.M. (1979), Another Possible Source of Wage Stickiness, in: Journal of Macroeconomics, Vol. 1 (1979), S. 79 — 82

Solow, R.M. (1980), On Theories of Unemployment, in: American Economic Review, Vol. 70 (1980), S. 1 — 11

Soltwedel, R. (1983), Reform der Arbeitslosenversicherung und Neuorientierung der Arbeitsmarktpolitik, in: H. Giersch (Hrsg.), Wie es zu schaffen ist: Agenda für die deutsche Wirtschaftspolitik, Stuttgart 1983, S. 326 — 348

Stafford, F. (1977), More on Unemployment Insurance as Insurance, in: Industrial and Labor Relations Review, Vol. 30 (1977), S. 521 — 526

Syrup, F. (1957), Hundert Jahre Staatliche Sozialpolitik (1939 — 1939) — Aus dem Nachlaß von Geheimrat Dr. Friedrich Syrup -. Hrsg. von Julius Scheuble, bearbeitet von Otto Neuloh, Stuttgart 1957

Thullen, P. (1981), Der Begriff der Beitragsäquivalenz aus der Sicht der Versicherungsmathematik, in: Deutsche Rentenversicherung, H. 8 (1981), S. 497 — 513

Topel, R. und Welch, F. (1980), Unemployment Insurance: Survey and Extensions, in: Economica, Vol. 47 (1980), S. 351 — 379

Topel, R.H. (1983), On Layoffs and Unemployment Insurance, in: American Economic Review, Vol. 73 (1983), S. 541 — 559

Wagner, G. (1984), Umverteilung in der gesetzlichen Rentenversicherung — Eine theoretische und empirische Analyse zum Versicherungsprinzip in der GRV, Frankfurt u.a. 1984

Willgerodt, H. (1957), Das Sparen auf der Anklagebank der Sozialreformer. Bemerkungen zu: W. Hankel und G. Zweig, Die Alterssicherung in der sozialen Marktwirtschaft, in: Ordo, 9. Jg. (1957), S. 175 — 198

Williamson, O.E., Wachter, M.L. und Harris, J.E. (1975), Understanding the Employment Relation: The Analysis of Idiosyncratic Exchange, in: Bell Journal of Economics, Vol. 6 (1975), S. 250 — 278

FSC
www.fsc.org
MIX
Papier | Fördert gute Waldnutzung
FSC® C083411

Kolibri 360 GmbH
Ferdinand-Jühlke-Straße 7
99095 Erfurt, Deutschland
produktsicherheit@kolibri360.de

Druck:
CPI Druckdienstleistungen GmbH
im Auftrag der
Kolibri 360 GmbH
Ferdinand-Jühlke-Str. 7
99095 Erfurt